PAR LA ROUTE ➡ AVEC JEAN FLEURY

MEXIQUE & AMÉRIQUE CENTRALE

Le guide indispensable
pour tout voyageur qui rêve
de partir... par la route

D0877336

ÉDITIONS
SYLVAIN
HARVEY

avec la participation de Murielle Desjardins

Données de catalogage avant publication (Canada)

Fleury, Jean, 1950-

Mexique et Amérique centrale

(Par la route avec Jean Fleury)
Comprend des réf. bibliogr.

ISBN 2-921-703-38-6

1. Mexique - Guides. 2. Amérique centrale - Guides. 3. Voyages en automobile – Mexique - Guides. 4. Voyages en automobile - Amérique centrale – Guides. I. Titre. II. Collection : Fleury, Jean, 1950-   Par la route avec Jean Fleury.

F1209.F53 2001   917.204'836   C2001-940035-7

Téléphone : (418) 692-1336
Sans frais Canada et États-Unis : 1 800 476-2068
Télécopieur : (418) 692-1335
Courriel : sharvey@mediom.qc.ca

Tous droits réservés
Bibliothèque nationale du Québec / Bibliothèque nationale du Canada
Dépôt légal : Premier trimestre 2001
ISBN 2-921703-38-6
Avec la contribution de la *Sodec*

Photographies : page couverture : Sylvain Harvey
                          autres photographies : Jean Fleury
Révision linguistique : Marie-Hélène Létourneau
Montage, cartes, illustrations et conception graphique : Dominique Lacasse

Écrivez-nous

Toutes les mesures ont été prises pour que les renseignements contenus dans ce guide soient exacts au moment de mettre sous presse. Toutefois, l'auteur et l'éditeur se dégagent de toute responsabilité pour toute erreur, omission et/ou faute qui aurait pu se glisser dans le texte.

Tous les commentaires et informations qui pourraient permettre l'amélioration de ce guide sont les bienvenus. Vous pouvez rejoindre l'auteur par courrier électronique à : fleurydesjardins@yahoo.com ou à l'adresse suivante :
Éditions Sylvain Harvey
1096, Saint-Vallier Est
Québec (Québec) G1K 3R6
Canada

Même s'il n'est pas en mesure de dresser un itinéraire personnalisé pour chacun des lecteurs qui communique avec lui, c'est avec plaisir que l'auteur pourra répondre aux questions qui ne trouvent pas de réponse à l'intérieur de ce guide.

Remerciements

La réalisation de ce guide de voyage a été rendue possible grâce à l'aide et au soutien de certaines personnes que je tiens à remercier : Monsieur Claude Ratté (TUAC) pour son support logistique en cours de route et lors de la rédaction, Mesdames Paula Landry, Johanne Gagnon, Lucette Dufour, Sylvie Bernier (CAA-Québec) ainsi que Bianca Drapeau pour leur participation au comité de lecture. Et finalement, remerciements à Monsieur Sylvain Harvey, mon éditeur, pour sa patience et sa vision.

À Murielle qui a toujours cru en moi et en mes rêves.

Table des matières des cartes

Table des matières

J'ai eu l'idée de ce guide de voyage en 1992 alors que je me préparais pour un périple de deux mois en moto au Mexique. À cette époque, les guides de voyage disponibles sur le marché étaient destinés aux voyageurs partant en avion ou avec sac à dos et fournissaient très peu d'informations à ceux qui désiraient découvrir le Mexique par la route.

Quelques années plus tard, mes recherches pour la préparation d'une autre aventure, cette fois en véhicule récréatif vers les routes du Mexique et de l'Amérique centrale pour une durée de un an, ne m'ont pas permis d'en apprendre beaucoup plus.

Lors d'un récent voyage au début de l'an 2000, presque dix ans et des milliers de kilomètres plus tard, la situation n'avait guère changé. Les guides de voyage se multiplient, mais ceux consacrés aux voyageurs par la route se font toujours aussi rares. C'est pourquoi, de concert avec ma compagne Murielle Desjardins, j'ai enfin pris la décision de rédiger ce guide, **MEXIQUE ET AMÉRIQUE CENTRALE** – *PAR LA ROUTE AVEC JEAN FLEURY*. Il se veut pratique certes, mais vous ne retrouverez pas sur ses pages de listes de restaurants, d'hôtels ou de motels, ni d'horaires de transports en commun. D'autres s'en chargent. Une partie importante de l'ouvrage traite en détail des préparatifs nécessaires avant d'entreprendre un long voyage par la route au Mexique et en Amérique centrale. Et puisque le véhicule se retrouve au centre de nos préoccupations dans ce genre de périple, il en sera aussi question de long en large. Il sera question de son choix, de sa préparation et surtout de tout ce qui entoure le quotidien du voyageur par la route, c'est-à-dire la description détaillée et l'état du réseau routier de chaque pays, la conduite automobile, les formalités d'entrée et de sortie aux frontières, l'hébergement en camping, l'approvisionnement en essence, en eau potable, en nourriture, etc.

D'emblée, il va sans dire que Murielle et moi sommes des inconditionnels du Mexique et que nous aimons l'Amérique centrale. Nous offrons, sans prétention, le fruit de nos expériences de route à ceux et celles qui envisagent d'entreprendre cette belle et palpitante aventure d'un long voyage par la route au Mexique et en Amérique centrale.

La manière dont chacun s'y prendra pour réaliser son rêve est bien entendu différente pour chaque individu. Mais la réponse à un grand nombre de vos questions ou la confirmation de certains de vos choix résident souvent dans les expériences de gens qui ont vécu de grands voyages par la route. C'est pourquoi nous ferons aussi appel tout au long de ce guide à des voyageurs d'ici et d'ailleurs que nous avons rencontrés au gré de la route. Tous voyageaient à bord de leur propre véhicule, du motorisé classe A à la mini-fourgonnette aménagée et tout ce que vous pouvez imaginer entre les deux. Ils nous livreront leurs opinions et leurs commentaires sur différents sujets.

Bonne route

Jean Fleury

 À première vue, ce n'est pas possible

La première fois que vous vous êtes surpris à rêver d'un long voyage, votre grande joie s'est peut-être vite estompée devant la montagne de difficultés qui s'est subitement dressée devant vous. Où trouver le temps? Où trouver l'argent? Mon employeur acceptera-t-il de me laisser partir aussi longtemps? Vais-je perdre mon emploi? Et ma carrière dans tout cela? Et mes enfants, ma maison, mes REÉR? Qui va s'occuper de ma déclaration des revenus, de payer les comptes? Et mes amis? Ma santé? Je ne peux vraiment pas, ce n'est pas possible...

À peine avez-vous commencé à vous imaginer en train de réaliser votre rêve qu'il est déjà remis en question! Mais pourquoi est-ce ainsi? Nous sommes habitués aux notions de vacances annuelles, de congé de maladie, de maternité, de paternité, de congé sans solde, de congé à traitement différé et à l'année sabbatique, mais si nous n'avons jamais été confrontés personnellement à cette situation, nous n'avons jamais pris le temps de l'évaluer. Donc, pris de panique, nous sommes prêts à inventer pour les autres les réponses les plus absurdes à nos questions, plutôt que d'aller y voir d'un peu plus près. Il suffit pourtant de faire le tour de votre entourage pour découvrir qu'il n'est pas inusité de rencontrer quelqu'un qui a déjà pris un long congé ou d'entendre parler d'un confrère, d'un(e) ami(e) ou d'une lointaine connaissance qui se sont dégagés de leur quotidien pour deux, quatre, six mois ou même une année pour vivre l'expérience d'un long voyage. Un sondage national mené aux États-Unis par la firme américaine Bruskin and Associates en 1996 nous révèle que 70 % des personnes ayant un salaire annuel de 40 000 $ ou plus rêvent de prendre un congé d'au moins quelques mois et que 20 % des personnes âgées de 35 à 49 ans y pensent à tous les jours... Avec le phénomène croissant des préretraités, il faut s'attendre à ce que de plus en plus de gens joignent les rangs des grands voyageurs.

Mais comment s'y prendre?

Si vous êtes indépendant de fortune, rentier et de surcroît célibataire, partir ne pose pas vraiment de problème, surtout si vous vous y préparez bien. Vous disposez déjà de deux éléments de base qui faciliteront votre aventure : le temps et l'argent. Il y a bien entendu ceux qui sont prêts à tout risquer : insatisfaits ou frustrés de leur situation, ils quittent leur emploi sur un coup de tête. En se fiant à leur destin, ils espèrent que tout se passera bien à leur retour. Pour d'autres, des congés payés accumulés ajoutés à leurs vacances annuelles leur permettront de partir pour un moment. Les travailleurs de la construction ou saisonniers feront coïncider leur périple avec la période creuse de l'entreprise. Ils auront pris soin de vivre plus modestement et d'économiser durant leurs semaines actives. Mais les autres, comment vont-ils s'y prendre?

Le temps

Si, comme Murielle et moi, vous occupez un travail à temps plein et que vos ressources financières sont limitées, la situation se présente différemment. Vous devrez peut-être faire des pirouettes pour convaincre votre employeur de vous laisser partir pour un si long congé. Voici quelques éléments de réflexion tirés du livre *Six Months Off** que j'ai librement traduit de l'anglais pour illustrer mon propos. Comment partir sans mettre en péril la situation que vous avez construite durant des années? Un des exemples cités est de soumettre à votre employeur votre projet de voyage comme une expérience utile pour votre travail, un projet qui pourrait lui rapporter, comme aller apprendre l'espagnol au Mexique ou au Guatemala parce que l'entreprise pour qui vous travaillez caresse le souhait de vendre ses produits en Amérique latine dans un avenir plus ou moins rapproché. Vous pourriez aussi profiter d'un chambardement majeur des ressources humaines de votre entreprise à la suite d'une fusion ou de l'implantation d'une nouvelle technologie pour négocier un long congé. Vous rendriez peut-être service à votre employeur. Il serait peut-être heureux de ne pas avoir à payer votre salaire, ou encore mieux, vous n'en payer qu'une partie durant la période de rodage et de transition. Une autre façon consiste à consacrer une partie de votre congé à une cause humanitaire qui vous tient à cœur comme enseigner le français ou l'anglais en Amérique centrale ou participer à l'effort d'aide humanitaire dans une région affectée par un désastre naturel. Qui sait, votre employeur sera peut-être flatté d'avoir à son service des gens qui ont à cœur de telles causes.

Ce ne sont que quelques exemples pour illustrer le fait qu'il existe de nombreuses façons de partir sans avoir à tout chambarder dans votre vie. Toutefois, la réussite de votre négociation sera directement proportionnelle à la valeur que vous représentez pour votre employeur. Si, pendant votre réflexion, vous réalisez que vous ne pesez pas lourd dans la balance, vous n'êtes probablement pas à votre place de toute façon!

L'argent

Qu'importe la façon que vous aurez trouvée pour dégager suffisamment de temps pour réaliser votre voyage, comme la plupart d'entre nous vous serez confronté à une autre problématique : l'argent. Il n'y a pas d'autres choix que de le gagner à la loterie, le quémander, l'économiser ou vous en passer. Vous conviendrez que la loterie n'est pas très fiable comme système, à moins que vous ne soyez déjà un gagnant au moment où vous lisez ces lignes. Si votre argent doit provenir de votre employeur, d'un programme de bourses ou si vous avez à l'économiser, vous aurez intérêt à vous mettre au travail le plus vite possible. Ceux et celles qui devront l'amasser à la petite semaine vont vite réaliser qu'il est facile de couper dans le superflu. Les repas pris au restaurant, les vêtements, les sorties, par exemple, sont des éléments de notre budget quotidien où l'on peut engouffrer des sommes énormes, simplement par habitude. Et je ne parle pas de l'achat d'une foule de biens de consommation inutiles auxquels vous pourriez résister... Il faut aussi garder en tête que dans bien des pays que vous visiterez, le coût de la vie est excessivement plus bas qu'ici. Équipé d'un véhicule récréatif, d'un motorisé ou simplement d'un véhicule de promenade et de l'équipement de camping, vous pourriez vivre comme des rois au Guatemala ou au Nicaragua plusieurs mois avec le budget mensuel auquel vous êtes habitué.

---

*DLUGOZIMA, Hope, James SCOTT et David SHARP, *Six Months Off: how to plan, negotiate, and take the break you need without burning bridges or going broke*, New York, Henry Holt editor, 1996, 252 p.

Cette période d'économie est une expérience en soi qui vous stimulera à mesure que vos réserves financières s'accumuleront et que la date de votre départ approchera.

D'autres moyens

Durant nos voyages, nous avons rencontré trois couples : John et Angela, des retraités d'Angleterre, Sharon et George, un couple de la Colombie-Britannique, et Simon et Adrienne, lesquels voyageaient avec leurs deux enfants, aussi de la Colombie-Britannique, et qui, au lieu d'économiser en espèces sonnantes, ont tout simplement loué leur maison tout équipée pour une année ou deux pendant qu'ils découvraient le monde avec leurs revenus de location qui étaient déposés directement dans leur compte bancaire chez eux.

Autres exemples

Mon fils François sillonne actuellement l'Ouest canadien à bord de son Westfalia, tout en travaillant. L'été, il s'adonne à la cueillette de fruits en Colombie-Britannique et l'hiver, il œuvre dans un centre de ski local. Comme quoi on peut voyager sans avoir économisé des milliers de dollars au préalable! Ma fille Nadia, quant à elle, s'est inscrite pour une année scolaire à l'Université de Grenade en Espagne. Elle a donc pu passer une année à découvrir ce coin d'Europe, tout en accumulant des crédits scolaires en vue de son diplôme. De plus, elle s'exprime dorénavant dans un parfait espagnol!

Ce sont des moyens différents pour atteindre le même objectif : partir. Mais quiconque veut vivre un jour l'exaltation des grands voyages doit s'attendre à faire quelques sacrifices!

Notre situation

Murielle et moi allions devoir tous les deux négocier notre petite balade d'une année avec notre employeur respectif.

Le fait de travailler pour un grossiste en voyages n'allait pas nécessairement me faciliter les choses, surtout qu'il y avait un remue-ménage important dans les ressources humaines à quelques mois de notre départ. Mon directeur accepta de me laisser partir en année sab-batique et nous nous sommes entendus sur une rencontre après mon retour d'Amérique centrale pour évaluer les possibilités d'emploi qui pourraient exister pour moi après ce grand chambardement. Pour tout dire, je n'y croyais pas beaucoup, mais quelque chose me disait qu'il n'était pas facile de trouver une situation parfaite où les deux membres d'un couple, encore sur le marché du travail, pouvaient facilement s'absenter de leur travail respectif pour une aussi longue période. J'avais tellement le goût de vivre cette expérience.

Murielle, quant à elle, est à l'emploi d'un important syndicat international depuis plusieurs années et bénéficie de bonnes conditions de travail et notamment de la possibilité de se prévaloir d'un congé à traitement différé. Elle a donc pu profiter d'un congé d'une année et est depuis retournée à son poste avec un regain d'enthousiasme.

Accroche-toi à un rêve... plutôt qu'à une cigarette!

Au début de l'année 1994, Murielle décida de cesser de fumer; elle fumait depuis l'adolescence et voulait en finir avec cette mauvaise habitude. Pour concrétiser davantage son effort et augmenter sa motivation de départ, elle commença à mettre de côté l'équivalent de l'argent qu'elle dépensait en cigarettes, soit 40 $ par semaine. Trois mois plus tard, j'écrasais à mon tour ma dernière cigarette, fort de mon expérience de fumeur de vingt-huit ans à raison d'un paquet et plus par jour. Nous réalisions alors que nous allions économiser plus de 4 000 $ par année, sans avoir à changer quoi que ce soit à notre rythme de vie si ce n'est, avouons-le, le difficile sevrage de la cigarette. C'est à ce moment que nous avons décidé d'utiliser ce nouvel arrivage d'économies pour réaliser ce grand rêve que nous caressions depuis longtemps, celui de prendre une année pour voyager. Les chiffres parlaient d'eux-mêmes; dans quatre ans et quelques mois, nous disposerions de près de 20 000 $ pour réaliser notre rêve. D'après nos calculs, cette somme allait être suffisante pour nous permettre de partir à l'aventure pendant une année au Mexique et en Amérique centrale à bord de notre Westfalia.

Partir à deux pour un long voyage par la route

Avant le départ, nous étions conscients que nous allions devoir vivre tous les deux 24 heures sur 24 pendant un an à bord et autour de notre véhicule. Nous allions parcourir des pays qui nous étaient inconnus, nous allions devoir faire face à nos appréhensions et à nos préoccupations quant à notre santé, l'eau potable, la nourriture, notre sécurité, les voleurs potentiels et imaginaires, les policiers corrompus, et tout ça dans un Westfalia, un des plus petits véhicules récréatifs de classe B disponibles sur le marché. Dit autrement, nous allions devoir vivre à l'étroit, voire nous marcher sur les pieds. Maintenant de retour, nous réalisons que la vie quotidienne à bord de notre véhicule fut somme toute relativement facile. Aussi, nous faisons le constat qu'en voyage, une fois installés, nous vivions plus à l'extérieur qu'à l'intérieur de notre véhicule.

Présentation de voyageurs d'ici et d'ailleurs

Comme il est mentionné dans l'avant-propos, nous partagerons avec vous les impressions et commentaires de voyageurs de longue route que nous avons rencontrés sur les chemins du Mexique et de l'Amérique centrale. Ils ont gentiment accepté de partager leur point de vue et leur expérience personnelle avec nous sur plusieurs sujets. Nous vous les présentons :

Mary-Jane Weir et Dee Medd **États-Unis**

Un couple d'Américains à la retraite de Modesto en Californie que nous avons connus au Guatemala. Ils n'en étaient pas à leur premier voyage du genre.

Samantha Gill et Alan Mullard **Australie**

Un jeune couple d'Australiens à l'aube de la trentaine, que nous avons rencontrés à Panajachel au Guatemala. Arrivés à San Francisco par avion, ils ont acheté un véhicule et ont voyagé pendant un an avant de retourner par avion en Australie. Ce voyage constituait pour eux la dernière étape de leur tour du monde.

Sharon Radcliffe et George Kincaid **Canada**

Deux Canadiens nouvellement retraités de la Colombie-Britannique : lui a 74 ans, elle est beaucoup plus jeune. Nous les avons rencontrés au Guatemala. Nous les avons revus au Québec après qu'ils eurent fait le tour de l'île de Terre-Neuve pour revenir sur la Côte-Nord québécoise par la longue route qui va de Goose Bay au Labrador avec arrêts à Baie-Comeau via Wabush, Fermont et Gagnon. De vrais explorateurs.

Christiane Muir et Doug Mole **Canada**

Des sportifs, début de la quarantaine, qui aiment la randonnée pédestre et qui ne dédaignent pas laisser en arrière leur véhicule pendant quelques jours pour découvrir des pistes retirées. Nous les avons rencontrés au Guatemala. Aux dernières nouvelles, ils parcouraient l'Asie, sans véhicule cette fois...

Cindy Wilson et Tom Mackey **Canada, États-Unis**

Elle, Canadienne de l'Ontario, lui, Américain de Chicago, un couple au début de la quarantaine. Ils passent le plus clair de leur temps sur la route d'un continent à l'autre à la recherche de meubles, d'objets rares et de bijoux haut de gamme. Depuis peu, ils sont installés à Annapolis Royal en Nouvelle-Écosse où ils offrent ces œuvres d'art dans leur propre galerie-boutique.

Bien que toutes ces personnes soient différentes les unes des autres de par leur pays d'origine, leur langue maternelle, leur profession, leur culture, leurs valeurs, leur âge et leur façon de voyager, une chose les unit : leur quête d'aventure PAR LA ROUTE.

Mary-Jane et Dee

« J'ai commencé à faire des voyages au Mexique et au Guatemala en 1987 après avoir pris ma retraite. À part un voyage en moto, j'ai toujours voyagé avec Mary-Jane, mon épouse, et parfois avec les enfants. Nous avons fait plus de quarante voyages d'agrément de la côte du Pacifique jusque dans l'Est du Canada tout comme aux États-Unis en utilisant toutes sortes de véhicules et en voyageant le plus souvent sur les routes secondaires. J'ai aussi fait un voyage en solitaire en motocyclette de Vancouver en Colombie-Britannique à Yarmouth au New Jersey avec retour par la « US 50 » jusqu'en Californie. À chacun de mes voyages, je me fais un devoir d'emprunter de nouvelles routes pour chaque segment en me tenant le plus loin possible des autoroutes. Pourquoi j'aime voyager par la route? J'adore être en mouvement et j'aime l'aventure. La sensation de ne pas savoir ce que m'apportera le prochain kilomètre me procure un grand plaisir. Ça doit provenir de mes origines portugaises! »

Samantha et Alan

« Nous avons quitté nos emplois respectifs pour profiter d'un vol transatlantique à prix d'aubaine (les billets d'avion pour l'Amérique sont très chers en Australie) et nous avons décidé de faire un voyage de douze mois. Nous étions des habitués de voyages avec sac à dos dans les pays du tiers-monde et nous avons décidé d'améliorer d'un cran notre façon de voyager en nous achetant une mini-fourgonnette usagée. »

Sharon et George

« En 1989 et 1990 nous avions pris une année sabbatique et nous étions déterminés à en prendre une autre pendant que nous avions encore les capacités physiques et l'intérêt pour le faire. Nous passions notre temps à nous rappeler que nous n'avions qu'une vie à vivre et qu'il n'y avait pas de raison de tout reporter à la retraite. En plus, George avait quand même 74 ans... Nous avons été sur la route de décembre 1997 jusqu'au 28 février 1999, sauf pour deux mois passés chez nous à Vancouver à l'automne de 1998. George est un retraité même s'il accepte encore des mandats comme avocat. Il s'est levé un matin et il a dit : c'est terminé, j'arrête. J'ai fait la même chose. Il en a été autrement de laisser la famille. Mon père était à l'hôpital depuis un mois lorsque nous avons pris la route en 1997 et ses jours étaient comptés. À notre retour en 1998, il était toujours à l'hôpital et ses jours étaient toujours comptés. Mes parents m'ont toujours dit qu'ils avaient leur vie et que c'était à moi de diriger la mienne. La famille de George, quant à elle, nous supportait dans nos projets de voyages. En plus, n'y a-t-il pas des appareils téléphoniques et des avions en cas de besoin? »

Christiane et Doug

« Doug a pris sa retraite en août 1997 après vingt-huit ans de service dans les Forces armées canadiennes. De mon côté, libérée de mon travail, j'ai décidé de voyager et de mettre en commun une partie de mes épargnes sur un long voyage. Au début, nous pensions partir pour deux ans, dont six mois au Mexique et en Amérique centrale. Ensuite, nous comptions laisser notre véhicule chez des amis au Texas pendant que nous allions découvrir l'Amérique du Sud à pied avec nos sacs à dos. Finalement, nous passerons vingt-deux mois sur la route à découvrir l'Amérique latine avec notre mini-fourgonnette. Pour rester en contact avec la famille et les amis, nous utilisions la messagerie électronique et le service de poste restante d'American Express pour mes parents et les amis qui ne sont pas branchés. »

Cindy et Tom

« Au départ, Tom et moi avions l'intention de nous installer dans le Sud pour six mois. Ce n'est que plus tard que nous avons décidé de prendre la route. Nous avons vendu chacun notre maison et le gros de nos possessions, à l'exception d'un entrepôt rempli d'œuvres d'art à vendre. C'est donc sans responsabilité et avec le peu d'argent de la vente de nos maisons que nous avons pris la route pour la Nouvelle-Écosse d'abord, la traversée des États-Unis ensuite, et pour le Mexique et le Guatemala. »

Partie I Les préparatifs

Partie I Les préparatifs

Prendre la route avec son propre véhicule vers le Mexique et l'Amérique centrale pour plusieurs semaines ou plusieurs mois implique effectivement une certaine dose de préparation mentale aussi bien que logistique. Vous constaterez que la frontière entre les États-Unis et le Mexique est beaucoup plus qu'une ligne séparant les deux pays; en quittant le Canada et les États-Unis, vous laissez derrière vous deux des pays les plus riches du monde pour entrer au Mexique, là où cohabitent technologies de pointe et sous-développement. Et plus au sud encore, l'Amérique centrale, une région où la pauvreté est endémique et dont certains pays se relèvent encore bien timidement de guerres pas si lointaines et de cataclysmes naturels récents.

Les risques d'une telle aventure

Ne succombez surtout pas aux histoires d'horreur des autres. Faute d'en savoir plus sur les destinations que vous projetez visiter, vos parents, vos amis et vos collègues de travail vont souvent vous transmettre leurs propres inquiétudes et leurs angoisses. Ils vous réciteront tous les grands titres concernant les crimes violents, les catastrophes naturelles et les autres dangers qu'ils ont lus, ou pire encore, dont ils ont entendu parler par d'autres.

Des millions de voyageurs par la route au Mexique

Pour un grand nombre de voyageurs, le Mexique, et dans une moindre mesure l'Amérique centrale, sont des destinations d'hiver de choix. Au cours de l'année 1998, 33 000 Canadiens et 2,7 millions d'Américains se sont rendus au Mexique par la route*. Depuis longtemps, des retraités, après avoir fréquenté pendant des années la Floride et les États du Sud-Ouest américain, se sont laissé tenter par le climat, le charme et l'exotisme du Mexique et en reviennent enchantés. Le faible coût de la vie se veut pour plusieurs un facteur supplémentaire en faveur d'un séjour au Mexique et en Amérique centrale.

L'an 2001 amènera avec lui une première véritable vague de *baby-boomers* à la préretraite. L'essor considérable du caravaning au cours des dernières années est un indice que l'engouement pour ces destinations n'est pas près de s'estomper.

---

*Journal *Le Soleil*, 27 novembre 1999.

Se préparer, c'est partir un peu...

S'engager dans les préparatifs pour un long voyage par la route est déjà une aventure exaltante en soi. À l'instant même où vous arrêtez la date de votre départ, votre vie bascule, vous vous envolez littéralement. On dirait que toutes vos énergies se canalisent sur la réalisation de votre rêve. Vous êtes littéralement porté par vos lectures de récits et guides de voyage. Vous scrutez à la loupe tous les sites Internet sur le voyage et sur les pays que vous comptez visiter. Vous ne manquez pas un film documentaire sur vos prochaines destinations. Vous dévorez toutes les cartes routières sur lesquelles vous pouvez mettre la main. Vous recherchez les occasions de rencontrer des voyageurs qui ont vécu des expériences similaires à celle que vous vous apprêtez à vivre en questionnant parents, amis et collègues de travail. Vous passez des heures, voire des mois à tracer votre itinéraire et à préparer votre budget. Vous avez le vent dans les voiles. À partir de maintenant, rien ne vous arrêtera.

Indéniablement, les préparatifs entourant un tel voyage par la route varient d'un individu à l'autre en fonction d'un certain nombre de facteurs, notamment le véhicule utilisé, la durée du voyage, l'itinéraire, l'expérience du voyageur, la façon de voyager, le budget de chacun et le degré de confort souhaité. La connaissance de l'anglais et de l'espagnol aura aussi une influence certaine sur votre quotidien et, par conséquent, sur votre façon de voyager. Les préoccupations ayant trait à la sécurité de soi et à celle de son véhicule ne seront pas non plus les mêmes pour tous et méritent qu'on s'y attarde.

Quel type de voyageur êtes-vous?

Avant même de nous plonger dans les préparatifs comme tels, il y a lieu de nous pencher sur les types de voyageurs et leur façon de voyager par la route. **De quel type êtes-vous?**

Le sédentaire

Ce voyageur part seul ou en groupe avec sa roulotte ou son autocaravane, communément appelée motorisé, pour faire le voyage de migration d'automne vers le sud jusqu'à son lieu de résidence d'hiver. Pour la grande majorité de ces voyageurs, c'est le Mexique. Là, il retrouve pour quelques mois, année après année, en plus d'un terrain de camping bien aménagé auquel il est habitué, un environnement, des amis et des activités qui lui sont familiers. Il emprunte le trajet le plus court et n'hésite pas à utiliser les autoroutes payantes. Il préfère les terrains qui offrent tous les services (eau, électricité, égout, parfois câble et prise de téléphone). Ce type de voyageur n'a pas de restriction quant au type et à la grosseur du véhicule utilisé puisque le terrain de camping qu'il aura choisi est équipé pour le recevoir.

Le caravanier

Il y a aussi ceux qui joignent une caravane pour un voyage de quelques jours, quelques semaines ou quelques mois pour sillonner les routes du Mexique et de l'Amérique centrale. Il y aurait environ deux cents de ces caravanes par année, et ce, au Mexique seulement. Il suffit d'acheter un forfait d'une entreprise ou d'une organisation spécialisée dans ces caravanes des temps modernes. Leur durée s'étend de quelques semaines à plusieurs mois et peuvent coûter plusieurs milliers de dollars. Évidemment, les circuits de quelques jours vont se vendre pour une fraction de ce prix. Tout est pensé, prévu d'avance, tout comme pour les forfaits de voyages en autocar : l'itinéraire, le nombre de jours passés à chaque endroit, les terrains de camping, les visites, les activités, les sorties pour le magasinage, et parfois même le temps libre. Le forfait comprend habituellement les services d'un chef de caravane (*wagon master*) qui voit au bon déroulement de l'expédition et ceux d'un serre-file qui a la responsabilité de suivre le convoi. Dans certains cas, un mécanicien avec son camion-outil accompagne la caravane. Les frais de camping, les repas et certaines visites sont parfois aussi compris dans le forfait. Une caravane type est composée d'environ une vingtaine de véhicules, même si certaines se déplacent à plus de trente véhicules. L'essence, les frais d'assurances et d'entretien et les péages d'autoroutes s'ajouteront au coût du forfait. Plusieurs aiment cette façon de voyager parce qu'ils n'ont pas à se soucier de la planification et qu'ils se sentent en sécurité à voyager à plusieurs véhicules. D'autres ont horreur de ce genre de voyage exactement pour les mêmes raisons : trop de monde et trop de planification à l'avance.

Il serait faux de prétendre que l'on n'entend que du bien à propos de ces caravanes organisées. C'est sans doute une excellente façon de découvrir pour la première fois le Mexique et l'Amérique centrale et la majorité des gens reviennent enchantés de leur expérience. D'autres par contre, reviennent de leur aventure déçus de ne pas avoir eu assez de temps pour visiter certaines régions ou certains sites qui les intéressaient, d'avoir eu à subir des retards de toutes sortes, notamment à cause de bris mécaniques survenus aux véhicules de compagnons de voyage ou d'avoir été dirigés par du personnel dont la connaissance des régions visitées et de la langue espagnole était insuffisante.

Tableau des compagnies américaines les plus connues qui offrent des forfaits caravaning au Mexique et en Amérique centrale :

Adventure Caravans	101 Rainbow Dr., Suite #2434, Livingston, TX 77351-9300 (1 800 872-7897 et 1 409 649-6768)
Adventuretours	305 W. Nolona, Suite 2, McAllen, TX 78504 (1 800 455-8687 et 1 956 630-0341)
«Baja Winters» Caravans	10537 Whitman Ave. N, Seattle, WA 98133 (1 800 383-6787)
Creative World Rallies and Caravans	4005 Toulouse St., New Orleans, LA 70119 (1 504 486-7259 ou 1 800 732-8337)
Fantasy Caravans	6000 S. Eastern Suite 2 E., P.O. Box 95605, Las Vegas, NV 89193-5605 (1 800 952-8496) www.fantasycaravans.com
Carnival Caravans	P.O. Box 3370, Sumas, WA 98295 (1 800 556-5652)
El Dorado Tours	P.O. Box 1145, Alma, AR 72921-1145 (1 800 852-2500)
Overseas Motorhome Tours	222K South Irena Street, Redondo Beach, CA 90277 (1 800 322-2127)
Point South RV Tours	11313 Edmonson Ave., Moreno Valley, CA 92555 (1 800 421-1394 and 1 909 247-1222) www.mexican-insurance.com Courriel : pointsouthrvtours@yahoo.com
Tracks to Adventure	2811 Jackson Ave., El Paso, TX 79930 (1 800 351-6053)
Woodall's World of Travel	6756 S. Greenville Rd, Box 247, Greenville, MI 48838 (1 616 754-2251 ou 1 800 346-7572)

Exemple de forfait au Mexique : départ de El Paso au Texas pour se rendre à Chihuahua dans l'État du même nom pour embarquer les motorisés sur des wagons à plate-forme afin de faire la traversée du canyon Barranca del Cobre en train jusqu'à Los Mochis sur la mer de Cortés. De Los Mochis, par la route jusqu'à Puerto Vallarta pour ensuite revenir vers le nord par la côte du Pacifique et terminer le voyage à Nogales à la frontière du Mexique et des États-Unis. Un circuit de 25 jours qui coûte environ 5 000 $ US par couple.

Fédération québecoise de camping et caravaning (FQCC)

L'idée a fait son chemin au Québec et la Fédération québécoise de camping et caravaning (FQCC) offre depuis quelques années de tels forfaits pour le Mexique. Vous pouvez les rejoindre au 4545, avenue Pierre-de-Coubertin, Montréal, (Québec) H1V 3R2, par téléphone au (514) 252-3003 ou sur leur site Internet au www.campingquebec.com. En 1998, c'était au tour d'un concessionnaire de véhicules récréatifs de la région de Montréal de se lancer dans l'aventure : trente-huit véhicules récréatifs grand format prenaient la route pour le Mexique pour former un cortège de plusieurs kilomètres sur l'autoroute des Cantons-de-l'Est.

Il existe aussi des associations de propriétaires de véhicules tels Airstream, Bounders, Roadtrek, Winnebago et Westfalia, pour n'en nommer que quelques-unes. Informez-vous auprès d'elles pour savoir si elles organisent des caravanes.

Des caravanes amicales : à une plus petite échelle, on entend de plus en plus parler de convois organisés à l'amiable par des voyageurs qui ont déjà visité le Mexique. À cause du nombre restreint de véhicules, ces caravanes offrent plus de flexibilité dans les déplacements et des changements d'itinéraires en cours de route sont possibles d'un commun accord entre les participants. Les véhicules sont généralement de plus petit gabarit et permettent des itinéraires sur des routes secondaires moins accessibles aux plus gros véhicules. Ces caravanes amicales permettent aussi aux participants de se rendre dans des régions moins connues.

Dans tous les cas de caravanes, n'hésitez pas à demander des références sur la compagnie et les coordonnées de quelques voyageurs qui ont fait un voyage avec le même responsable de caravane qui a été assigné pour le circuit que vous comptez faire. Comme pour les forfaits organisés en autocar, le guide-accompagnateur compte souvent pour la moitié de la réussite du voyage!

L'explorateur

On voit de plus en plus de gens de tous âges, avides de découvertes et d'aventures qui voyagent avec leur ami(e) ou leur conjoint(e) à bord de leur propre véhicule. Ils viennent de l'Amérique du Nord, d'Europe ou d'Australie et ils n'hésitent pas à expérimenter toutes sortes de façons de voyager pour découvrir le Mexique et l'Amérique centrale par la route. Le phénomène des préretraités de l'enseignement et de la fonction publique du Québec, entre autres, amène aussi son lot de nouveaux voyageurs encore jeunes, éduqués et mieux informés que les générations précédentes. Ces nouveaux retraités traversent d'emblée les États-Unis pour aller découvrir les charmes de pays jusque-là méconnus et où ils sont assurés d'en avoir pour leur argent. Ils ne craignent pas non plus de sortir des sentiers battus plutôt que d'emprunter la *gringo trail*, l'itinéraire classique emprunté par la grande majorité des voyageurs nord-américains. Ils utilisent souvent des véhicules récréatifs plus petits. Parfois, il s'agira simplement d'une mini-fourgonnette sommairement aménagée, de leur véhicule de promenade ou encore d'une motocyclette et de leur tente.

De cette façon, ils ne limitent pas leur champ d'action. Ils voyagent plus souvent qu'autrement à un seul véhicule, même s'ils n'hésitent pas à faire un bout de chemin avec d'autres voyageurs rencontrés en route.

Ces explorateurs s'accommoderont plus facilement de terrains de camping moins bien aménagés et de sites improvisés. Ces sites consisteront parfois en un endroit en pleine nature sur le bord de la mer, de la cour arrière d'un bon Samaritain ou bien d'un espace dans le stationnement d'un hôtel ou d'une station-service ouverte 24 heures.

À ce sujet, je vous recommande la prudence, particulièrement quant aux endroits de camping sauvage en nature. Il serait plus sage de vous y installer à plus d'un véhicule. Si vous êtes seul et y tenez absolument, informez-vous sur la sécurité de l'endroit auprès des gens de la place.

Par choix ou par nécessité, ces voyageurs privilégieront cette manière de voyager. Ils auront comme récompense de découvrir des endroits qu'ils n'auraient pu connaître autrement. Généralement, le voyageur du type explorateur est plus près des gens et aussi plus attentif aux voyageurs qu'il rencontre afin d'en découvrir davantage sur les régions qu'il visite.

Sheila et Dennis Parsick,

deux Américains de Las Vegas qui ont décidé de tout laisser pour aller se refaire une vie ailleurs. Épuisés de la vie trépidante de la capitale du jeu, ils mettront un jour le cap sur le Costa Rica où ils rêvent d'opérer un terrain de camping. Avant de partir, ils auront pris soin de préparer des repas pour trois mois qu'ils conserveront dans un congélateur qu'ils transportent à bord de leur caravane de classe C de 23 pieds... C'est finalement à Santa Clara dans la province de Cocle au Panamá que leur épopée prendra fin. Ils achèteront une superbe propriété et sont maintenant propriétaires du XS Memories Restaurant Sports Bar & RV Resort, une des plus belles installations pour les voyageurs motorisés en Amérique centrale. Nous vous en reparlerons dans la section consacrée au Panamá.

Sheila et Dave Gummeson,

un jeune couple de Whistler en Colombie-Britannique. Nous les avons rencontrés à Panajachel au Guatemala. Ils voyageaient à bord d'un vieux VW Kombi avec leur chien Bella. Amants de la nature, ils travaillaient tous les deux dans la recherche sur les loups de mer sur les côtes de la Colombie-Britannique. Ils étaient sur la route pour une période de trois mois avant de recommencer leur travail au printemps.

Lucie Lajeunesse et Pierre Désy,

du Québec, un couple d'enseignants que nous avons rencontrés à Bélen au Costa Rica. Ils voyageaient à bord d'une mini-fourgonnette CampWagon qu'on fabriquait au Québec il y a quelques années. Nous avons passé un bout de soirée à parler voyage et nous les avons d'ailleurs convaincus de poursuivre leur route jusqu'au Panamá. Leur technique : ils travaillent tous les deux pendant deux ans et partent ensuite en voyage pour les six mois suivants en congé à traitement différé.

Antoinette et Antoine Koelenans,

Hollandais d'origine et retraités d'Augignac en France. Une histoire de propriétaire de château qui se départit de son domaine et qui s'équipe d'un luxueux véhicule récréatif pour découvrir l'Amérique et ensuite réaliser son rêve de jeunesse d'aller finir ses jours au Costa Rica. Son véhicule : un motorisé de classe A d'une trentaine de pieds.

Diana Fieldhead et Terry Hainsworth,

Des Anglais retraités du Yorkshire, dans la cinquantaine avancée qui voyageaient à bord d'un petit motorisé de classe C. Ils utilisaient pour leurs déplacements dans les alentours des villes où ils s'installaient, une motocyclette de 125 cc qu'ils transportaient sur une plate-forme à l'arrière de leur véhicule.

Adrienne et Simon

et leurs deux enfants, un adolescent et un bébé de quelques mois, des Canadiens de Vernon en Colombie-Britannique. Ils avaient loué leur maison pour un an pendant qu'ils découvraient l'Amérique. Ils voyageaient avec un motorisé de 26 pieds de classe C. Nous avons eu l'occasion de passer quelques jours avec eux et de les suivre sur des routes de montagne du Guatemala. Ils n'avaient pas vraiment le véhicule idéal pour certaines routes de l'arrière-pays; entre Los Encuentros et Chichicastenango entre autres, la pente de la route est si prononcée que l'arrière du véhicule (coffre de rangement et support à vélo en plus) frottait sur la chaussée.

Sylvie Dumas et Michel Lagarde,

un couple au début de la trentaine de la région des Laurentides au Québec. Michel avait aménagé un autocar usagé en motorisé de luxe de classe A qu'ils ont utilisé pendant deux hivers sur la côte de la Californie et qu'ils ont vendu peu après. Lorsque nous les avons rencontrés au Guatemala, ils voyageaient à bord de la petite automobile qu'ils avaient l'habitude de tracter (une Honda Civic familiale) et ils dormaient sous la tente, en attendant de réaliser leur prochain projet de voyage, une longue tournée, en voilier cette fois.

Suzanne et Frank Bólke,

des Allemands, voyageaient à bord d'une mini-fourgonnette Volkswagen à quatre roues motrices, sans convertisseur catalytique et avec un moteur équipé d'un carburateur plutôt que d'un système d'allumage électronique. Des barreaux protégeaient les fenêtres de côté et un énorme tuyau faisait le tour du bas de la caisse du véhicule pour servir d'appui à un cric qui permettait de le soulever jusqu'à 1,30 m du sol. Partis d'Allemagne il y a quelques années, ils s'attendaient à être de retour dans leur pays quelque deux ans après leur départ. La première partie de leur voyage les a amenés à découvrir l'Europe et une partie de l'Asie jusqu'en Inde. De là, ils avaient acheminé leur véhicule par bateau en Australie, puis en Afrique du Sud pour remonter l'Afrique et revenir à leur point de départ par voie terrestre. Lorsque nous les avons rencontrés, ils traversaient les deux Amériques, du nord au sud. Frank était déterminé à traverser le Darién Gap au Panamá pour rejoindre par voie de terre la Colombie en Amérique du Sud, et ce, même s'il n'y a qu'une piste... au grand désarroi de sa compagne.

Dominique et Fredo,

des Belges que nous avons connus au Guatemala. Ils roulaient avec un 4 X 4 Toyota Land Cruiser avec une plate-forme sur le toit aménagée pour une tente rétractable.

Einat Yahav et Amit Vax,

de jeunes Israéliens dans la vingtaine qui étaient débarqués chez un oncle à New York. Équipés d'un véhicule utilitaire Mitsubishi 4 X 4 vieux de quelques années qu'ils avaient acheté à leur arrivée aux États-Unis et d'une petite tente, ils ont parcouru les routes du Canada, des États-Unis, du Mexique et de l'Amérique centrale jusqu'au Panamá.

Carmen et Daniel Thibeault,

des Québécois qui ont voyagé avec leurs deux garçons. La famille a parcouru plusieurs continents avec leur caravane de marque Chevrolet avec une boîte Mallard de 20 pieds dotée d'une suspension renforcée. Après leur tour du Mexique et de l'Amérique centrale, ils ont acheminé leur véhicule par bateau à partir de Panamá vers l'Europe et l'Afrique du Nord.

Anna et Juergen Maussner,

deux autres Allemands, avaient déjà parcouru au moment de notre rencontre quatre des cinq continents à différentes occasions. Ils voyageaient avec leurs deux garçons de sept et neuf ans dans un immense camion à quatre roues motrices spécialement aménagé pour les besoins de leur petite famille. Ingénieur de formation, Juergen avait utilisé des feuilles d'acier pour les parois de la section maison de son véhicule pour résister aux lances en Afrique! Ingénieux aussi, le toit de fibre de verre qui pouvait être retourné pour permettre au véhicule d'entrer dans un conteneur pour le transport par bateau. Au moment de notre rencontre au Guatemala, ils prévoyaient retourner en Australie avant de rentrer à la maison.

Debbie Gohl et Scott Henderson,

du Yukon au Canada, que nous avons rencontrés à Panajachel. Ils voyageaient à bord d'une camionnette avec une caravane portée.

S'ajoutent à ces gens un Suisse français, caméraman de profession – dont j'oublie le nom – qui voyageait en motocyclette usagée qu'il avait achetée à son arrivée à Mexico City, deux couples dans la cinquantaine du Québec qui voyageaient à bord de camionnettes de luxe qui tiraient chacune une caravane tout aussi rutilante, dont une à sellette. Puis Einhardt, un Allemand qui voyageait seul à bord d'une mini-fourgonnette américaine aménagée en salon dans laquelle il avait installé une unité de climatisation qui fonctionnait avec le courant produit par une petite génératrice accrochée sur le pare-chocs arrière.

Comme vous le voyez, il y en a pour tous les goûts et pour tous les véhicules!

Le|véhicule ||

L e type de véhicule utilisé pour un voyage au Mexique et en Amérique centrale revêt une grande importance puisqu'il détermine, d'une certaine manière, le genre de voyage que vous ferez. Votre vie de tous les jours gravitera autour de votre véhicule et vous deviendrez très attentif à tous les petits bruits qu'il émettra. Tantôt il sera votre moyen de transport pour découvrir à votre rythme les paysages dont vous avez tant rêvé, tantôt il se transformera en votre maison. Paradoxalement, il sera à la fois votre refuge où vous vous sentirez en sécurité et un bien que vous voudrez jalousement protéger.

Que vous possédiez déjà un véhicule récréatif ou que vous soyez en train d'évaluer vos besoins, vous devez tenir compte de quelques facteurs. Certaines routes ne sont pas adaptées pour les plus gros véhicules. Tous les terrains de camping n'offrent pas la gamme complète des services de base tels eau, électricité, égout, encore moins l'électricité à fort ampérage pour les unités de climatisation. La nature même de la géographie amènera un voyageur à utiliser un trajet plutôt qu'un autre en fonction de son véhicule. Les rues de certaines villes coloniales sont parfois si étroites qu'il est difficile, voire impossible, d'y circuler avec de gros véhicules encombrants. Si vous optez pour un modèle usagé, vieux de quelques années, il attirera peut-être moins l'attention mais il nécessitera, par contre, plus d'entretien. Aussi, attendez-vous à voir arriver occasionnellement des nuées d'enfants ou d'adultes tout autour de votre véhicule. Cela fait partie de la réalité du Mexique et des pays de l'Amérique centrale et vous ne devriez pas vous en offusquer, car la plupart du temps ils sont là par simple curiosité.

Qu'importe le moyen de transport que vous choisirez, le réseau routier du Mexique tout comme celui des pays de l'Amérique centrale est en mesure d'accueillir des véhicules de toutes dimensions, mais il y a certaines cartes postales dans lesquelles on n'entre pas avec tous les types de véhicules.

Les types de véhicules

[Le véhicule de promenade]

Il y a bien sûr la tente et l'équipement de camping qu'on apporte avec soi dans son véhicule de promenade ou sur sa moto. Pour quelques centaines de dollars ou un peu plus selon la qualité de l'équipement, vous pouvez vous procurer tout ce qu'il faut pour la vie au grand air : tente, sac de couchage, matelas, réchaud, gamelles, lampe de poche, etc. Pour plusieurs, il n'en faut pas plus pour découvrir le monde. D'autres combineront nuitées à l'hôtel et camping.

[La tente-roulotte]

Celle-ci est idéale pour ceux qui souhaitent disposer d'un peu plus d'espace et de confort que sous la tente et pour les familles qui voyagent avec des enfants. Certains modèles sont livrés avec réfrigérateur, comptoir avec réchaud, évier, auvent et même avec rallonge escamotable. La tente-roulotte peut être tractée avec la plupart des automobiles. Par contre, on voit rarement ce type de véhicule au Mexique et en Amérique centrale.

[La caravane]

L'avantage indéniable de la caravane est de pouvoir apporter avec soi sa petite maison derrière son véhicule de promenade et de la détacher du véhicule de façon à pouvoir utiliser l'automobile dans les déplacements à destination. Elles sont aujourd'hui fabriquées avec des matériaux de plus en plus légers et on en retrouve de toutes les longueurs (16 pieds à 36 pieds). Certaines ressemblent à de vrais condominiums sur roues. Vous la choisirez en fonction du nombre de personnes et de l'utilisation que vous voulez en faire. Votre véhicule devra parfois être adapté pour la tracter.

[La caravane à sellette]

Mieux connu sous le nom de *fifth wheel*, la caravane à sellette offre les mêmes avantages que la caravane mais en plus grand, en plus luxueux et en plus... cher. Elle est très populaire auprès des gens qui possè- dent déjà une camionnette. Son système d'ancrage sur le plancher, en tous points semblable à celui des gros tracteurs et remorques, la rend facile à manœuvrer.

[La caravane portée]

La caravane portée, comme son nom l'indique, s'installe sur la boîte d'une camionnette. Certains modèles sont dotés d'un toit rétractable pour un profil plus aérodynamique sur la route. Son prix reste abordable et le confort se compare avantageusement à d'autres types de caravanes. Un peu moins spacieuse, vous y gagnerez cependant en maniabilité et en économie d'essence. Tout comme pour la caravane et la caravane à sellette, vous pouvez la détacher de votre camionnette.

Vous avez donc le loisir de pouvoir utiliser votre véhicule pour vos courses et vos visites dès l'arrivée à destination. Un système de crics, mécaniques ou électriques, permet de soulever la caravane pour permettre de placer ou de retirer le véhicule. L'opération n'est toutefois pas aussi simple qu'avec une caravane ou une roulotte à sellette. Excellent choix de véhicule pour le Mexique et l'Amérique centrale.

[L'autocaravane]

Classes B, C, A

La principale caractéristique de l'autocaravane est qu'elle possède un poste de pilotage à partir duquel vous pouvez accéder au reste du véhicule. Il suffit de regarder autour de vous pour constater à quel point ce type de véhicule est popu- laire. Bien qu'elle soit plus chère à l'achat et d'utilisation coûteuse, elle offrirait une plus grande liberté de manœuvre à ceux qui voyagent beaucoup. Les autocaravanes sont offertes en trois classes : B, C et A (en ordre croissant de grosseur).

Classe B

C'est essentiellement une fourgonnette aménagée. Les temps ont beaucoup changé depuis les premières *vans* de luxe. On retrouve aujourd'hui des mini-fourgonnettes si bien aménagées qu'elles n'ont rien à envier aux caravanes grand format. Certaines, en plus des toilettes, de l'aire cuisine, des lits et d'un téléviseur, sont aussi dotées d'une douche. De petit format, elles sont beaucoup plus faciles à manœuvrer en ville ou dans des régions difficiles d'accès que les plus grosses autocaravanes. Certains modèles sont suffisamment petits pour être expédiés sur tous les continents par conteneur. Autre avantage : vous pouvez aussi vous en servir tous les jours comme véhicule de promenade.

Classe C

On l'appelle souvent petit motorisé parce qu'il offre les mêmes avantages que son grand frère de classe A mais dans moins d'espace. Il est toutefois beaucoup plus maniable sur certaines routes, notamment les longues routes en lacets. Essentiellement, un motorisé de classe C est une caravane qu'on a installée sur le châssis d'un camion. On le reconnaît facilement à sa partie avant surplombant la cabine. Votre navigateur a facilement accès au garde-manger pour vous préparer un goûter ou vous offrir un rafraîchissement du réfrigérateur pendant que vous conduisez. Vous n'avez pas non plus à vous inquiéter des choses que vous laissez en arrière au camping durant vos déplacements puisque vous les apportez avec vous. Si vous désirez plus d'espace et que vous avez l'intention de faire beaucoup de caravaning sur des routes étroites à deux voies et tout en courbes, le classe C est pour vous.

Classe A

Pour plusieurs personnes, c'est le premier véhicule qui leur vient à l'esprit lorsqu'elles pensent au caravaning. Ils sont gros, luxueux et consomment énormément de carburant. Ils sont particulièrement prisés par les retraités un peu plus âgés. Si vous avez l'intention de voyager beaucoup, et particulièrement pour de longues périodes de temps, vous devrez peut-être envisager l'achat d'un véhicule pour vos déplacements – un *youyou*, comme les Américains l'appellent – que vous tracterez à l'arrière de votre autocaravane. Le classe A, ce mastodonte, n'a pas toujours sa place sur les routes d'Amérique centrale et du Mexique.

[Et les autres...]

Photo : C. Wilson / T. Mackey

Camion de livraison européen aménagé et adapté pour fauteuil roulant.

Photo : C. Wilson / T. Mackey

Ancien autobus scolaire amélioré avec balcon et tourelle.

Photo : C. Wilson / T. Mackey

Hybride : caravane devenue autocaravane.

Photo : J. Fleury

L'auteur, à gauche, accompagné d'Emil et Liliana Schmid, détenteurs du record du monde Guinness pour le plus long voyage, le plus de kilomètres parcourus et le plus grand nombre de pays visités avec le même véhicule. Ils sont sur la route depuis 1984.

[Notre véhicule]

Depuis 1995, Murielle et moi voyageons avec un Westfalia, modèle 1988. Un curieux véhicule carré de marque Volkswagen aménagé pour le camping et la vie en plein air qui se conduit et se gare presque aussi facilement qu'une automobile.

Ce véhicule est parfaitement adapté à notre style de voyages souvent axés sur la découverte et l'aventure. Il est équipé d'un réchaud au propane, d'un réfrigérateur qui fonctionne soit au propane, à l'électricité ou avec le courant de la batterie du véhicule, d'un réservoir d'eau de 50 litres, de deux lits doubles et d'une chaufferette auxiliaire (pour les matins frisquets). Une particularité : un toit de fibre de verre avec des côtés en toile qui se soulève pour augmenter l'espace intérieur et faciliter les déplacements debout.

Très économique, il nous permet de parcourir de longues distances à un coût raisonnable. Sa haute garde au sol s'avère aussi un atout, surtout sur les routes secondaires du Mexique et de l'Amérique centrale. Autre avantage : en été, nous nous en servons comme voiture de tous les jours.

Quelqu'un a déjà donné la description suivante d'un Westfalia : « Vous avez toutes les pièces d'une maison, mais vous n'en utilisez qu'une à la fois ». Ainsi, la nuit venue, le véhicule se transforme en une chambre à coucher, au moment des repas en salle à manger et en salon avec coin de lecture lorsque tout est rangé.

Photo : J. Fleury

Des voyageurs d'ici et d'ailleurs

Mary-Jane et Dee

« J'ai voyagé en camionnette International Travelall, en voiture sport et en motocyclette au cours d'une quinzaine de voyages au Mexique. Mon véhicule préféré, c'est le campeur Volkswagen 1972 à toit surélevé que je conduisais lors de trois voyages en Amérique centrale. Depuis quatre ans, nous voyageons à bord d'un véhicule récréatif de classe C, un Dolphin 1990 de 21 pieds posé sur un châssis de camion Toyota V6. Nous avons déjà fait trois voyages d'un océan à l'autre au Canada et aux États-Unis et trois autres en Amérique centrale. J'aime particulièrement les petits véhicules parce qu'ils permettent l'accès à des routes retirées (lire : chemins de terre et de gravier). Ils permettent aussi de se déplacer plus facilement dans les rues étroites que l'on retrouve dans les villes et villages d'Amérique centrale.

Avant le départ, je m'assure que le véhicule est en parfaite condition mécanique, qu'il est équipé avec des pneus huit plis en bon état et que le système électrique fonctionne bien. Je ne fais pas d'autre préparation. Vingt-cinq litres de Zinfandel blanc, dix cartons de cigarettes, dix livres de café Starbuck, deux livres de salami séché Gallo et mon clavier électrique ne constituent pas une préparation particulière; pour moi, c'est du standard! »

Samantha et Alan

« Puisque nous sommes partis d'Australie en sacs à dos, nous n'avons pas pu nous permettre le luxe de voyager avec un véhicule que nous connaissions bien. Arrivés en Californie, nous avons acheté pour 1 200 $ US une fourgonnette usagée Dodge 1980. Nous avons choisi ce véhicule à cause de l'espace intérieur, de sa haute garde au sol et de son allure robuste. Ce véhicule allait devenir notre maison pour une année entière. La seule préparation que nous avons faite a consisté à installer une plate-forme pour un futon que nous avons construite à partir d'un bout de clôture de bois. La mini-fourgonnette, sans lunette arrière, était suffisamment spacieuse pour accommoder un lit double et il y avait du rangement en quantité, et ce, à l'abri des regards. Nous avons fait quelques petits aménagements sommaires en route pour nous faciliter la vie. »

Sharon et George

« Nous avons acheté un véhicule récréatif Dodge Ram Pleasure Way 1995. Nous avions regardé beaucoup d'autres véhicules dont plusieurs beaucoup plus gros avec l'idée d'acheter pour ensuite le louer à long terme à une entreprise après le voyage. Après mûre réflexion, nous en sommes venus à la conclusion que nous n'avions pas

besoin d'autant d'espace. Nous avons regardé longtemps les caravanes Volkswagen, mais après en avoir discuté avec quelques personnes, il nous est apparu difficile de vivre pour une aussi longue période de temps dans si peu d'espace. Nous n'étions pas friands de l'idée d'avoir à refermer le lit tous les matins et de ne pas pouvoir nous déplacer debout lors des courts arrêts sur la route pour les goûters. Nous sommes finalement très contents de notre achat. Nous n'avons rien fait de spécial pour préparer le véhicule. Nous n'avions même pas de bougies de rechange, ni d'huile. Bref aucun des éléments que les gens ont l'habitude d'apporter. De toute manière, cela n'avait pas d'importance puisque George n'aurait jamais su comment s'en servir, pas plus que moi d'ailleurs! »

Christiane et Doug

« Nous roulions en fourgonnette Ford Econoline 1983 dans laquelle nous avions un lit pliant. Nous n'avons pas fait de modifications particulières puisque, au départ, nous n'avions l'intention de l'utiliser que pour traverser le Canada, faire le voyage jusqu'en Alaska et ensuite redescendre au Mexique. Cette fourgonnette s'est avérée être un excellent véhicule. On rencontre beaucoup de modèles Ford en Amérique centrale et au Mexique et il est facile de les réparer à bon prix. Nous avons apprécié sa haute garde au sol sur plusieurs chemins de terre que nous avons empruntés. L'utilisation d'un véhicule à quatre roues motrices ne nous a jamais semblé nécessaire. Un système à carburateur est plus facile à ajuster pour la conduite en altitude qu'un système à injection. »

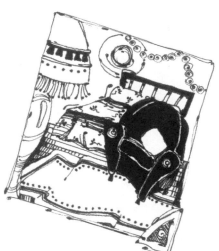

Préparation du véhicule avant le départ

Sur la route, vous vous rendrez vite compte que votre véhicule devient comme un troisième passager. Vous le traiterez aux petits oignons, vous serez à l'affût du moindre bruit afin de vous en occuper immédiatement, car la suite de votre voyage en dépend. C'est pour cette raison qu'il est impératif de préparer adéquatement votre véhicule pour une telle randonnée.

Au Canada comme aux États-Unis, on trouve dans toutes les grandes villes un concessionnaire automobile pour la plupart des marques de voitures produites ou vendues sur le continent. Les ateliers de réparations générales et spécialisées ainsi que les véhicules de dépannage et de remorquage abondent dans toutes les villes. Il en est autrement au Mexique et en Amérique centrale. Dans les capitales et les villes importantes, il existe des concessionnaires automobiles pour les marques produites, assemblées ou vendues dans chaque pays (entre autres Volkswagen, Nissan, Toyota, Isuzu, Mitsubishi et Renault en 2001 au Mexique). Les pièces disponibles pour une marque de véhicule ne correspondent pas nécessairement à celles fabriquées pour les modèles canadiens et américains. En revanche, et si vous avez la chance comme nous de tomber sur un mécanicien bien informé, vous allez découvrir que des pièces fabriquées pour un autre modèle de véhicule, complètement différent et probablement plus récent que le vôtre, feraient tout aussi bien l'affaire. Le coût des pièces varie beaucoup d'un pays à l'autre. Évitez de les acheter au Costa Rica où une taxe de 30 % est imposée.

Dans les villes, vous trouverez aussi des ateliers de réparations et des véhicules de remorquage qui ressemblent à bien des égards à ce que nous connaissons au Québec. Par contre, en sortant des grands centres, vous découvrirez vite que ces services peuvent être à des années-lumières de ceux auxquels on vous a habitué dans les capitales.

Pour toutes ces raisons, il est essentiel de faire vérifier d'un bout à l'autre votre véhicule avant le départ en portant une attention spéciale aux pneus, aux amortisseurs et aux freins. Si votre véhicule est assez récent, il se peut que vous éprouviez des difficultés à trouver des pièces pour les systèmes à injection.

Et si vous pensez qu'il est facile, comme au Canada ou aux États-Unis, de commander des pièces d'automobiles un jour et de les recevoir le lendemain, détrompez-vous. Ce service n'existe tout simplement pas chez les concessionnaires et encore moins dans les petits commerces de vente de pièces automobiles. Si jamais un problème mécanique majeur survenait, vous pourriez devoir attendre plusieurs jours, voire quelques semaines, avant d'être en mesure de reprendre la route. Vous pourriez à la limite commander les pièces nécessaires du pays d'origine de votre véhicule. Encore là, à moins que la pièce ne soit commandée par un garage compétent, vous devrez vous assurer d'identifier correctement le numéro de la pièce et de dénicher une adresse postale pour la recevoir.

On comprend mieux pourquoi certains voyageurs expérimentés s'accrochent à leurs anciens véhicules américains Ford et GM dépourvus d'allumage électronique et fonctionnant encore avec un carburateur. D'un autre côté, les manufacturiers d'automobiles ne cessent de nous vanter les véhicules récents qui nécessiteraient moins d'entretien et qui seraient moins sujets aux bris. Allez savoir!

[Les pièces de rechange]

Par précaution, il est souhaitable d'apporter un certain nombre de pièces de rechange susceptibles d'être utiles durant votre voyage, surtout si vous partez pour longtemps. La personne la mieux placée pour vous aider à identifier les pièces que vous devriez apporter est sans contredit votre mécanicien de confiance. Il connaît votre véhicule et, plus encore, il a une très bonne idée des faiblesses du modèle que vous possédez. Ne vous faites pas trop d'illusions sur les services de remorquage. Je vous en parle en détail plus loin dans la section consacrée au Mexique. Vous avez avantage à transporter avec vous des pièces de rechange et les filtres pour votre véhicule afin d'être le plus autonome possible. Quant à la possibilité de dénicher le mécanicien pour les remplacer, ne vous en faites pas, car chaque village possède un *taller* (atelier de mécanique).

Liste de pièces de rechange et autres accessoires utiles

À titre strictement indicatif, voici la liste des pièces de rechange que vous devriez avoir à bord de votre véhicule. Celle-ci pourra compter des éléments supplémentaires si vous êtes du type plus aventurier qui n'hésite pas à sortir des chemins balisés. Évidemment, le nombre de filtres à apporter sera déterminé par le kilométrage et la durée prévue de votre voyage. Portez une attention particulière aux filtres à air, si vous avez en tête de rouler sur des routes de terre.

- 4 filtres à huile
- 3 filtres à air
- 1 filtre à essence
- 1 pompe à essence
- 1 thermostat
- 1 pompe à eau
- 1 chapeau de distributeur avec son rotor
- 1 jeu de 4 bougies
- 2 jeux de courroies d'entraînement pour l'alternateur et la pompe de la direction assistée

- 1 tube de la dimension des pneus (au cas où une jante de roue serait abîmée)
- 1 jeu de fusibles et des ampoules de rechange pour toutes les lumières
- triangles réflecteurs
- sangle pour le remorquage
- manuel d'entretien et de réparations (pour vous si vous vous y connaissez ou pour le mécanicien)
- outils
- lampe de poche

Vous apprécierez aussi avoir en votre possession une liste récente des concessionnaires automobiles de votre véhicule, en cas de pépin...

[Les services d'assistance routière]

Notre récent voyage au Mexique au début de l'an 2000 fut un cauchemar d'ennuis mécaniques. Il nous aura toutefois permis d'en apprendre plus sur la qualité des services des garages indépendants et des concessionnaires automobiles d'un côté comme de l'autre de la frontière Mexique/États-Unis.

Nous avons aussi été en mesure de vérifier certaines informations de CAA-Québec (AAA aux États-Unis) et de notre assureur mexicain quant aux services d'assistance routière offerts aux voyageurs.

La littérature fournie aux membres de CAA-Québec indique qu'ils peuvent profiter, entre autres, du service routier d'urgence (SRU®) : ajustements mécaniques mineurs, survoltage, remplacement de pneu crevé, livraison d'essence, service de déverrouillage, service de dépannage*. Pour ceux qui adhèrent à l'option CAA Plus** s'ajoute le remboursement de frais imprévus comme les repas et les notes d'hôtel jusqu'à concurrence de 200 $ CA (dépenses encourues dans les 72 heures suivant la panne) lorsque vous ne pouvez plus utiliser votre véhicule en cours de trajet, à la suite d'une panne mécanique survenue à plus de 160 km de votre résidence et lorsque cette panne dure plus de 24 heures. En appelant au numéro d'urgence du AAA aux États-Unis au 1 800 564-7934 (puisque la panne est survenue dans le Tennessee), on m'a informé que seuls les membres canadiens du réseau CAA pouvaient profiter de ce remboursement de frais imprévus. J'ai donc communiqué directement avec CAA-Québec (1 800 CAA-4357) où on m'a confirmé que j'avais effectivement droit au remboursement de frais imprévus tel que mentionné dans la documentation du club; je n'avais qu'à présenter les factures à mon retour. À noter que CAA-Québec offre aussi, pour les véhicules récréatifs, l'option Plus RV, un service routier d'urgence adapté à ce genre de véhicules.

Au Mexique, le CAA est affilié à l'Associación Mexicana Automovilística (AMA) et au Automovil Club de Mexico. Le CAA est également affilié à la Federación Interamericana de Touring y Automovil Clubes (FITAC). Cette affiliation assure l'obtention de services supplémentaires de la part des clubs d'Amérique centrale. Personnellement, nous n'avons pas eu à tester la fiabilité des services d'assistance routière en Amérique centrale. Cependant, le CAA nous assure que les membres n'ont qu'à conserver leurs reçus officiels et les présenter au CAA pour remboursement selon les barèmes établis.

La police d'assurance auto que nous avions contractée pour le Mexique incluait aussi un plan de service d'aide aux voyageurs*** qui comprend notamment le remboursement de frais de main-d'œuvre pour des réparations d'urgence jusqu'à concurrence de 100 $ US pour nous permettre de poursuivre le voyage. À notre retour à la maison, nous avons pu en effet nous prévaloir de cette clause et nous en sommes très satisfaits car quatorze jours après avoir fait parvenir par télécopieur nos factures officielles à notre assureur mexicain, nous recevions par courrier un chèque au montant complet. Un service impeccable!

*Territoires couverts : Canada, États-Unis, Alaska et Hawaï.
**Un service complémentaire aux services réguliers de CAA-Québec.
***Tour Aid.

Les crevaisons : mythe ou réalité?

S'il y a un mythe persistant à propos du Mexique et de l'Amérique centrale, c'est bien celui des crevaisons. Curieusement, il est encore possible de croiser sur la route un voyageur avec deux et parfois trois pneus de rechange chargés sur le toit de son véhicule. Comme s'il n'y avait que des routes cahoteuses dans ces pays! Au contraire, dans l'ensemble, vous serez surpris du réseau des routes principales.

Nous avons parcouru près de 70 000 km pour nous rendre et circuler au Mexique et en Amérique centrale au cours des années et nous n'avons jamais eu une seule crevaison! Pour éviter les problèmes, équipez votre véhicule de pneus radiaux ceinturés d'acier huit plis de très bonne qualité.

La sécurité du véhicule

Bien des inquiétudes et des appréhensions des voyageurs avant le départ pour leur aventure se sont avérées sans fondement. Durant nos voyages, nous faisons preuve d'une prudence normale dans les circonstances, comme tout voyageur dans un pays étranger. À ce jour, nous n'avons jamais vécu de situation dangereuse ou de cas de violence au Mexique ou en Amérique centrale.

Il ne faudrait pas pour autant adopter l'attitude inverse et ignorer cavalièrement toute mise en garde qui viendrait des gens de l'endroit ou des autorités. Je suis d'avis qu'il n'y a pas plus de malfaiteurs au Mexique ou en Amérique centrale qu'au Canada ou aux États-Unis. La très grande majorité des gens que vous rencontrez sont d'honnêtes citoyens. Il n'en demeure pas moins qu'il faut savoir se protéger contre les autres; naturellement, ceux-ci ont tendance à se concentrer dans les zones touristiques, là où les « riches » touristes s'amusent. L'avantage que le filou a sur vous, c'est qu'il

a tout son temps pour observer vos habitudes et découvrir vos allées et venues. Il profitera du moindre relâchement de votre part pour passer à l'action et dérober vos biens, que ce soit dans votre véhicule ou à l'extérieur de celui-ci. Il faut être vigilant, prendre des précautions normales et utiliser son bon sens.

C'est là que prend toute l'importance d'avoir de bonnes habitudes de vie en voyage, comme arriver tôt à destination pour avoir le temps de trouver un endroit convenable et sécuritaire pour passer la nuit, garder les rideaux du véhicule fermés en tout temps (en plus, cela conserve l'habitacle plus frais), ne pas laisser de vêtements sur la corde si vous quittez votre site de camping, et si vous vous installez en nature, le faire à plus d'un véhicule. Évidemment, la règle d'or en tout temps est de ne pas faire étalage de choses qui pourraient susciter la convoitise.

[**Des faits**]

Nous n'avons rencontré, au cours de nos voyages, que trois voyageurs qui s'étaient fait voler des biens dans leur véhicule. Les voleurs, dans le premier cas, avaient cassé la petite vitre de la portière avant pour ensuite tirer sur le bouton de verrouillage et pénétrer dans le véhicule. Un classique du genre.

Dans un autre cas, le méfait s'est passé en plein centre-ville où des malfaiteurs ont cassé la vitre latérale arrière du véhicule, un 4 x 4 deux portes, et se sont enfuis avec bagages, caméra et le reste. Ces items étaient carrément exposés à la vue de tous. De là l'importance de cacher votre matériel, soit avec des rideaux ou avec une installation quelconque.

Dans l'autre cas, les voleurs ont enfoncé la moustiquaire d'une fenêtre latérale restée ouverte par négligence et ont pénétré dans un motorisé. Les propriétaires, à leur retour, ont eu la surprise de leur vie en se rendant compte que les voleurs s'étaient emparés de... la vaisselle et des chaudrons et n'avaient pas eu d'intérêt ou de temps pour les bijoux ou l'argent!

Notre propre véhicule porte encore deux marques d'effraction, une sous la poignée de la portière du conducteur, l'autre sur la vitre avant de la portière, bien que le ou les voleurs n'aient pas réussi à compléter leur œuvre. Manque de temps ou l'effet dissuasif de nos accessoires de sécurité sur notre véhicule? Nous l'ignorons, mais nous osons croire que la préparation à laquelle nous avons soumis notre véhicule avant le départ n'aura pas été inutile.

Je fais état de ces quelques faits divers non pas pour alarmer, mais plutôt pour mettre en lumière le fait que ces incidents, même s'ils sont rares, existent bel et bien et qu'il y a lieu de prendre certaines précautions de base pour assurer la sécurité de votre véhicule.

[**À chacun son blindage**]

Il revient à chacun de déterminer sa zone de confort en ce qui concerne la sécurité. Celui qui voyage en caravane et qui utilise les terrains de camping bien aménagés n'aura pas nécessairement les mêmes préoccupations à propos de la sécurité de son véhicule que ceux qui, comme nous, voyagent à un seul véhicule et très souvent en dehors des sentiers battus. Le voyageur qui part à la découverte de l'Amérique centrale (et celui qui poursuivra sa route jusqu'en Amérique du Sud) portera plus d'attention à la sécurité de son véhicule que celui qui fréquente les régions du Mexique qui lui sont familières.

Quant à moi, j'avouerai d'emblée que je suis plutôt du genre prévoyant qui n'hésitera pas à en faire toujours un petit peu plus que le nécessaire. Je possède une certaine connaissance de la mécanique, je suis assez habile avec les outils et j'ai un faible pour le bricolage. Je vous fais part des préparatifs que nous avons faits sur notre véhicule pour le voyage qui nous a amenés de Québec jusqu'au Panamá, aller-retour.

Les guides de voyage nous avaient alarmés, en particulier l'édition 1997 du Mexico and Central America Handbook qui déclare que si vous vous rendez jusqu'en Amérique centrale, votre véhicule devrait être aussi inviolable qu'un camion de la Brink's. Il n'en fallait pas plus pour que je me mette à l'ouvrage.

Première étape : enlever les boutons des tiges de verrouillage des deux portières avant, celles-là mêmes que les voleurs soulèvent après avoir brisé la vitre, pour ensuite ouvrir la porte à leur guise. S'il n'y a qu'un seul geste de préparation que vous poserez, que ce soit celui-ci. Vous n'avez qu'à démonter le panneau de la portière et enlever les tiges qui actionnent le mécanisme de verrouillage des portes. À votre retour de voyage vous pourrez simplement les réinstaller. Plusieurs voyageurs à qui j'ai fait part de ce conseil l'ont mis en pratique.

J'ai ensuite installé des œillets de métal renforcés à l'intérieur des deux portières avant pour permettre l'installation de cadenas par l'intérieur. Si on casse la vitre, non seulement n'y a-t-il pas de tige de verrouillage à soulever, mais il est impossible d'ouvrir la portière puisqu'elle est retenue par un cadenas par l'intérieur. Un voleur aurait à pénétrer par la vitre et en ressortir par la même voie. Pas très discret comme larcin!

Quant à la porte latérale coulissante, elle a aussi été équipée d'un cadenas, celui-là installé bien en vue à l'extérieur. Un dissuasif de taille.

Un boulon antivol a été installé sur chacune des roues. La roue de secours et le coffre de rangement de l'aire de bagages sur le toit ont chacun reçu un cadenas retenu par des filins d'acier gainés de vinyle.

J'ai aussi installé des serrures du type de celles qu'on utilise sur les tiroirs de filières à chacun des panneaux d'armoires de rangement à l'intérieur du véhicule.

Un système antidémarreur avec un témoin lumineux placé bien en vue a aussi été installé.

Ces mesures, bien qu'elles puissent à première vue paraître excessives, se sont avérées non seulement efficaces mais nous ont procuré une tranquillité d'esprit que nous n'aurions pas eue autrement. Au cours de nos voyages, nous nous sommes rarement préoccupés de la sécurité de notre véhicule. À tel point que de retour chez nous, nous utilisons encore, à l'occasion, certains de ces systèmes. S'ils ont été efficaces là-bas, pourquoi ne le seraient-ils pas ici?

Nous n'étions pas les seuls à avoir suivi les conseils des guides de voyage. Nous avons rencontré d'autres voyageurs, la plupart des Européens, qui arboraient des systèmes de sécurité très impressionnants du style anti-terroriste. Comme quoi, à chacun son blindage!

[**Pendant que nous y sommes...**]

■ Si votre véhicule n'est muni que d'une seule plaque d'immatriculation à l'arrière, installez-en une à l'avant – un fac-similé ou n'importe quelle autre plaque bidon – pour éviter de fournir aux policiers une raison additionnelle pour vous arrêter.

■ Sachez aussi qu'au Mexique, les policiers chargés de la circulation et de l'application des règlements sur le stationnement (*transito*) sont équipés d'une paire de pince et d'un tournevis... plutôt que d'une arme. Si vous dépassez la limite de temps permise de stationnement, le policier est autorisé à dévisser la plaque d'immatriculation de votre véhicule pour l'apporter au poste de police le plus proche. Vous pourrez la récupérer seulement après avoir payé l'amende usuelle. Pour éviter ceci, j'ai tout simplement fixé mes deux plaques d'immatriculation avec des rivets et j'évite de me stationner où ce n'est pas permis.

■ Optez pour un antidémarreur plutôt que pour une alarme. Il semble que ces dernières n'impressionnent plus personne.

■ Inventez-vous une cachette dans le véhicule et placez-y une copie de tous vos documents importants. Assurez-vous d'y déposer quelques billets américains pour des cas d'urgence...

L'assurance automobile

D'abord, il faut savoir que la police d'assurance automobile que vous détenez n'est pas valide sur le territoire mexicain. Le Mexique ne reconnaît que les polices d'assurance émises par des compagnies d'assurance mexicaines agréées.

À noter qu'il n'est pas obligatoire de posséder une assurance automobile pour entrer et circuler sur les routes du Mexique. En ce qui a trait à l'Amérique centrale, nous en traiterons un peu plus loin.

Les Canadiens sur le territoire des États-Unis

Les Canadiens ont intérêt à communiquer avec leur compagnie d'assurance pour les informer de leurs déplacements aux États-Unis. C'est connu, les Américains victimes des plus insignifiants accidents de la route ont immédiatement le réflexe de poursuivre en justice et pour des sommes qui souvent dépassent l'entendement. Les assureurs des provinces canadiennes comme le Québec, où les risques sont couverts selon le principe sans égard à la faute (*no fault*), sont tièdes à l'idée de vous voir partir à la conquête des routes américaines pour plusieurs mois.

Profitez de cette communication pour faire augmenter la couverture de responsabilité civile de votre police habituellement d'un million de dollars ($ CA) à deux millions. Ça ne vous coûtera que quelques dollars de plus par année.

Et puisque la police de votre point d'origine ne sera plus valide au Mexique et en Amérique centrale, annulez-la pour la durée de votre séjour en terre mexicaine ou en Amérique centrale. Pourquoi payer une police d'assurance alors que vous ne l'utilisez pas? Le crédit pourra couvrir une partie de celle que vous contracterez pour le Mexique. Pour remettre votre police en vigueur, vous n'aurez qu'à télécopier à votre assureur un document lui confirmant la date de votre retour sur les routes des États-Unis.

Pour plus de détails, communiquez avec votre compagnie d'assurance automobile avant le départ pour prendre ces arrangements, c'est plus prudent!

[**Au Mexique**]

On trouve facilement des bureaux de courtiers d'assurance automobile dans les villes frontalières entre les États-Unis et le Mexique et dans les principales villes du sud des États américains limitrophes, soit la Californie, l'Arizona, le Nouveau-Mexique et le Texas.

Dans la mesure du possible, évitez d'acheter votre police d'assurance à un poste frontière du Mexique, car vous serez limité aux choix offerts par les courtiers sur place. Les couvertures et les prix ne seront pas nécessairement les meilleurs.

Il est également possible d'acheter une police d'assurance pour le Mexique par téléphone, par télécopieur ou par Internet avant votre départ de la maison.

Le véhicule

L'assurance automobile

Ce qu'il faut savoir

La loi mexicaine prévoit que seules les compagnies mexicaines licenciées et agréées sont autorisées à fournir la couverture d'assurance pour la responsabilité civile reconnue par le système judiciaire du Mexique. Même si certaines compagnies d'assurance américaines sont en mesure d'offrir une couverture pour les dommages éprouvés par le véhicule assuré lorsque vous conduisez au Mexique, elles ne peuvent pas vous fournir la couverture pour la responsabilité civile.

Au Mexique, la responsabilité civile est inscrite dans la loi civile et les montants à verser sont définis par statuts. Dépendant du point de vue où l'on se place, on peut penser que c'est un système brillant ou, à l'opposé, tout à fait archaïque. Les Québécois s'y retrouvent parce qu'il s'apparente au système sans égard à la faute auquel ils sont habitués. Les poursuites pour les dommages causés à un tiers et pour les blessures corporelles causées à autrui sont réglées sur la base des pertes réelles en vertu de statuts. Les avocats spécialisés en poursuites tels que nous les connaissons aux États-Unis n'existent pas au Mexique. C'est pourquoi les limites de couverture pour la responsabilité civile et les poursuites au-delà de 100 000 $ US sont rares. C'est une situation diamétralement opposée à ce qui se passe aux États-Unis*.

Au Mexique, si vous subissez un accident ou si vous êtes impliqué dans une situation avec votre véhicule automobile, vous pouvez être arrêté et votre véhicule peut être confisqué jusqu'à ce que les autorités aient démêlé la situation. C'est pourquoi il est recommandé de contracter une police d'assurance automobile mexicaine même si elle n'est pas obligatoire. Et si votre connaissance de l'espagnol est limitée, je vous recommande d'inclure dans votre police la couverture Frais juridiques (*Legal Aid*) si elle est disponible. De cette façon, vous pourrez profiter des services d'un professionnel sur place pour vous représenter, en cas de besoin. Certains courtiers offrent aussi un service d'assistance routière (*Travel Assistance, Tour Aid*). Dans les faits, on vous remboursera les frais de main-d'œuvre pour des réparations d'urgence dues à un problème mécanique, le dépannage, les frais d'expédition de pièces et les frais juridiques occasionnés par un accident jusqu'à concurrence de certains montants.

La disparité dans les offres d'assurance automobile

Il est difficile de s'y retrouver dans les offres des courtiers d'assurance automobile pour le Mexique. Les couvertures ne sont pas uniformes et l'écart dans la prime peut être considérable d'une compagnie à une autre. Plusieurs courtiers émettent aussi des polices de la même compagnie d'assurance mais avec des limites de couverture différentes. Certaines polices incluent dans leur prime les options Frais juridiques (*Legal Aid*) et Assistance routière (*Travel Assistance, Tour Aid*) alors que d'autres les vendent séparément. Certaines compagnies exigent des frais d'adhésion à un club, en plus du coût de la prime. D'autres offriront de la documentation de voyage pour attirer la clientèle.

---

*LABELLE, J., Purchasing Insurance for Mexico, s. d.

L'assurance automobile

Voici quelques remarques générales concernant l'assurance automobile mexicaine :

■ Le montant de la couverture pour les dommages corporels ou matériels aux tiers (*liability*) est généralement moins élevé (100 000-150 000 $ US) que celui auquel nous sommes habitués au Canada (1 ou 2 millions $ CA) et aux États-Unis. Certaines compagnies offrent une couverture plus élevée sur demande. Elle ne couvre en aucun temps les occupants du véhicule assuré.

■ Le montant de couverture pour les frais médicaux des occupants (par personne et par accident) peut varier énormément d'une compagnie d'assurance à l'autre.

■ Le montant des franchises est beaucoup plus élevé que ceux que nous connaissons au Québec et au Canada.

■ La couverture pour vol ne comprend que le vol total du véhicule. Le vandalisme et le vol partiel (de pièces ou du contenu) ne sont pas couverts.

■ Toute réclamation doit être faite au Mexique avant le retour aux États-Unis.

Pour toutes ces raisons, il faut être bien informé et acheter son assurance automobile d'une compagnie financièrement solide. La qualité des services du courtier est bien sûr importante, mais il est primordial de choisir la compagnie d'assurance. Il y a aux États-Unis plus de cent agents et courtiers qui vendent de l'assurance pour le Mexique.

Les plus importantes compagnies d'assurance mexicaines

Voici les six plus grandes compagnies d'assurance mexicaines avec leur volume d'affaires et leur part du marché. Le volume du marché est exprimé en milliers de dollars US*.

	Volume	Marché
Seguros Comercial América	1 293 742	25,9 %
Grupo Nacional Provincial	1 029 345	20,5 %
Seguros Monterrey Aetna (AETNA)	476 288	9,5 %
Aseguradora Hidalgo	385 182	7,7 %
Seguros Inbursa	307 226	6,1 %
Seguros Tepeyac (MAPFRE)	181 331	3,6 %

On constate que les deux seules compagnies d'assurance mexicaines qui émettent des polices (autres que pour l'assurance-vie) pour plus de 500 millions $ US sont Seguros Comercial América et Grupo Nacional Provincial. À elles seules, ces deux compagnies détiennent presque la moitié de tout le marché de l'assurance (autre que l'assurance-vie) au Mexique.

Qu'adviendrait-il de votre réclamation si la compagnie d'assurance que vous avez choisie éprouvait des problèmes financiers ou croulait sous les demandes de réclamations de victimes d'un ouragan ou de tout autre désastre naturel? Souvent portés par l'ivresse du voyage, nous avons tendance à porter moins d'attention à l'achat de notre police d'assurance automobile pour le Mexique que pour celle que nous achetons chez nous, alors que ce devrait être l'inverse!

*COMISION NACIONAL DE SEGUROS Y FIANZAS, Mexico Insurance Market, Direct Written Premiums and Market Share, December 31, 1997.

Le véhicule

L'assurance automobile

[Les types de polices d'assurance

Il y a trois types de police d'assurance automobile au Mexique :

Plan A :   Police annuelle/ Territoire limité°
Plan B :   Police annuelle/Mexique au complet
Plan C :   Police journalière/Mexique au complet

°Pour les compagnies qui offrent ce plan, le territoire couvert n'est pas toujours le même. Dans le meilleur des cas, il s'agit des États de Baja California Norte, Baja California Sur, Sonora, Sinaloa, Chihuahua, Durango, Coahuila, Nuevo León et Tamaulipas.

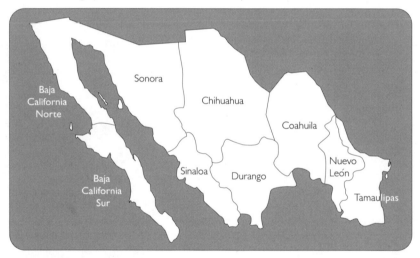

Certaines compagnies d'assurance offrent aussi une police d'assurance assujettie seulement au permis de conduire d'un conducteur (*Driver's licence only*). Il s'agit essentiellement d'une assurance qui ne couvre que les dommages matériels et les blessures aux tiers, ce qu'on appelle la responsabilité civile. Le conducteur est assuré pour le montant de couverture minimale exigée par le Mexique pour les dommages corporels ou matériels aux tiers *(liability)* lorsqu'il conduit une automobile, un camion léger (1/2 à 1 tonne), un motorisé ou une motocyclette. Cette police est peu coûteuse (± 50 $ US) mais ne couvre pas les frais médicaux pour vous-même, pas plus que les dommages matériels du véhicule que vous conduisez lors d'un accident. Il est possible d'inscrire plus d'un conducteur sur la même police.

Des tarifs particuliers pour les véhicules qui tractent un autre véhicule, une roulotte ou une embarcation sont disponibles pour tous ces plans d'assurance, y compris pour le permis de conduire seulement.

Comme le marché de l'assurance automobile au Mexique peut s'avérer un fouillis, référez-vous au tableau des pages 46 et 47 qui vous aidera à y voir plus clair et à choisir la meilleure option pour la protection de votre véhicule.

⌈ Mes recommandations

■ Évitez les compagnies qui offrent une couverture pour responsabilité civile, dommages corporels et dommages matériels aux tiers (*Combined Single Limit*) divisée comme suit : 40 000 $ par personne, 80 000 $ par événement, 50 000 $ de limite pour les dommages à la propriété de tiers. Elle réduit le montant de couverture pour les dommages à la propriété d'un tiers. La couverture responsabilité civile idéale est de 100 000 $ US.

■ Assurez-vous que votre police d'assurance comporte les options Frais juridiques et Assistance routière et que leurs coûts sont inclus dans la prime.

■ Si vous voyagez au Mexique plus de dix-huit jours, insistez pour qu'on vous présente une proposition pour une police annuelle. Cette dernière a de bonnes chances de vous coûter beaucoup moins cher que la police journalière.

■ Demandez à votre assureur ou courtier d'assurance qu'il vous remette la liste de ses évaluateurs et assurez-vous qu'il y en a dans les régions où vous comptez vous rendre. Dans ses centres de service aux membres, le AAA (American Automobile Association) vend les polices d'assurance automobile de la compagnie Grupo Nacional Provincial. Puisqu'un très grand nombre de voyageurs traversent au Mexique pour des séjours de quelques jours, on vous offrira en premier lieu un tarif journalier d'assurance à moins que vous ne fassiez une demande explicite pour une police annuelle. Faites-le!

Je privilégie particulièrement International Gateway Broker, un des courtiers qui vend Seguros Comercial América, la compagnie d'assurance en tête de liste pour le volume d'affaires. J'ai eu l'occasion d'utiliser leurs services à deux reprises. Cette compagnie se démarque non seulement par le meilleur rapport qualité/prix, mais elle est aussi, à ce jour, la seule compagnie qui émet des polices via Internet. Je me suis procuré ma plus récente police de cette manière et j'ai été surpris de recevoir une marée d'information (nature et étendue de l'assurance, liste des évaluateurs d'assurance, modalités des services Frais juridiques et Assistance routière) encore plus importante que lorsque nous nous étions rendus à leurs bureaux en Californie. Autre point important : en cours de voyage, c'est avec beaucoup de facilité que nous avons pu faire apporter une modification à notre police. Nous avons communiqué par téléphone au numéro sans frais fourni avec la documentation.

Tableau comparatif de la couverture d'assurance

(L'information contenue dans ce tableau vous est fournie à titre indicatif seulement et ne saurait engager l'auteur de

Compagnies d'assurance	Rang et % du marché*	Responsabilité civile (Dommages corporels et matériels aux tiers/ *Combined Single Limit*)	Aide juridique (*Legal Aid*) Avec ou sans assistance routière
Seguros Comercial América vendu par International Gateway Insurance Brokers	n° 1 (25,9 %)	100 000 $° par événement (CSL) °Option pour augmenter à 150 000 $: (35 $/an, 3 $/jr)	Les deux services inclus dans les polices annuelles
Reliance Nacional de Mexico vendu par Lewis and Lewis	n° 32 (0,2 %)	150 000 $ par événement (CSL)	Les deux services inclus
Seguros Tepeyac (MAPFRE), S.A. vendu par Mex Insur	n° 6 (3,6 %)	40 000 $ par personne 80 000 $ par événement et limite de 25 000 $ pour les dommages à la propriété de tiers	Les deux services mais frais supplémentaires
Cie d'assurance n/d vendu par Sanborn's	N/D	40 000 $ par personne 80 000 $ par événement et limite de 50 000 $ pour les dommages à la propriété de tiers	Les deux services inclus dans toutes les polices
Seguros Comercial América et Grupo National Provincial vendu par Mexico Insurance Professionals	n° 1 (25,9 %) n° 2 (20,5 %)	100 000 $ par événement (CSL)	Aide juridique et caution incluse (100 000 $)
Seguros La Territorial (AGF), S.A. vendu par Ada-Vis Global Entreprises	n° 17 (1 %)	30 000 $ par personne 60 000 $ par événement et limite de 20 000 $ pour les dommages à la propriété de tiers	50 $/année

*COMISION NACIONAL DE SEGUROS Y FIANZAS, *Mexico Insurance Market, Direct Written Premiums and Market Share*, December 31, 1997.

de compagnies mexicaines

quelque manière que ce soit.)

Dommages éprouvés par le véhicule assuré et franchises		Assurance de personnes (Frais médicaux pour les occupants du véhicule assuré)	Remarques
Collision	Feu, vol complet		
Jusqu'à concurrence de la valeur déclarée du véhicule Franchise : 500 $ (automobile, camionnette, fourgonnette pour passagers, fourgonette aménagée)	Jusqu'à concurrence de la valeur déclarée du véhicule Franchise : 500 $ par accident (feu, foudre, grèves, manifestations populaires, événements météorologiques) 1 000 $ vol complet	4 000 $ par personne 20 000 $ par événement Frais de funérailles limités à 25 % des frais médicaux par personne	Voyage d'affaire : + 20 % - de 21 ans : + 20 %
N/D	N/D	5 000 $ par personne 25 000 $ par événement	
Jusqu'à concurrence de la valeur déclarée du véhicule Franchise : 2 % de la valeur déclarée de l'automobile (min. 500 $ et 1 000 $ tous les autres véhicules)	Jusqu'à concurrence de la valeur déclarée du véhicule Franchise : 5 % de la valeur déclarée de l'automobile (min. 500 $ et 1 000 $ tous les autres véhicules)	2 000 $ par personne 10 000 $ par événement	Tous les véhicules remorqués doivent être déclarés et assurés.
N/D	N/D	2 000 $ par personne 10 000 $ par événement	Plusieurs exclusions : moto, autobus, véhicule de + de 15 ans
Jusqu'à concurrence de la valeur déclarée du véhicule Franchise : 2 % de la valeur	Jusqu'à concurrence de la valeur déclarée du véhicule Franchise : 5 % de la valeur dans le cas du vol total	5 000 $ par personne 25 000 $ par événement	
Franchise : 2 % de la valeur de l'automobile ou de la camionnette de 1/2 tonne (min. 400 $) Camionnette de plus de 1/2 t. et motorisés (min. 800 $)	Franchise : 5 % de la valeur (1 000 $ minimum)	2 000 $ par personne 10 000 $ par événement	Couvertures plus élevées sur demande

Note : Tous les montants sont en dollars américains ($ US).

L'assurance automobile

[Notre expérience

Lors d'un récent voyage en janvier **2000**, notre couverture d'assurance était la suivante :

Police annuelle

Territoire couvert :	Plan A (territoire limité) +
	Plan B (territoire complet) ajouté en cours de voyage
Valeur assurée :	10 000 à 14 999 $ US

Incluait collision (franchise 500 $ US), feu (franchise 500 $ US), vol complet (franchise 1 000 $ US), bris de vitres (franchise 500$ US), responsabilité civile 100 000 $ US (CSL), frais médicaux 4 000 $ US/personne-20 000 $ US par incident, l'assistance routière, les frais juridiques, une liste d'évaluateurs locaux et les frais d'émission de la police.

Coût :	205 $ US (+ 121 $ US pour ajout en cours de voyage)
	Pour un total de 326 $ US

À noter que la prime d'une police en tous points identique, mais achetée en octobre 1997 chez ce même courtier avait coûté exactement le même prix.

Le service d'aide aux voyageurs (*Tour Aid*) comprend, en plus d'une assurance-vie et mutilation et du remboursement de certains frais médicaux, des services de dépannage automobile, notamment le remboursement de frais de main-d'œuvre pour des réparations d'urgence jusqu'à concurrence de 100 $ US pour vous permettre de poursuivre le voyage.

Inclus aussi, le remboursement des frais de remorquage d'un véhicule de promenade ou d'une camionnette n'excédant pas 1/2 tonne jusqu'à concurrence de l'équivalent de 100 $ US et le remorquage d'une autocaravane, roulotte, fourgonnette ou camionnette de plus de 1/2 tonne jusqu'à concurrence de 200 $ US. Toujours en cas de panne mécanique, le remboursement des frais de transport pour commander de l'extérieur la pièce nécessaire à la réparation. Sont exclus : moteur complet et transmission. Vous avez à défrayer le coût de la pièce et les frais d'importation.

Les frais juridiques à encourir à la suite d'un accident à raison de 500 $ US pour les honoraires d'un avocat mexicain, 50 $ US pour les coûts juridiques et jusqu'à 2 000 $ US en prime de caution qui pourrait être exigée par les autorités du Mexique sont aussi compris.

Comme mentionné auparavant, nous avons aussi été à même de vérifier leur service d'assistance routière (*Tour Aid*) qui s'est avéré conforme à leurs prétentions.

Pour votre information, voici les coordonnées pour rejoindre ce courtier :
INTERNATIONAL GATEWAY BROKER (Seguros Comercial América) Chula Vista, CA
Tél. : 1 800 423-3022   Fax : 1 619 422-2671   Courriel : info@igib.com   www.igib.com

Liste de quelques courtiers

J'ai communiqué avec les entreprises mentionnées ci-après dans le cadre de mes recherches sur les assurances pour le Mexique et l'Amérique centrale. Leurs coordonnées vous sont fournies strictement à titre informatif.

Ada-Vis Global (Seguros La Territorial (AGF), S.A.) *Temecula, CA*
Tél. :   1 800 909-4457, 1 909 506-6644
Fax :   1 800 909-1007, 1 909 506-4884
Courriel : info@mexicoinsurance.com   Internet : www.mexonline.com

Baja-Mex *San Ysidro, CA*
Fax :   1 619 428-2533

Baja Discover Travel Club
Tél. :   1 800 727-2252, 1 619 275-4225
Fax :   1 619 275-1836
Courriel : baja@adnc.com

Instant Mexico Auto Insurance Services *San Ysidro, CA*
Tél. :   1 800 345-4701, 1 619 428-4714
Fax-A-Policy : 1 619 690-6533
Courriel : JEFFREY.ANDREOLI@worldnet.att.net
Internet : www.mexiconline.com/instant1.htm

Lewis and Lewis (Reliance Nacional de Mexico) *Beverly Hills, CA*
Tél. :   1 800 966-6830, 1 310 657-1112
Fax :   1 310 652-5849
Courriel : mexauto@gte.net   Internet : www.mexicanautoinsurance.com

Mex Insur (Seguros Tepeyac (MAPFRE), S.A.) *Chula Vista, CA*
Tél. :   1 619 691-7747
Fax :   1 619 691-7760

Sanborn's *McAllen, TX*
Tél. :   1 800 222-0158
Fax :   1 956 686-0732
Courriel : info@sanbornsinsurance.com   Internet : www.sanbornsinsurance.com

San Xavier Mexican Insurance Offices *Tucson, AZ*
Tél. :   1 888 327-1255, 1 520 327-1255
Fax :   1 520 327-1303
Nogales, AZ
Tél. :   1 888 377-1570, 1 520 377-0424
Fax :   1 520 377-0418
Courriel : info@mexican-autoinsurance.com

Mexico Insurance Professionals *Flagstaff, AZ*
Tél. :   1 888 467-4639, 1 520 214-9750
Fax :   1 520 779-1765
Internet : www.mexpro.com

Certains de ces courtiers possèdent un site Internet où vous pouvez recevoir sur-le-champ une proposition d'assurance en remplissant un questionnaire.

L'assurance automobile

[En Amérique centrale]

Le Costa Rica est le seul pays d'Amérique centrale que nous avons visité (le Belize a un système similaire) où l'on exige des frais à la frontière pour une assurance automobile obligatoire. La période minimum de couverture d'assurance est de trois mois et la prime se chiffrait à 2 510 C (10 $ US) en 1998. Il faut en plus payer un droit pour l'utilisation du réseau routier (*impuesto al ruedo*) de 2 500 C (10 $ US), et ce même si ces routes sont les pires d'Amérique centrale. On règle ces formalités aux postes frontaliers en entrant au pays.

Pour ce qui est des autres pays, à ma connaissance, il n'y a que les compagnies Sanborn's et Mexico Insurance Professionnals qui peuvent vous assurer en Amérique centrale, mais ce n'est pas donné! À titre d'exemple, une police d'assurance de Sanborn's pour une période de cinq mois avec une couverture pour la responsabilité civile (*Combined Single Limit*) de 500 000 $ US, une indemnité pour les frais médicaux de 2 000 $ US par personne, une indemnité en cas de mort accidentelle ou mutilation de 15 000 $ US par personne, 45 000 $ US par accident et le remboursement des dommages éprouvés par le véhicule assuré (valeur marchande de 10 001 à 15 000 $ US) coûte 1 117 $ US*. Les montants de franchise pour les frais médicaux et collision sont respectivement de 250 $ US et 500 $ US.

Nous n'avions pas contracté d'assurance automobile pour les pays d'Amérique centrale, à part évidemment celle du Costa Rica. Pour tout dire, nous avons rencontré peu de voyageurs qui détenaient une assurance auto pour ces pays.

*Source : liste de prix reçue de la compagnie Sanborn's, novembre 1999.

Des voyageurs d'ici et d'ailleurs

Mary-Jane et Dee
« Nous avions des assurances pour le Mexique, mais pas pour l'Amérique centrale. Dans le passé, nous utilisions les services de Sanborn's et du AAA, mais les deux dernières années nous avons acheté nos assurances auprès d'une petite compagnie qui s'appelle Ada-Vis Global Mexican Insurance Services avec qui nous faisons nos affaires par téléphone. Leur prime est beaucoup moins élevée que les deux autres compagnies. Pour une police annuelle et une valeur assurée de 18 000 $ US, ça nous coûte 300 $ US, comparativement aux 700 et 800 $ US qu'on nous demandait pour une police de 90 jours aux deux autres compagnies. Nous n'avons jamais eu de réclamation à faire à ce jour. Nous ne pouvons donc pas vous parler de leur service à ce chapitre. »

Samantha et Alan
« Nous avons pris notre assurance de la compagnie Sanborn's à la frontière. On nous a donné un guide routier sur le Mexique avec la police d'assurance. »

Sharon et George
« N'achetez pas votre assurance automobile pour le Mexique de Sanborn's, ils vont vous scalper! Nous avons payé plus de 1 000 $ US la première fois pour une police annuelle. L'année suivante, nous sommes allés chez Discover Baja et nous n'avons payé que 50 $ US pour la couverture d'une année. »

Christiane et Doug
« Pour le Mexique, nous avons acheté une assurance par le biais de Discover Baja, un club de voyage de San Diego, tel que nous l'avait recommandé le AAA. L'assurance nous coûtait 60 $ US pour un an et il fallait ajouter 30 $ US pour devenir membre du club. Au Belize et au Costa Rica où l'assurance est obligatoire, on l'achète lors des procédures aux postes frontières. À part cela, nous n'avions pas d'autre assurance. »

Cindy et Tom
« Nous avions des assurances pour le Mexique et le Guatemala et heureusement, nous n'avons jamais eu à les utiliser. Mais croyant qu'on en a toujours pour son argent, nous avons acheté les assurances les plus coûteuses, celles de Sanborn's. Nous avons rencontré un vieux couple qui avait eu un accident à Veracruz au Mexique et ces gens avaient été enchantés de la manière dont on s'était occupé d'eux. Je suis consciente qu'il y a d'autres compagnies qui offrent des polices d'assurance automobile moins coûteuses et je compte bien faire quelques recherches pour notre prochain voyage. »

Le budget de voyage

S'il est un sujet délicat à aborder dans un guide pratique comme celui-ci, c'est bien le budget. D'autant plus que le présent ouvrage s'adresse autant aux voyageurs fortunés qu'aux aventuriers jeunes et moins jeunes qui disposent de moins de ressources financières. Nous allons donc nous limiter à donner les grandes lignes de notre expérience personnelle pour un voyage de plusieurs mois par la route en Amérique centrale et au Mexique.

Nous vous fournirons également des indices sur le coût de certains biens et services afin de vous aider à préparer votre budget en fonction de VOS choix et de VOTRE façon de voyager. À noter que ces informations vous sont fournies strictement à titre indicatif.

Les principales dépenses à prévoir pour un tel voyage sont l'essence, l'entretien normal de votre véhicule et les réparations d'urgence en route, les assurances pour votre véhicule, les frais de terrains de camping et/ou les autres solutions d'hébergement, la nourriture (incluant les boissons et les sorties aux restaurants), l'assurance santé pour vous et les vôtres, les frais de passage aux postes frontières en Amérique centrale, les péages d'autoroutes au Mexique et les frais de traversier entre la Basse Californie et le continent (s'il y a lieu), le gaz propane, le développement de photos qui, pour d'aucuns, représentera une dépense non négligeable, et bien sûr les gâteries de toutes sortes, les nuitées à l'hôtel de luxe, les sorties au cinéma ou au bistro, les visites touristiques, les achats de vêtements, de souvenirs, d'objets d'artisanat, etc.

Notre expérience

Personnellement, nous ne lésinons jamais sur le prix d'un endroit sécuritaire pour passer la nuit, ni sur la bonne chère et le bon vin. De plus, nous nous autorisons une nuitée à l'hôtel ou une sortie au restaurant de temps à autre, bien que nous prenions la majorité de nos repas « à la maison ». C'est notre façon. La vôtre est sans doute différente.

Lors de notre voyage d'une durée de 10 mois en 1998 (Québec-Panamá aller-retour par voie de l'Ouest américain), le total réel des dépenses, tous types confondus, pour deux personnes s'est élevé à 1 650 $ US par mois. Avant notre départ, nous avions prévu un budget mensuel de 1 350 $ US.

Si on regarde les dépenses réelles de plus près, on remarque que 35 % des ressources sont allées pour la nourriture. Compris dans ce chiffre sont aussi bien les achats au marché et dans les épiceries que les sorties au restaurant. Viennent ensuite les dépenses d'essence qui comptent pour 12 % du total, suivies par les dépenses de réparations mécaniques à 9 %. Évidemment, si votre véhicule est récent (ce qui n'est pas notre cas), cette dépense disparaîtra, ou presque. L'hébergement en terrains de camping a compté pour 6 % du total des dépenses encourues. Il faut ici préciser que les nuitées à l'hôtel ne sont pas comprises et que nous n'avons pas eu à débourser à tous les jours pour un endroit pour dormir. L'assurance automobile a compté pour 2 % du total des dépenses; la section précédente vous en a parlé en long et en large. Les primes d'assurance voyage-santé dont nous parlerons plus en détail dans une prochaine section peuvent représenter une dépense de moyenne importance, dépendant de bien des facteurs, notamment de votre âge, de votre état de santé et de la durée de votre voyage.

Les autres dépenses qui n'ont pas été comptabilisées relèvent de la catégorie « Divers » qui englobe une multitude de dépenses allant d'une croisière sur le lac Yojoa au Honduras à une envolée en bimoteur vers une île paradisiaque de l'archipel de San Blas au Panamá, en passant par l'achat de bijoux à Taxco et d'une balade en téléphérique dans la forêt tropicale du Costa Rica!

Ceux qui sont forts en calcul auront vite remarqué que la catégorie « Divers » accapare plus du quart des dépenses totales. Nous sommes forcés d'admettre que nous avons profité amplement de la vie, surtout pendant notre grande tournée des États-Unis à l'aller et au retour... Alors, si votre budget de voyage est moindre, passez directement au Mexique! Deux personnes peuvent y voyager dans des conditions similaires aux nôtres sans manquer de rien avec plus ou moins 1 000 $ US par mois, et même moins en Amérique centrale.

Maintenant, regardons plus en détail quelques-unes des principales dépenses à prévoir mentionnées plus haut.

L'essence

L'essence constitue votre plus grosse dépense journalière, lorsque vous roulez. Si vous faites deux pleins dans votre journée, vous venez d'hypothéquer votre budget journalier de belle façon. Les Québécois et les Canadiens en général ne seront pas trop surpris du coût de l'essence au Mexique et en Amérique centrale, puisqu'il est sensiblement le même que chez eux. Les Américains vont se rendre compte assez vite que le prix de l'essence est très élevé comparé à ce qu'ils sont accoutumés de payer, et

ce, même si les prix sont actuellement à la hausse chez eux aussi. Pour un Européen, c'est presque donné.

Pendant 10 mois en 1998, nous avons roulé près de 37 000 km aller-retour de Québec à Panamá en passant par l'Ouest américain et notre facture d'essence s'est élevée à 2 000 $ US. Je vous rappelle que nous utilisons un véhicule 4 cylindres doté d'un moteur de 2,1 litres avec transmission manuelle, sans climatiseur.

Les terrains de camping

Nous vous présentons ici la moyenne payée dans chaque pays en 1998 pour des endroits sécuritaires, qu'ils soient des *trailer parks*, des *turicentros*, des *balnearios* ou des *centros turisticos* ou des stationnements privés.

Les nuits gratuites de camping (où nous n'avons pas eu à payer du fait que nous étions en nature ou chez un aimable paysan) n'ont pas été comptabilisées et n'affectent pas la moyenne.

Moyenne par nuit (en dollars US)	
Mexique	7,33 $
Guatemala	3,93 $
Honduras	1,75 $
Salvador	3,00 $
Nicaragua	1,50 $
Costa Rica	8,21 $
Panamá	4,75 $
États-Unis	16,52 $

Les hôtels

On trouve absolument de tout comme hôtels dans les villes principales et dans les régions touristiques. Évidemment, il y a les *resorts tout inclus* et les hôtels des grandes chaînes comme Holiday Inn, Hyatt, Best Western, etc. qui eux vous offrent des oasis de luxe à l'abri de la réalité quotidienne du Mexique. Remarquez cependant que vous pouvez trouver dans les villes de l'intérieur du pays une qualité d'hébergement comparable aux stations balnéaires, mais à bien meilleur prix.

Dans les petites villes, il n'y a souvent qu'un ou deux hôtels et il y existe une telle variation dans les standards d'hébergement qu'il est presque impossible d'en dresser une image type. Dans tous les cas, il est préférable d'exiger de voir la chambre avant de régler la note et n'oubliez pas de négocier le prix tout de suite, particulièrement si vous avez l'intention de séjourner pour une bonne période de temps. En général, il est toujours possible de trouver de l'hébergement à moindre prix, dans la mesure où vous n'avez pas trop d'attentes...

Un exemple d'hébergement alternatif : en plein cœur de Mazatlán, vous pouvez louer un modeste appartement pour une période d'un mois au même prix qu'un site de camping ou presque.

La nourriture

Sur la route au Mexique et en Amérique centrale, il est relativement facile de s'approvisionner. Le prix du panier d'épicerie dépendra évidemment de vos habitudes d'achats et de vie. Quant à nous, nous fréquentons les marchés publics pour les fruits, légumes et épices. Lorsque nous sommes de passage dans les villes, nous n'hésitons pas à faire nos achats dans les supermarchés grande surface autant qu'il se peut, compte tenu de l'espace de rangement restreint de notre véhicule. Nous profitons de nos séjours sur le bord de la mer pour acheter le poisson directement des pêcheurs; ils se feront un plaisir de vous l'arranger à votre goût, moyennant une légère rétribution.

Notre alimentation sur la route est presque en tous points identique à celle de la maison, sauf pour les plats au four, évidemment. Notre menu est composé essentiellement de poulet, de poisson et fruits de mer, de fruits et légumes, de pâtes et parfois d'un morceau de porc ou de veau. Pour changer du quotidien, vous avez droit de temps à autre à un *delicatessen*, ces boutiques qui offrent des spécialités et des vins importés, vendus à prix d'or d'ailleurs.

Notre expérience sur plusieurs mois nous enseigne qu'une moyenne de 20 $ US pour deux personnes par jour pour cet item (restaurants inclus) est un bon barème au Mexique et en Amérique centrale. À ce prix-là, on ne manque vraiment de rien, mais il ne faut pas non plus abuser de la *cerveza* (bière), ni des sorties au restaurant.

En ce qui concerne les restaurants, vous pouvez trouver de tout dans les villes. Chinois, italiens, végétariens, pizzerias, tous ces genres de restaurants peuvent offrir des repas complets pour quelques dollars. Évidemment, les restaurants fréquentés par la population locale sont en général moins chers et plus sympathiques. Par contre, les prix dans les restaurants destinés à la gent touristique ressemblent de très près à ceux demandés aux États-Unis. Si jamais vous ressentez un besoin soudain de vous replonger dans le menu familial à l'américaine, il y a toujours les restaurants des chaînes VIPS et Sanborns situés dans les grandes villes du Mexique et dans les régions touristiques où vous pourrez déguster un « club-sandwich » ou une soupe aux légumes.

Autres dépenses

Les frais de passage aux frontières

Les frais de passage aux frontières des pays d'Amérique centrale représentent une dépense assez importante dans le budget de voyage. En ce qui nous concerne, du Guatemala au Panamá à l'aller et au retour, nous avons dû consacrer la somme de 280 $ US en frais de toutes sortes aux différentes frontières. Et puisque la plupart du temps, ces frais ne sont pas fixes, il se peut que vous ayez à débourser deux fois, trois fois et même plus pour le même service. Il faut planifier ces frais dans vos dépenses pour éviter des surprises. La rubrique *Les postes frontières : atmosphère, procédures et coûts* de chaque pays vous donnera tous les détails concernant les passages aux frontières.

Les frais de péage sur les autoroutes et les frais de traversier

À cause de leurs coûts élevés, les péages sur les autoroutes mexicaines peuvent représenter une dépense non négligeable. La section *Les routes à péage (cuota)* dans la partie consacrée au Mexique traite du sujet en détail.

En ce qui concerne les frais de traversier entre le continent et la Basse Californie, je vous en parle plus longuement dans la section *Les routes d'accès*.

Le gaz propane

Le gaz propane quant à lui représente une dépense presque négligeable. À titre indicatif seulement, voici les prix payés en 1998 dans quelques pays (en dollars US) :

Mexique	= de 0,19 $ à 0,35 $ le litre
Guatemala	= de 0,93 $ à 0,96 $ le gallon
Costa Rica	= de 0,17 $ à 0,21 $ le litre
Panamá	= 1,15 $ le gallon
États-Unis	= de 0,90 $ à 1,97 $ le gallon

Le développement de photos

Si vous aimez la photographie, cette information vous intéressera. Il s'agit du prix du développement d'un film de 36 diapositives couleur.

Mexique	4,00 $ US
Guatemala	9,50 $ US
Panamá	7,00 $ US

La qualité du développement est assez bonne, mais attention à vos diapositives au Guatemala : les numéros apparaissant sur les cadres ne correspondront pas nécessairement à la numérotation sur la pellicule.

Combien coûte un long voyage par la route?

Une question épineuse s'il en est une, car il y a autant de manières de voyager qu'il y a de voyageurs. Sur la route, nous avons rencontré des voyageurs qui n'utilisaient pas les terrains de camping, qui dormaient dans leur véhicule sur des rues de quartiers résidentiels ou sur la plage. D'autres ne se nourrissaient que de riz et de thon en boîte et préparaient tous leurs repas sans exception. Ils n'utilisaient jamais les autoroutes payantes par mesure d'économie. À l'opposé, nous avons des amis qui prennent plaisir à s'offrir un heureux mélange de nuitées en camping et à l'hôtel et de repas pris autant dans leur véhicule qu'au restaurant. Comme quoi, il y a des façons de voyager pour vraiment tous les goûts et toutes les bourses!

À la question : combien coûte un voyage au Mexique et en Amérique centrale par la route, vous comprendrez qu'il serait extrêmement téméraire de notre part de citer un chiffre. À chacun SA façon de voyager!

Pour tirer le maximum de votre budget

Avec le temps, nous avons appris qu'il vaut mieux arrêter plus souvent et pour de longues périodes ou encore s'installer confortablement à un endroit pour plusieurs semaines et effectuer de courtes excursions aux alentours pour découvrir une région. Il devient aussi plus simple de préparer ses repas à la maison lorsqu'on est bien installé pour quelques jours.

Pour vous aider à convertir les devises

The Universal Currency Converter (www.xe.net/currency) est un des nombreux sites Internet qui offrent l'information sur la conversion de 180 monnaies dans 250 pays et autres juridictions. Le site est multilingue et renferme d'autres informations sur les devises.

La santé

La notion de santé étant subjective, chaque voyageur pourra utiliser l'information présentée dans cette section en fonction de sa ou ses destinations, de la durée de son voyage et de sa façon de voyager.

Les cliniques de santé-voyage

Consultez une clinique spécialisée en santé-voyage s'il y en a une dans votre région. Un médecin spécialiste des voyages vous questionnera sur les pays que vous visiterez et sur la façon dont vous comptez voyager. À partir de vos réponses, il sera en mesure de mieux vous renseigner sur les risques de maladies auxquels vous vous exposerez.

On pourra vous fournir des renseignements sur les vaccins recommandés ainsi que des conseils sanitaires sur l'eau, l'hygiène et les aliments. C'est là que vous pourrez recevoir vos vaccins et n'attendez pas trop, car certains sont dispensés sur une période de six mois.

Dans le cadre des nombreux rôles dévolus à Santé Canada, le programme de médecine des voyages est chargé de fournir des informations sur la santé aux Canadiens et Canadiennes qui voyagent à l'étranger, notamment :

- de l'information courante sur des éclosions de maladies à l'échelle internationale
- des recommandations sur l'immunisation des voyageurs
- des conseils généraux sur la santé à l'intention des voyageurs
- des lignes directrices pour la prévention et le traitement de maladies particulières

L'information est accessible 24 heures sur 24 par l'entremise du service FAXLINK au (613) 941-3900 ou sur Internet sur le site Santé Canada En Direct au www.hc-sc.gc.ca/francais/index. Cliquez sur V pour Voyageurs (santé des). Cette information est spécialement destinée aux voyageurs internationaux et aux professionnels spécialisés en médecine des voyages. On trouve aussi sur ce site la liste complète des cliniques de médecine de voyages au Canada.

Quant à l'agence gouvernementale américaine spécialisée en prévention des maladies infectieuses, la National Center for Infectuous Diseases, elle donne pour chaque pays ses recommandations pour se protéger des maladies à l'étranger (vaccinations, épidémies, alimentation, établissements de santé publique) et de l'information sur d'autres sujets d'intérêt pour les voyageurs à son site Internet www.cdc.gov.

Le ministère français des Affaires étrangères établit pour chaque pays ses recommandations quant à la sécurité, aux moyens de transport, aux conditions sanitaires, aux coutumes et législations locales sur son site www.dfae.diplomatie.fr.

Quelques adresses de cliniques

- Centre Santé-Voyage
  Centre médical Berger
  1000, chemin Sainte-Foy
  Sainte-Foy, Québec   G1S 2L6
  Tel. : (418) 688-5621
  Fax : (418) 688-3249

- Clinique Santé-Voyage
  CLSC des Hautes-Marées
  3108, chemin Sainte-Foy
  Sainte-Foy, Québec   G1X 1P8
  Tél. : (418) 651-8015
  Fax : (418) 657-4569

- **Centre de médecine de voyage du Québec**
  1001, rue Saint-Denis, 6e étage
  Montréal, Québec   H2X 3H9
  Tél. : (514) 281-3295
  Fax : (514) 281-3296
  Courriel : tesd@generation.net

- **Cliniques du Voyageur**
  3200, Taschereau,
  Greenfield Park, Québec J4V 2H3
  Tél. : (450) 672-5577
  Fax : (514) 671-5523

  5645, Grande-Allée,
  Brossard, Québec J4Z 3G3
  Tél. : (514) 462-4822
  Fax : (514) 656-6020

  1374, Mont-Royal Est,
  Montréal, Québec H2J 1Y7
  Tél. : (514) 521-0630
  Fax : (514) 521-0951

  40, Place du Commerce,
  Île des Sœurs, Québec H3E 1J6
  Tél. : (514) 769-1019
  Fax : (514) 769-2873

- Clinique Santé Voyage de Montréal
  Pavillon Rosemont
  5689, boul. Rosemont
  Montréal, Québec   H1T 2H1
  Tél. : (514) 252-3890
  Fax : (514) 252-3854

- **Clinique du Voyageur International**
  220, 12e Avenue Nord
  Sherbrooke, Québec J1E 2W3
  Tél. : (819) 829-3433
  Fax : (819) 564-5435

- **Riverside Travel Medicine Clinic**
  1919, Riverside Ste. 411
  Ottawa, Ontario   K1H 1A2
  Tél. : (613) 733-5553
  Fax : (613) 733-2689

- **Travel Counselling & Immunization Service**
  St. Michael's Hospital
  61, Queen Street East, 3rd Floor
  Toronto, Ontario   M5C 2T2
  Tél. : (416) 864-6040
  Fax : (416) 867-7498

- **International Medical Service**
  4000, Leslie Street
  North York, Ontario   M2K 2R9
  Tél. : (416) 494-7512
  Fax : (416) 492-3740
  Travel Hotline : (416) 494-0469

- **International Travel**
  & Immunization Clinic
  3350, Hospital Drive N.W.
  Calgary, Alberta T2N 4N1
  Tél. : (403) 670-4450
  Fax : (403) 270-7307

L'assurance voyage-santé

La Régie de l'assurance maladie du Québec (RAMQ) offre une protection très limitée à ceux qui voyagent à l'extérieur du pays. En fait, elle rembourse les frais selon les tarifs payés ici. Si, par exemple, vous deviez être hospitalisé aux États-Unis, il vous en coûterait facilement 2 000 $ CA par jour (et jusqu'à 5 000 $ aux soins intensifs) alors que la RAMQ ne rembourserait que 100 $ CA par jour. Si vous vous blessez dans un accident d'automobile, vous bénéficierez d'une meilleure couverture, car aux protections de la RAMQ s'ajouteront celles de la Société de l'assurance automobile du Québec (SAAQ). Où que vous soyez dans le monde, si vous êtes victime d'un accident de voiture, la SAAQ vous indemnisera comme si l'accident avait eu lieu au Québec.

Vous voulez partir pour longtemps? N'oubliez pas que ni la RAMQ ni la SAAQ ne vous protégera si votre voyage dure plus de 182 jours. Par contre, les étudiants à l'étranger, certains travailleurs et les grands voyageurs peuvent se prévaloir d'une disposition du Règlement sur l'admissibilité et l'inscription des personnes auprès de la Régie de l'assurance maladie du Québec qui leur permet de conserver leur admissibilité au régime d'assurance maladie jusqu'à une année civile complète. Ce privilège est disponible une fois tous les sept ans. Vous devez faire une demande par écrit. Par la suite, la RAMQ confirmera votre admissibilité. Vous aurez besoin de ce numéro de dossier pour contracter une assurance voyage avec une compagnie privée afin de leur confirmer que la RAMQ sera le premier payeur en cas de réclamation. Pour rejoindre la Direction de l'admissibilité des bénéficiaires à la Régie de l'assurance maladie du Québec :

À Québec :   Tél. : (418) 646-4636
À Montréal :   Tél. : (514) 864-3411
Ailleurs au Québec : Tél. : 1 800 561-9749

On comprend vite la nécessité de posséder une couverture d'assurance voyage suffisante avant de partir. L'assurance voyage vous permet de dormir en paix, car elle couvre tous les frais médicaux et d'hospitalisation qui ne sont pas couverts par votre régime public. Les polices offertes par les différentes compagnies se ressemblent beaucoup, mais elles ont été conçues surtout pour les gens qui voyagent en avion, en train ou par transport en commun. Demandez de la documentation écrite, prenez le temps de la lire et soyez, ici aussi, attentif aux exclusions. La prime d'assurance est calculée en fonction de votre âge, de votre état de santé et du nombre de jours où vous serez à l'extérieur du pays.

Pour ceux qui voyagent souvent, il existe une assurance annuelle. Le tarif est calculé en fonction de la durée des voyages que vous allez effectuer, comme 15, 30 ou 60 jours. Pour une prime donnée, la couverture sera valable toute l'année à la condition qu'aucun de vos voyages ne soit plus long que la période prévue au contrat. Certaines compagnies accepteront de vous assurer pour un voyage plus long à la condition que vous les informiez et que vous acceptiez de payer le supplément exigé*. Au Québec, trois compagnies se partagent le marché de l'assurance voyage privée : la Croix Bleue, Assurance Voyageur et Desjardins.

Des numéros de téléphone utiles :

Régie de l'assurance maladie du Québec
Québec : (418) 643-3445
Montréal : (514) 873-4006
Ailleurs au Québec : 1 800 463-4881

Société de l'assurance automobile du Québec :
1 888 810-2525
Croix Bleue : 1 800 371-BLEU
Compagnie d'assurances Voyageur : (514) 748-8080
Assurance voyage Desjardins : 1 800 463-7830

---

*GUÉNETTE, Maryse, « L'assurance voyage, incontournable ! », *Magazine Québec Santé*, février 2000.

Votre médecin de famille

Informez-le de votre projet de voyage et assurez-vous qu'il vous prescrira les médicaments dont vous aurez besoin en quantité suffisante pour la durée de votre voyage.

La trousse de premiers soins

Sur la route, votre trousse de premiers soins se révèlera d'une très grande importance puisqu'elle vous servira aussi de pharmacie. Et si vous projetez faire un long voyage, vous devriez être suffisamment équipé pour parer aux éventualités les plus courantes. De plus, la clinique où vous vous retrouverez, s'il y avait urgence, ne ressemblera pas nécessairement à ce que vous imaginez.

Les trousses de premiers soins vendues sur le marché ne contiennent que des gazes et des pansements avec une paire de ciseaux et du ruban à panser. Vous auriez avantage à consulter votre pharmacien pour qu'il vous aide à la garnir adéquatement. En lui expliquant la nature de votre périple, comme vous l'avez fait avec le médecin de la clinique santé-voyage, il sera en mesure de mieux vous conseiller. Peut-être devrez-vous revoir votre médecin de famille pour qu'il vous prescrive les onguents et médicaments que votre pharmacien vous recommandera.

Il existe aussi des pharmaciens qui se spécialisent en santé-voyage. Ce sont des professionnels qui, par choix, et souvent par passion pour le voyage, ont décidé d'offrir un service personnalisé aux voyageurs. Ces pharmaciens vont prendre le temps d'échanger avec vous pour en savoir le plus possible sur votre voyage. Ils sont habitués à servir des voyageurs et ils sont ainsi aptes à mieux comprendre vos besoins. Ils n'équiperont pas de la même manière l'aventurier à sac à dos qui s'apprête à gravir les plus hauts sommets de la terre et le touriste qui parcourra le Mexique dans le confort de son motorisé climatisé.

Ce professionnel vous aidera à monter votre propre trousse de premiers soins en vous expliquant l'utilisation à faire de chacun des produits qu'il vous recommande.

Nous avons toujours à bord un aide-mémoire rapide que notre pharmacien nous a préparé sur les mesures d'urgence à prendre selon différents scénarios (diarrhée, brûlure, coupure, entorse, etc.). Nous vous la reproduisons ici, avec sa permission (Voir le tableau des deux pages suivantes).

Aussi, si vous partez pour longtemps et comptez sortir des sentiers battus, demandez à votre médecin de vous fournir une ordonnance pour quelques seringues, accompagnées d'un document en espagnol qui explique la nature de l'utilisation que vous voulez en faire. L'approvisionnement en équipement médical faisant parfois défaut dans ces pays, mieux vaut être bien préparé.

Aide-mémoire pour premiers soins
(Ordre alphabétique)

Ampoule
Éviter les pressions directes sur celle-ci (avec Molesquin, Duoderm ou 2ndSkin) et **éviter de la crever**. Si douloureux, mettre du froid. Lorsque crevée, nettoyer, mettre onguent (Bactroban) et changer pansement (Telfa) régulièrement. Afin d'accélérer la guérison, un Duoderm ou un 2ndSkin peut être utilisé à la place du pansement. Changer une fois par jour.

Brûlure
Mettre dans **l'eau froide** le plus rapidement possible pour au moins 10 minutes afin d'arrêter la progression des dommages. Si sale, nettoyer. Mettre onguent (Bactroban) et changer pansement (Telfa) régulièrement. Afin d'accélérer la guérison, un Duoderm ou un 2ndSkin peut être utilisé à la place du pansement. Changer une fois par jour.

Coupure légère
Nettoyer, mettre onguent (Bactroban) et changer pansement (Telfa) régulièrement. Afin d'accélérer la guérison, un Duoderm ou un 2ndSkin peut être utilisé à la place du pansement. Changer une fois par jour.

Coupure importante
Nettoyer. Bien assécher. Refermer la coupure avec des bandes de rapprochement (ex : **Steri-Strip**) en commençant par le centre de la plaie. À tous les 3 mm, coller les bandes afin de bien refermer la coupure. Par la suite, appliquer de la Bétadine, mettre un pansement (Telfa) afin de garder la plaie sèche et propre. Lorsque vous voyez, entre les bandes, que la peau s'est refermée, enlever délicatement les bandes. Garder la plaie propre et sèche jusqu'à la guérison complète.

Diarrhée
Si présence de sang et/ou de pus et/ou de fièvre accompagnant la diarrhée, prendre immédiatement l'antibiotique prescrit par votre médecin. **S'hydrater** avec des solutions de réhydratation (ex. : Gastrolyte, Gatorade, recette 1118*), **éviter** les produits laitiers, les matières grasses, le café, le chocolat, l'alcool, les épices, les viandes, **favoriser** le riz, les biscottes, les bouillons clairs et progressivement ajouter des légumes cuits, des pâtes, des fruits cuits. Si après la 3e diarrhée et seulement si aucune présence de sang et/ou de pus et/ou de fièvre accompagnant l'une des 3 premières diarrhées, vous pouvez prendre du lopéramide (Imodium). Prenez soin de bien lire les instructions du fabricant.

Douleur
Repos. Prendre de l'acétaminophène (Tylénol) ou de l'ibuprophène (Advil) selon les indications du fabricant. S'il y a de l'inflammation (enflure, rougeur) ou si c'est pour des douleurs prémenstruelles, l'ibuprophène est plus efficace. On peut appliquer du froid 10 minutes 4 à 6 fois par jour pour les 48 premières heures pour ralentir localement la circulation sanguine et donc le développement de l'inflammation. Par la suite et si l'enflure est partie, on peut mettre du chaud pour activer la circulation sanguine et la guérison.

Recette 1118 = 1 litre d'eau, 1 c. à thé de sel, 1 citrus (le jus d'une orange, d'un citron ou d'un pamplemousse ou 1 tasse de jus d'orange), 8 c. à thé de sucre.

Égratignure

Nettoyer. Mettre Bétadine et un pansement (Telfa). Changer souvent le pansement afin de garder la plaie sèche et propre.

Écharde

Enlever avec une pince épilatoire ou une épingle. Au besoin, utiliser un scalpel pour ouvrir la peau afin de pouvoir aller chercher l'écharde. Une fois l'écharde retirée, mettre de la Bétadine et un pansement. Nettoyer ces outils avec de l'alcool avant et après usage.

Fièvre

Température buccale >> 39,5 Celsius.

Si survient dans un pays où la malaria est présente et jusqu'à preuve du contraire par examen du sang = urgence médicale. Boire beaucoup d'eau et prendre de l'acétaminophène (Tylenol) jusqu'à votre arrivée aux soins médicaux. Rappel : la malaria peut tuer, elle peut aussi se manifester jusqu'à un an après avoir été piqué en voyage. Si survient avant d'arriver dans un pays où la malaria est présente, boire beaucoup d'eau et prendre de l'acétaminophène (Tylenol). Consulter un médecin si la fièvre dure plus de 24 heures.

Hémorragie

Arrêter l'écoulement du sang par **Pression, Élévation** et **Calme**. Utiliser un pansement compressif (ex. : Surgipad, plusieurs gazes, linge propre) directement sur la plaie. Exercer une pression sur la plaie (ex. : appuyer fermement avec vos mains, bander un peu serré avec un pansement de gaze en rouleau, bander un peu serré avec des bandes de tissus). Élever la partie du corps où se trouve l'hémorragie (ex. : si orteil coupé, la personne sera étendue au sol et son pied sera levé bien au-dessus du sol). Lorsque le pansement est plein de sang, on en met un autre par-dessus afin de conserver le caillot qui commence à se former. Rester calme puisque l'énervement active le rythme cardiaque donc l'écoulement du sang. Une fois l'hémorragie arrêtée, consulter d'urgence un médecin. Il s'occupera de nettoyer et de bien refermer la plaie. Dans certains cas extrêmes, on doit utiliser des bandes de rapprochement pour ralentir l'hémorragie.

Nettoyer

Utiliser eau savonneuse ou serviette humide à base de benzalconium, rincer à l'eau claire et assécher avec gaze ou linge propre.

Plaie infectée
(Pus, chaleur, rougeur et/ou enflure)

Si la plaie est peu infectée, on peut tenter de la guérir avec du Bactroban. Si la plaie a été mal lavée ou qu'elle est très infectée, on doit refaire un nettoyage en profondeur et même parfois brosser la plaie. Par la suite, on peut tenter de la guérir avec du Bactroban. On change le pansement afin d'éviter l'humidité et la saleté.

Texte gracieusement fourni par Denis Boissinot, pharmacien, Centre médical Berger, Québec, Canada.

Protection contre les moustiques

Une des menaces pour la santé dans les pays tropicaux est de contracter la malaria, aussi appelée paludisme. La malaria est une maladie tropicale transmise par la piqûre d'un moustique, l'anophèle femelle, qui attaque le plus souvent la nuit. Vous êtes plus susceptible de la contracter lorsque vous voyagez dans les terres chaudes en saison des pluies ou dans la jungle. Par contre, ce moustique ne vit pas à plus de 2 500 m d'altitude.

Il n'existe pas encore de vaccin disponible sur le marché contre cette maladie. Votre médecin de la clinique santé-voyage pourra cependant vous prescrire l'un ou l'autre des comprimés disponibles dans les pharmacies. Certains de ces médicaments doivent être pris tous les jours, d'autres une fois par semaine.

Un grand nombre de ces produits pharmaceutiques ont une liste impressionnante d'effets secondaires indésirables. Évaluez bien votre décision de prendre de la médication contre la malaria. C'est un choix personnel. Si vous optez pour cette protection, demandez à votre pharmacien d'en faire l'essai pendant une semaine pour évaluer votre réaction avant de vous approvisionner pour plusieurs mois d'un de ces médicaments. Il existe aussi une sorte de pilule du lendemain – en réalité quelques cachets selon la dose – à prendre d'un seul coup après avoir contracté la malaria. Disponible également chez votre pharmacien, une fiole de dépistage par examen du sang.

Bien entendu, la protection la plus simple consiste à éviter de vous faire piquer par ces insectes. Souvent, quelques précautions de base suffiront : prenez soin de refermer les portes en entrant dans votre tente ou dans votre véhicule et utilisez des moustiquaires. Les voyageurs qui utilisent un véhicule de promenade ou une mini-fourgonnette aménagée ont avantage à installer une moustiquaire dans quelques fenêtres ou même dans la porte latérale. En plus de créer une barrière physique entre eux et les moustiques, ils bénéficieront d'une meilleure aération à l'intérieur de leur véhicule.

La compagnie T.R.I.P.S. a mis sur le marché des moustiquaires imprégnées de perméthrine particulièrement efficaces et très utiles pour ceux qui vivent sous la tente ou qui dorment à la belle étoile. Prenez un instant pour visiter leur site Internet (www.trips.ca) où vous trouverez une panoplie de renseignements sur les maladies tropicales et les moyens pour les prévenir.

Protection contre le soleil

Assurez-vous d'avoir de la lotion protégeant du soleil en quantité suffisante pour votre voyage. Vous en trouverez assez facilement dans les régions touristiques du Mexique, mais vous allez la payer cher. Finalement, il n'y a rien comme une bonne chemise à manches longues pour se protéger du soleil. Un auvent installé sur votre véhicule s'avère aussi un excellent investissement, surtout si vous prévoyez vous arrêter souvent pour des périodes de plusieurs jours sous le soleil des tropiques.

Pour rester en contact avec les siens

En plus du traditionnel service postal que les internautes anglophones appellent *snail mail* (poste escargot, en référence à la lenteur proverbiale des postes), il est possible aujourd'hui de rester en contact avec les siens pendant un long voyage soit par téléphone, par télécopieur ou par le biais de la messagerie électronique.

Le courrier électronique se révèle beaucoup plus fiable que le service des postes, plus rapide, et ce pour une fraction du prix des appels téléphoniques interurbains.

Les appels interurbains

Loger un appel interurbain à partir du Mexique ou d'un pays de l'Amérique centrale peut s'avérer un véritable cauchemar si vous ne parlez pas espagnol. Et très onéreux si vous ne vous y prenez pas de la bonne façon.

Étonnamment, les appareils téléphoniques publics au Mexique sont pour la plupart de technologie récente. Le Mexique utilise depuis longtemps la carte à puce de différentes coupures (50 NP, 100 NP) et on peut se la procurer facilement dans les dépanneurs et autres commerces. En janvier 2000, nous avons eu l'occasion d'utiliser un téléphone cellulaire public chez un petit commerçant dans un bled de la côte du Pacifique, une technologie que nous n'utilisons pas encore au Canada, à ma connaissance.

Heureusement, les Canadiens peuvent compter sur Canada Direct pour faciliter les appels téléphoniques de l'étranger. En composant le numéro d'accès du pays où

vous vous trouvez, vous accédez directement à un opérateur bilingue, et non pas un service électronique, qui vous assistera pour placer votre appel. Au début de la communication, suivez les instructions pour choisir la langue dans laquelle vous désirez être servi ainsi que le mode de paiement (Carte d'appel, service Appelle-Moi). Vous pouvez choisir de faire le 2 pour utiliser la carte Allô ou 0 pour appeler au Canada à frais virés. Les appels vers le Canada sont facturés en monnaie canadienne par votre compagnie de téléphone. Les plans d'économie sur les appels interurbains s'appliquent pour les appels à destination du Canada utilisant les services Carte d'appel et Appelle-Moi.

Vous trouverez les numéros d'accès à partir des États-Unis, du Mexique et de certains pays d'Amérique centrale à la page suivante.

Pour en savoir plus sur Canada Direct, composez le 1 800 738-3484 à partir du Canada et des États-Unis. De partout ailleurs, appelez à frais virés en passant par Canada Direct au 1 613 781-8080*.

Les principaux grands fournisseurs de services téléphoniques des États-Unis et Bell Canada offrent aussi un service gratuit d'assistance lorsque vous voulez faire un appel téléphonique à partir du Mexique. Ces numéros de téléphone sans frais vous permettent, comme pour le service de Canada Direct, de loger votre appel sans avoir à passer par l'opérateur de l'hôtel, vous évitant ainsi des frais qui parfois peuvent être excessifs. Vous pouvez utiliser une carte d'appel ou placer un appel à frais virés.

Numéros de téléphone des grands fournisseurs de services téléphoniques

AT & T	95 800 462-4240
Sprint	95 800 877-8000
M.C.I.	95 800 674-7000
Bell Canada	95 800 010-1990

Les numéros d'accès à partir des États-Unis, du Mexique et de certains pays de l'Amérique centrale sont les suivants :

États-Unis (les 50 États)   1 800 555-1111

Mexique   01 800 123-0200
Si vous utilisez un téléphone public, utilisez celui affichant le symbole Ladatel. D'ordinaire, vous n'avez pas à déposer de monnaie ou à utiliser une carte d'appel pour obtenir la communication.

Guatemala   9999-198
Des pièces de monnaie ou une carte téléphonique peuvent être requises dans les téléphones publics.

Honduras   Aucun

Nicaragua   168

Salvador   Aucun

Costa Rica   0 800 015-1161
Des pièces de monnaie ou une carte téléphonique peuvent être requises dans les téléphones publics.

Panamá   119

---

*CANADA DIRECT, « Un moyen facile et pratique de téléphoner à l'étranger », avril 1999 (tiré de l'aide-mémoire format porte-feuille).

66

La poste régulière

Ce n'est peut-être pas le système le plus rapide, mais je suis de ceux qui croient encore au charme de la lettre manuscrite et au plaisir de recevoir une carte postale d'amis ou de parents qui sont à l'étranger. Aussi, malgré la popularité de l'informatique et d'Internet, il serait faux de croire que tout le monde est branché. En route, on trouve assez facilement un bureau de poste pour acheter des timbres et poster ses envois.

Il est cependant plus difficile de trouver une façon de recevoir du courrier. C'est pourquoi la compagnie American Express offre un service de poste restante. Une liste de leurs bureaux à travers le monde est disponible sur demande. Votre courrier sera conservé pendant un mois, après quoi il sera retourné à l'expéditeur. Il faut cependant être membre d'American Express pour pouvoir bénéficier de ce service.

Utilisation d'un téléphone cellulaire

Les compagnies de téléphonie cellulaire possèdent des territoires un peu comme les fournisseurs de services Internet. En plus, le téléphone cellulaire, comme son nom l'indique, doit compter sur un réseau d'antennes et d'utilisateurs pour acheminer les appels. Au Canada, il n'y a pas si longtemps encore, il était impossible d'acheminer un appel dans des régions à certaines périodes de la journée faute d'utilisateurs.

Pour ces raisons, il m'apparaît évident qu'un téléphone cellulaire n'est pas indiqué pour un voyage au Mexique ou en Amérique centrale. Il existe bien sur le marché un téléphone cellulaire fonctionnant par satellite qu'on peut apparemment utiliser jusqu'au fin fond de la Chine. Ce système qui loge dans une mallette encombrante coûte quelques milliers de dollars. Et puis, qui allez-vous appeler? Et à quel coût?

Le courrier électronique

Le courrier électronique par Internet est sans aucun doute la façon la plus efficace, la plus économique et la plus rapide pour communiquer avec ceux qui restent à la maison ou avec d'autres voyageurs.

Contrairement à la croyance populaire, il n'est pas essentiel de posséder un ordinateur pour jouir des bienfaits du courrier électronique. Vous pouvez vous procurer une adresse électronique personnelle sur plus de 500 sites sur le Web qui offrent gratuitement le service de courrier électronique. Les plus connus sont, entre autres, www.yahoo.com, www.hotmail.com.

Utilisez leurs services et vous n'aurez plus qu'à vous installer confortablement dans l'un ou l'autre des nombreux cybercafés du Mexique et de l'Amérique centrale pour mettre votre correspondance à jour. En effet, ces pays disposent maintenant d'un réseau de plus d'une centaine de cybercafés plus ou moins équipés. Ce sont des commerces qui vous permettent d'utiliser un de leurs ordinateurs selon un tarif horaire. Plusieurs cafés offrent ce service, d'où l'appellation cybercafé. À l'inverse, plusieurs cybercafés ne vendent tout simplement pas de café... Les tarifs varient énormément d'un endroit à l'autre. Vous paierez 3 $ US à 6 $ US l'heure pour leurs services et parfois un peu plus à certains endroits en Amérique centrale. Informez-vous aussi du coût d'impression de votre document avant d'envoyer votre commande à l'imprimante, vous pourriez être estomaqué par la facture. Lorsqu'il y a plus d'un cybercafé dans une ville, faites le tour et magasinez avant d'arrêter votre choix. Ça peut valoir la peine.

Il est inutile de transporter avec soi une liste des cybercafés qui de toute façon ne serait jamais à jour. Consultez plutôt www.netcafes.com pour en trouver un là où vous vous dirigez. Ce site contient une base de données de plus de 3 000 cybercafés dans 130 pays. Vous y retrouverez leur adresse civique, les heures d'ouverture, leur courriel et leurs tarifs.

Les Canadiens qui utilisent déjà le courrier électronique par le biais de leur fournisseur local de service vont se rendre compte qu'il est peu pratique et assez coûteux d'utiliser leur adresse Internet locale en voyage. Il faut savoir que votre fournisseur de services Internet qu'on appelle communément un serveur ne couvre qu'un territoire donné. Par exemple, le territoire du fournisseur de services Globe Trotter au Québec s'étendait au moment de ma recherche, de la Gaspésie et de la Côte-Nord jusqu'à Montréal, celui de Vidéotron couvrait les territoires de Bromont, Chicoutimi, Hull, Québec, Sherbrooke, Trois-Rivières, Montréal, alors que Sprint Canada et Sympatico couvraient tous les deux toute la province*. Si vous êtes en dehors du territoire de votre fournisseur et que vous voulez accéder à vos messages personnels, vous devrez assumer des frais de l'appel interurbain pour atteindre le serveur. Vous imaginez le coût pour envoyer des messages à partir du Guatemala ou du Costa Rica?

Les fournisseurs américains comme AOL et Compuserve possèdent quant à eux d'immenses territoires et sont dotés de réseaux de numéros de téléphone d'accès locaux dans plus de 100 pays. Les clients de ces fournisseurs peuvent ainsi accéder facilement à leur courrier électronique, à partir de leur propre ordinateur portable, en utilisant des numéros de téléphone locaux (qu'ils peuvent même programmer dans leur ordinateur avant leur départ) où qu'ils soient au Mexique et en Amérique centrale.

*BERNIER, Christian. « Le commerce électronique – fournisseurs Internet nationaux », *Les Affaire$*, édition 1999.

Utilisation d'un ordinateur portable

Nous utilisons un ordinateur portable en voyage depuis 1997. Même s'il est très utile pour mon travail de rédaction de textes, je dois admettre que c'est un outil très délicat, à l'instar des appareils photographiques sophistiqués.

Il semble que malgré toutes les précautions que vous puissiez prendre pour les remiser, les vibrations et les secousses répétées de la chaussée viennent à bout de l'équipement électronique. J'ai découvert que la meilleure solution consistait à les suspendre et non pas les ranger à plat. Depuis, nous n'avons plus de problèmes!

Pour ce qui est de se brancher à Internet, c'est autre chose. Nous réussissons la plupart du temps à convaincre les employés des cybercafés de nous laisser brancher notre portable à une de leur prise téléphonique. Naturellement, ils préfèrent que vous utilisiez leur équipement au taux horaire en vigueur.

Chez des particuliers, la fiche du téléphone (quand téléphone il y a) n'est pas toujours du format standard. Tenter d'expliquer ce que vous voulez faire à quelqu'un qui n'a jamais vu de près ni un étranger, ni un ordinateur portable, encore moins les deux en même temps, peut être laborieux. C'est là que la bonne humeur et une connaissance de quelques mots stratégiques d'espagnol entrent en jeu.

Il nous arrive parfois de nous brancher à Internet dans les gros hôtels ou dans des commerces, car ils possèdent maintenant presque tous des fiches standards pour le téléphone et leur télécopieur. Pour vous éviter de mauvaises surprises, renseignez-vous d'abord sur ce qu'il en coûtera pour le service.

Vous pouvez aussi préparer vos messages sur votre propre portable, copiez le tout sur une disquette pour ensuite vous rendre à un cybercafé pour utiliser leur équipement le temps de la communication seulement.

À ne pas oublier avant de partir

À quelques mois ou quelques semaines du départ, il y a sans aucun doute encore une foule de choses à régler. Personne n'y échappe et on ne veut surtout pas en oublier. Cette section sur les préparatifs se veut avant tout une sorte d'aide-mémoire agrémenté d'informations sur différents sujets relatifs aux voyages. Certains de ces sujets sont abordés plus en détails alors que d'autres sont portés à votre attention afin de vous y faire penser. Vous trouverez aussi quelques suggestions de notre cru et d'autres provenant de voyageurs rencontrés.

Les cartes routières

Premier conseil : procurez-vous vos cartes routières avant de partir!
Pour le Mexique, celle produite par le AAA est sans contredit la meilleure. Vous pouvez l'obtenir facilement dans les centres de service du CAA-Québec. Une autre carte routière du Mexique fort intéressante est celle de Nelles Verlag d'Allemagne. Vous serez épaté par la qualité d'impression et la facilité de lecture. Les reliefs sont aussi bien représentés et les routes plus faciles à repérer. La carte routière de ITMB Publishing, une compagnie de Vancouver, est juste et bien faite mais difficile à lire à cause du jeu de couleurs d'impression utilisé. L'Automobile Club of Southern California, quant à lui, produit une des meilleures cartes sur la Baja California et elle est disponible sur demande dans les centres de services des clubs automobiles AAA. Il existe aussi un atlas des routes du Mexique du style Rand McNally, mais vous aurez besoin de chance pour mettre la main sur un exemplaire et vous devrez débourser autour de 50 $ US. Le ministère du Tourisme du Mexique (SECTUR) a produit une très belle carte routière en 1994 mais elle est presque introuvable aujourd'hui. Une autre que j'ai eu l'occasion de parcourir est éditée par Roberto Calderon, Editor, S.A. de C.V. en 2000. Elle n'est pas attirante et peu agréable à consulter.

Pour l'Amérique centrale, les seules cartes routières que nous connaissons sont celles produites par ITMB Publishing et par Nelles Verlag d'Allemagne. Elles sont disponibles dans la grande majorité des bonnes librairies de voyage. Chez ITMB, la carte nº 170 englobe toute l'Amérique centrale et il en existe aussi une pour chacun des pays individuellement. Quant à Nelles Verlag, cette maison d'édition ne produit qu'une seule carte pour l'ensemble des pays d'Amérique centrale, mais c'est quand même celle-là que j'utiliserais.

ITMB Publishing/World Wide Books and Maps
(International Travel Maps)
736A Granville st.
Vancouver, C.-B.
Canada V6Z 1G3
Tél.: 1 604 687-3320   Fax : 1 604 687-5925

Liste des cartes : Mexico nº 200, Mexico : Baja nº 09X, Mexico South Coast nº 227, Mexico : Yucatan Peninsula nº 154, Central America nº 170, Guatemala no. 642, Belize nº 243, Honduras nº 215, El Salvador nº 618, Nicaragua nº 634, Costa Rica nº 022, Panamá nº 650.

Nelles Verlag
Schleissheimer Str. 371B
D-80930 München
DEUTSCHLAND

Les guides de voyage

Les guides de voyage auront bien sûr toujours leur place. Ils sont une mine d'information sur divers sujets et s'avèrent d'excellents compléments au guide **MEXIQUE ET AMÉRIQUE CENTRALE** – *PAR LA ROUTE AVEC JEAN FLEURY* que vous avez sous les yeux. Je me permets de vous livrer mes commentaires sur quelques-uns de ces guides.

Mexico & Central America Handbook

(en anglais seulement)
Ben BOX, Passport Books (Footprint Handbooks), 1997, 7e édition, 1136 pages.
C'est un de mes guides préférés même si les caractères d'impression utilisés sont un peu trop petits. On y trouve un bref profil de chaque région et de certaines villes, de l'information sur plusieurs lieux d'intérêt, les marchés, l'artisanat local, les excursions et la façon de se rendre à ces sites, sur la culture et les festivals locaux, les établissements hôteliers, les restaurants (végétariens compris), quelques terrains de camping, les adresses des compagnies aériennes, des banques et maisons de change avec les heures d'ouverture, la liste des ambassades, les hôpitaux, écoles de langues, buanderies, bureaux de poste. Un guide intéressant dans lequel les cartes d'orientation sont abondantes et où l'information est bien présentée. Malheureusement, il y a peu d'informations pratiques à l'intention du voyageur qui découvre ces pays par la route avec son propre véhicule.

Le grand guide du Mexique

Éditions Gallimard (Bibliothèque du voyageur), 1989, 356 pages.
Magnifique volume rempli de splendides photographies. Bien écrit et de lecture facile, c'est le livre qu'on lit avant de partir ou pour se donner l'envie de partir à la découverte du Mexique. Offrez-le à vos amis pour qu'ils comprennent mieux votre engouement pour ce pays.

Mexique Côte Pacifique

Éditions Ulysse (Guide de voyage Ulysse), 1992.
Comme son nom l'indique, c'est un guide spécifique pour la côte du Pacifique. Un excellent guide pour ceux qui veulent tout savoir sur les plages du Mexique, y compris les plus retirées. Intéressant chapitre sur les renseignements pratiques et particulièrement sur la façon de conduire au Mexique. Des informations sur les terrains de camping, mais elles semblent destinées à ceux qui couchent sous la tente. Difficile à trouver puisque tous les exemplaires seraient écoulés.

Costa Rica

Yves SÉGUIN, Francis GIGUÈRE, Éditions Ulysse (Guide de voyage Ulysse), 1999, 443 pages.
Un guide qui couvre bien tous les attraits touristiques du Costa Rica. Il y a aussi quelques informations pratiques pour les automobilistes dans les courtes sections *En voiture* de chaque région.

Guatemala

Denis FAUBERT, Carlos SOLDEVILA, Éditions Ulysse (Guide de voyage Ulysse), 2000, 396 pages.
On l'apprécie pour ses textes courts et concis sur chaque ville et village. On trouve aussi de l'information sur les attraits touristiques et autres, accompagnée d'une classification. Les textes sont présentés sur trois colonnes. L'ouvrage fournit de bons repères sur les routes, utile pour ceux qui voyagent en automobile.

AAA Mexico TravelBook

(en anglais seulement)

AAA Publishing, 2000, 493 pages.

Ce guide est décidément fait pour ceux qui voyagent par la route. Il contient d'excellents chapitres sur les informations pratiques, les permis et les assurances pour les véhicules. La couverture de cette édition est plus attrayante que la précédente. La liste des attraits, des hôtels et des restaurants est présentée par État et en ordre alphabétique. Il y a une courte mais intéressante section sur les terrains de camping et de l'information sommaire sur les routes. Attention à la mention des cartes de crédit acceptées, c'est loin d'être la norme dans le pays entier.

Let's Go Mexique

(édition française)

Dakota Editions (Lets Go), 1999, 753 pages.

Ce guide est bien structuré et agrémenté d'un grand nombre de cartes faciles à consulter. Il y a de nombreuses informations pratiques : nom de la ville, orientation et autres renseignements sur l'hébergement et les restaurants, les visites d'attraits, etc. Il semble évident que ce guide a été écrit par et pour des voyageurs avec sac à dos. Il y a tout de même un court texte intéressant sur la conduite automobile au Mexique.

The People's Guide to Mexico

(en anglais seulement)

Carl FRANZ, Lorena Havens & Steve Rogers, éditeurs, John Muir Publications, 11e édition, 575 pages.

Probablement le livre le plus circonstancié sur tout ce qui peut vous arriver au Mexique. Les auteurs voyagent depuis la fin des années 60 au Mexique et en Amérique centrale. Ils ont depuis parcouru des milliers de kilomètres à bord de véhicules, principalement des VW mais aussi des Ford, Chevrolet et Dodge, un certain nombre de pick-up, et des automobiles. Toutefois, je trouve que les auteurs nous noient dans les détails.

L'éditeur de ce livre est aussi l'auteur du livre *How to keep your Volkswagen alive* (Comment garder votre Volkswagen en vie). Un livre intéressant que j'aime particulièrement parce qu'il a été écrit par des gens qui ont une façon de voyager qui s'apparente à la mienne.

Des voyageurs d'ici et d'ailleurs

Mary-Jane et Dee

« *Nous voyageons avec toute la panoplie des livres et des cartes fournis par le AAA. Nous n'utilisons pas de guide de voyage comme tel. La plupart des endroits où nous allons ne sont pas mentionnés dans les guides de voyage et il y a peu ou pas d'information à l'intention de ceux qui voyagent avec un véhicule récréatif. Nous comptons beaucoup sur l'information provenant des voyageurs rencontrés et des gens sur place. Les guides de la compagnie Sanborn's sont vraiment utiles.* »

Samantha et Alan

« *Pour nous aider à nous diriger et à trouver les sites à visiter, nous utilisions le Mexico and Central America Handbook, même s'il est fait pour ceux qui voyagent avec sac à dos. Aussi, nous discutons avec les gens de l'endroit et les voyageurs que nous rencontrons pour recueillir plus d'information.* »

Sharon et George

« *Nous utilisions le guide Lonely Planet Mexico and Central America et un autre écrit par un couple de Canadiens de la Colombie-Britannique dont j'oublie le nom. Les guides Lonely Planet m'ont déjà été utiles lors d'autres voyages. Mais la prochaine fois j'utiliserai sûrement un autre livre. Je pense qu'il y en d'autres aussi bons sur le marché.* »

Christiane et Doug

« *Au début nous utilisions le Lonely Planet, mais nous avons découvert que le Footprint Handbook (Mexico and Central America Handbook) publié en Angleterre était beaucoup plus utile pour ceux qui voyagent par la route. L'information est aussi plus à jour.* »

Cindy et Tom

« *Nous avons utilisé plusieurs guides de voyage. L'information dans la plupart est à jour et fiable. Nous aimons le Lonely Planet pour la façon dont les rubriques sont présentées en fonction d'un éventail de budgets. Le guide de Carl Franz (The People's Guide to Mexico) est excellent. Bien entendu, il y a cet autre guide, très populaire auprès des Canadiens, qui a été écrit par un couple âgé.* »

Le permis de conduire international

On se le procure pour une dizaine de dollars aux centres de services de CAA-Québec. C'est un document multilingue avec photo qui atteste que vous avez les capacités de conduire un véhicule automo-bile conformément aux clauses inscrites sur votre permis de conduire habituel. Quand on vous demandera votre permis c'est celui-ci que vous présenterez.

Payer ses comptes

La méthode traditionnelle consiste à confier vos affaires à un ami ou à un parent qui se chargera de prendre votre courrier dans votre boîte aux lettres et de payer vos comptes courants. Vous aurez pris soin de lui remettre la clé de la boîte aux lettres et une procuration sur votre compte de banque. N'oubliez pas de prendre des arrangements particuliers avec votre courtier d'assurance et votre municipalité si vos primes d'assurance ou votre compte de taxes deviennent payables pendant votre absence.

Plusieurs banques offrent maintenant des services bancaires sécuritaires pour effectuer vos opérations courantes, comme paiement de factures, mise à jour du livret, vire-ment de fonds avec une carte de débit, par téléphone et par Internet. Ces services sont généralement accompagnés de pages d'information et d'outils interactifs permettant de mieux planifier ses finances à distance.

Nous utilisons depuis longtemps Internet pour effectuer certaines opérations ban-caires à partir de la maison. Il est tout aussi possible de le faire à partir de Mexico, d'Antigua, de San Jose ou d'ailleurs sur la planète. Vous devez toutefois pouvoir compter sur une personne de confiance qui vous transmettra par courrier électro-nique les montants exacts de vos factures afin que vous puissiez faire les transactions. Mais a-t-on vraiment le goût d'entendre parler de nos comptes en voyage?

La déclaration des revenus

Selon la date de départ et la durée de votre voyage, vous devrez soit faire vous-même votre déclaration des revenus avant de partir ou confier cette tâche à quelqu'un de votre entourage. Il faudra s'assurer que cette personne a en main tous les do-cuments nécessaires, un chèque signé en blanc pour le paiement, s'il y a lieu, et une procuration l'autorisant à compléter et à signer les formulaires pour vous. Commu-niquez avec l'Agence des douanes et du revenu du Canada (anciennement Revenu Canada) et le ministère du Revenu du Québec pour plus de détails.

Argent comptant, chèques de voyage, carte de crédit ou guichet automatique

On trouve facilement des guichets automatiques dans les villes du Mexique et en moindre nombre en Amérique centrale. Ils acceptent les cartes de débit opérant avec les systèmes Plus et Cirrus. La plupart acceptent aussi les cartes de crédit Visa et Master Card. Évidemment, on compte un plus grand nombre de guichets dans les régions touristiques, mais attention, ils ne sont peut-être pas aussi fiables qu'au Canada et aux États-Unis. Et puisque vous serez en vacances, vous aurez bien le temps de passer à la banque pendant le jour pour vous procurer des devises.

Pour ceux qui s'aventureront dans les régions éloignées du Mexique et de l'Amérique centrale, vous compterez moins sur les guichets automatiques et vous vous assurerez d'avoir des chèques de voyage pour les échanger dans les banques ou les maisons de change (*casa de cambio*) des centres urbains. Achetez vos chèques de voyages en coupures de 50 $ US ou 100 $ US puisque vous ne pourrez les encaisser que dans les banques et les maisons de change et ça accélérera la procédure au comptoir.

Dans les banques, plus spécialement en Amérique centrale, assurez-vous qu'on vous remette des billets en bon état et en petites coupures si possible, car personne n'aura de monnaie pour vos gros billets. N'acceptez pas non plus les billets abîmés ou illisibles, car vous aurez de la difficulté à les faire accepter dans les commerces.

En cas de pépin, il est également facile d'obtenir une avance de fonds sur votre carte de crédit à une banque.

Il est à noter qu'au Costa Rica, une commission de 2,5 % vous est exigée pour échanger des chèques de voyage en devises locales.

À l'opposé, au Guatemala, on vous accordera un taux de change supérieur pour vos chèques de voyage...

Le dollar américain est la devise la plus en demande dans ces pays. À un point tel qu'il arrive souvent que ce soit le seul taux de change affiché bien en vue à l'entrée des banques. Le taux de change du dollar américain est plus avantageux que celui du dollar canadien. Pour toutes ces raisons, nous considérons plus commode d'utiliser des chèques de voyage American Express (Thomas Cooke est aussi populaire) en devise US. Nous gardons aussi toujours à la portée de la main, quelques billets US en coupures de 1 $, 5 $ et 10 $ pour des urgences.

N'oubliez pas d'apporter votre passeport lors de transactions dans les banques ou les maisons de change. Vous en aurez besoin pour vous identifier. Une photocopie n'est pas suffisante dans la plupart de ces institutions.

Il faudra aussi oublier cette habitude que nous avons de payer nos achats avec des chèques de voyage ou une carte de crédit, à moins évidemment d'être dans des régions touristiques.

À noter qu'au Mexique, on ne peut pas régler l'essence avec des cartes de débit ou de crédit, on n'accepte que l'argent comptant dans les stations d'essence Pemex.

Avant de partir, obtenez de votre banque la liste des guichets automatiques au Mexique et en Amérique centrale. Profitez-en pour vérifier votre marge de crédit et les fonctions que vous serez en mesure d'utiliser (retrait, transfert d'un compte à un autre, etc.) pendant votre voyage.

À ne pas oublier avant de partir

Argent comptant, chèques de voyage, carte de crédit ou guichet automatique

¿Qual es el tipo de cambio, hoy?

Pour éviter la panique à votre première visite à une banque ou à une maison de change au Mexique ou en Amérique centrale, à moins que vous ne parliez couramment l'espagnol, prenez soin de noter le taux de change pour les différentes devises que vous aurez à utiliser durant votre voyage.

Pour vous aider en cours de route, achetez un journal local avant de sortir d'un pays ou consultez un des sites Internet à un cybercafé. Ainsi, vous aurez une idée assez juste du taux de change auquel vous devrez vous attendre à vos premières transactions dans l'autre pays. En Amérique centrale où il est possible de traverser un pays entier dans une seule journée, vous aurez avantage à calculer quelque temps d'avance. Vous vous féliciterez de votre prévoyance quand, aux postes frontières, des dizaines de changeurs de monnaie vous assailliront pour vous offrir leurs services. Et, de grâce, négociez!

[Recommandation]

L'utilisation de devises américaines implique que vous devrez être attentif à l'évolution des cours pour convertir vos dollars canadiens ou toute autre devise en dollars américains. Selon la durée prévue de votre voyage et le budget que vous voudrez y consacrer, il vaut souvent la peine de planifier l'échange de vos devises en dollars américains. Ouvrez-vous un compte US à votre banque locale pour engranger vos économies de voyage. De cette façon, vous serez en mesure de profiter du taux de change au fur et à mesure, lorsqu'il vous semble avantageux de le faire. Vous éviterez d'avoir à échanger en dollars US une trop grosse somme d'un seul coup à votre départ... et de voir fondre à vue d'œil une partie de vos économies.

L'assurance habitation

Vous laissez votre maison ou votre appartement pour plusieurs mois. Que faites-vous? Vous la louez toute meublée ou la laissez vide? Pour votre assureur, il y a une nuance très marquée entre une habitation louée et inoccupée.

Dans la première situation, il y a de fortes chances que votre assureur ne vous couvre pas pour le vol, à moins qu'il y ait traces d'effraction. Si votre habitation est inoccupée durant votre absence et que vous voulez conserver votre pleine couverture d'assurance, il est possible que votre assureur exige qu'on aille y faire une visite sur une base régulière. Il est plus prudent de communiquer avec votre courtier à ce sujet.

Les biens que l'on transporte dans son véhicule automobile sont habituellement couverts par l'assurance habitation. Vérifiez auprès de votre compagnie d'assurance ou votre courtier s'il en est ainsi pour votre police et vérifiez l'étendue de la couverture.

Faites une liste de tous les items de valeur tels appareil photographique, caméra vidéo, jumelles, ordinateur portable que vous apportez avec vous, en prenant soin d'y inscrire les numéros de série. Avant de quitter le Canada, arrêtez au bureau des douanes canadiennes pour faire vérifier votre liste par un officier qui y apposera ensuite un tampon avec la date. Vous aurez ainsi fait d'une pierre deux coups : vous faciliterez votre retour au pays en la présentant aux douaniers et si jamais vous deviez déposer une réclamation de vol à votre retour de voyage, votre assureur ne pourra prétendre que vous n'aviez pas en votre possession tel ou tel item puisque vous aurez une preuve des plus officielles que cet article était bel et bien à bord de votre véhicule lors de votre départ.

Les documents de voyage

Assurez-vous que votre passeport, votre certificat d'immatriculation, votre permis de conduire, vos cartes de crédit et vos polices d'assurance ne viendront pas à échéance en cours de voyage. Vous aurez peut-être à exécuter quelque gymnastique pour renouveler certains documents avant terme. Photocopiez tous vos documents, gardez-en une copie à la maison et l'autre dans la cachette de votre véhicule.

Il peut être sage aussi de faire une copie de votre police d'assurance santé-voyage avec les numéros à utiliser en cas d'urgence. La photocopie du passeport devra être assermentée si vous voulez vous en servir pour vous faire émettre un autre passeport à une ambassade si c'était nécessaire. Si vous partez pour longtemps pour faire le grand circuit jusqu'au Panamá par exemple, apportez aussi quelques photos de format passeport supplémentaires, elles pourraient peut-être servir.

[Carnet de passage, nécessaire ou pas?]

Le carnet de passage pour votre véhicule n'est absolument pas nécessaire pour le Mexique et les pays de l'Amérique centrale.

Liste de vos achats avec reçus

Pour faciliter votre passage aux douanes lors de votre retour aux États-Unis ou au Canada, faites une liste de tous vos achats sans tenir compte de ceux pour lesquels vous croyez devoir payer des frais de douanes. Inscrivez les prix payés en devise locale et l'équivalent en dollars US ou CA selon le cas. Conservez précieusement les reçus. Le travail de vérification sera de beaucoup simplifié pour les agents de douanes et vous risquez de passer un peu plus vite cette étape au retour vers la maison.

Les cours d'espagnol, nécessaires ou pas?

Saviez-vous que l'espagnol est la deuxième langue la plus parlée dans le monde après le chinois? En effet 1,2 milliard d'humains parlent une forme ou une autre de chinois et 332 millions parlent l'espagnol, devançant l'anglais par quelque 10 millions d'utilisateurs. En comparaison, le français est parlé par 72 millions d'individus et se classe au 13e rang mondial pour le nombre d'utilisateurs*.

Bien des gens affirment qu'une connaissance de l'anglais est suffisante pour apprécier un voyage au Mexique. Si vous vous rendez dans les hôtels des stations balnéaires, si. Mais quand vous voyagez par la route, vous ne parcourez pas que les plages parsemées d'hôtels chics où le personnel parle anglais. Vous serez confrontés à la réalité quotidienne, vous aurez besoin de demander votre direction de temps à autre, de faire vos achats et de tout simplement communiquer avec les gens.

Lors de mon premier voyage au Mexique, je ne connaissais pas un mot d'espagnol et je m'étais bien promis de ne jamais revenir en Amérique latine à moins de posséder un minimum de connaissance de l'espagnol. Il n'était plus question pour moi de simplement passer dans les paysages du Mexique. Murielle et moi avons donc décidé de suivre des cours du soir à une école d'enseignement de niveau secondaire de notre quartier. Quelques sessions plus tard, nous voilà fin prêts à mettre à l'épreuve notre espagnol appris sur les bancs d'école. Il n'aura fallu qu'une semaine au Mexique pour réaliser que nous n'avions pas perdu notre temps. Au début en hési-

tant, nous essayions de temps à autre un bout de phrase pour nous tester. À notre grande surprise, les gens réagissaient bien et nous répondaient aimablement, bien qu'un petit sourire moqueur était souvent accroché à leurs lèvres... C'est ainsi que nous avons pris confiance en nous, du moins suffisamment pour tenter de converser et du même coup améliorer petit à petit nos connaissances de la langue.

Vous découvrirez en cours de route que le manque de connaissance de l'espagnol peut s'avérer être un des plus gros, sinon le plus gros, handicap qui vous empêchera d'apprécier à sa juste valeur un long voyage au Mexique et en Amérique centrale. De connaître ne serait-ce que quelques rudiments de la langue et quelques formules de salutations peut faire toute la différence. Et pensez aux nombreuses frustrations que vous éviterez!

Et s'il vous est impossible de suivre des cours avant votre départ, il existe de nombreuses écoles de langue à travers le Mexique et l'Amérique centrale. Faites comme nous et offrez-vous une semaine ou deux de cours privés, ça pourrait changer le reste de votre voyage.

Exemple du coût d'un cours d'espagnol suivi à Panajachel au Guatemala : un cours privé, un professeur par élève, du lundi au vendredi, quatre heures par jour : 65 $ US par semaine incluant une activité culturelle. Ajoutez 45 $ US par semaine pour un séjour en famille avec trois repas par jour, sauf le dimanche.

*Summer Institute of Linguistics, Barbara F. Grimes, Editor, 13th Edition, 1996.

Voyager avec les enfants

Il va de soi que ceux qui voyagent avec des enfants d'âge scolaire auront pris soin de prendre des dispositions spéciales avec l'école pour les travaux scolaires. Des cours par correspondance sont possibles si vous partez pour une année scolaire complète. Votre enfant pourra ensuite recevoir une équivalence lors d'un examen dans son institution scolaire pour lui permettre de poursuivre ses études normalement à son retour de voyage.

Dans le cas où un seul des parents accompagnerait un enfant, les autorités douanières exigeront à coup sûr une déclaration sous serment notariée, signée par l'autre parent qui stipule que l'enfant est autorisé à voyager dans tel ou tel autre pays avec son père ou sa mère, selon le cas.

Divers

Voici quelques accessoires utiles pour un long voyage au Mexique et en Amérique centrale :

- un adaptateur à visser à la place d'une ampoule afin de pouvoir facilement brancher votre rallonge électrique chez un particulier.

- un autre adaptateur qui vous évitera d'avoir à couper ou à endommager la tige de prise de terre de votre rallonge électrique (au Mexique et en Amérique centrale, il y a peu ou pas de prises de courant avec un troisième trou pour la prise de terre).

- des bouteilles de gaz propane jetables pour les réchauds de camping (introuvables sinon dispendieuses au Mexique et plus au sud).

- produits désinfectants pour la toilette chimique de votre véhicule (introuvables).

- une corde ou des mousquetons pour le hamac.

- une paire de ciseaux pour vos coupes de cheveux.

- des batteries supplémentaires pour la caméra et le radio transistor.

- un petit ventilateur électrique.

- des bouchons pour les oreilles.

- dernier accessoire mais non le moindre, un dictionnaire espagnol-français ou, du moins, un livre sur les expressions courantes, vous ne le regretterez pas!

[La liste J'en ai besoin – Je n'en ai pas besoin]

Pour ceux et celles qui en sont à leur première expérience de long voyage par la route, une liste *J'en ai besoin – Je n'en ai pas besoin* que vous apporterez avec vous lors de vos premières sorties avant votre départ est essentielle.

Cette liste est particulièrement utile à ceux qui n'ont pas beaucoup d'espace dans leur véhicule. Même après de nombreux voyages, nous continuons de questionner ce que nous ajoutons ou sortons de notre véhicule. Cette liste nous sert aussi de précieux aide-mémoire avant tout départ en voyage.

[Électricité]

Le courant électrique au Mexique et en Amérique centrale est de 110 volts, 60 cycles, comme partout au Canada et aux États-Unis. Les voyageurs provenant d'autres pays devront apporter une prise intermédiaire de type américain à fiches plates.

[Bicyclettes, oui ou non?]

Nous avons déjà transporté deux bicyclettes sur un support à vélo installé sur « l'attache-remorque » du véhicule. L'écrou avait été légèrement soudé afin de dissuader qui que ce soit de déguerpir avec tout le bataclan. Nous avions pensé que ces bicyclettes auraient pu nous être utiles pour faire nos courses et des balades pour découvrir les alentours. Non seulement les avons-nous très peu utilisées, mais les rares voyageurs rencontrés qui transportaient aussi des vélos accrochés à leur véhicule s'accordaient pour dire que les conditions n'étaient vraiment pas propices à leur utilisation : la chaleur des tropiques est souvent accablante et l'aménagement des routes très souvent sans accotement fait qu'il peut être risqué d'y circuler à vélo.

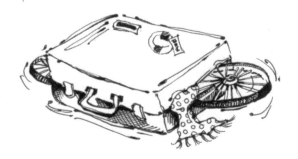

Dernières précautions

[Les renseignements consulaires aux voyageurs canadiens]

Le Bureau des Affaires consulaires du ministère des Affaires étrangères et du Commerce international du Canada produit des renseignements aux voyageurs d'après l'information dont il dispose. Son but est d'aider les Canadiens à planifier leurs voyages, mais il incombe à chacun de prendre la décision finale de se rendre dans tel ou tel pays.

L'information fournie dans les renseignements aux voyageurs sur certains pays n'a rien pour vous inciter à vous y rendre. Nous avons déjà commandé simultanément les renseignements consulaires aux voyageurs pour la Colombie, le Mexique et les États-Unis (Floride) et à la lecture de l'information sur la situation générale de ces trois pays, non seulement les textes se ressemblaient à bien des égards, mais il nous apparaissait beaucoup plus risqué de se rendre en Floride qu'en Colombie ou au Mexique.

Par contre, les renseignements fournis sur les ambassades et consulats, les conditions sanitaires, les visas et conditions d'entrée, les cartes de tourisme, les documents et les frais pour le véhicule et la sécurité au pays s'avèrent utiles.

Il est important de comprendre que le personnel des ambassades et des consulats ne peut pas intervenir pour vous auprès des autorités dans le cas où vous auriez des démêlées avec la justice ; ils ne peuvent que vous diriger dans vos démarches.

Pour rejoindre le ministère des Affaires étrangères et du Commerce international du Canada :
Tél. : 1 800 267-6788 ou (613) 944-6788
Fax : 1 800 575-2500 ou (613) 944-2500
Internet : www.dfait-maeci.gc.ca

Les Canadiens peuvent, en cas d'urgence seulement, rejoindre l'ambassade du Canada à Mexico en composant le numéro de téléphone sans frais suivant 24 h sur 24 pour recevoir de l'assistance : 01 800 706-29.

[Le département d'État américain]

Le département d'État américain (U.S. Department of State) émet aussi des communiqués d'information consulaire et d'avis aux voyageurs (*Consular Information Sheets and Travel*) concernant des conditions qui pourraient affecter la santé et la sécurité des citoyens américains. On peut se les procurer dans les ambassades et les consulats américains à l'étranger, dans les agences régionales pour les passeports (Regional Passport Agencies) et au Citizens Emergency Center situé au 2201 C St. NW, Room 4811, Department of State, Washington, D.C. 20520; téléphone (202) 647-5225, télécopieur (202) 647-3000. Pour recevoir les plus récentes informations sur les renseignements et avis aux voyageurs, consultez la page d'accueil du Bureau des affaires consulaires (Bureau of Consular Affairs) au www.travel.state.gov. Les communiqués d'information consulaire fournissent de l'information sur les prérequis pour entrer au pays, les règles monétaires, les risques pour la santé, la sécurité, l'instabilité politique, les régions à troubles et les pénalités pour ceux qui contreviennent aux lois sur la drogue. Un avis aux voyageurs (*Travel Warning*) est émis lorsqu'un pays est suffisamment dangereux pour que le département d'État américain recommande aux voyageurs de ne pas s'y rendre.

[Les recommandations aux voyageurs du AAA]

L'American Automobile Association (AAA) dans l'édition 2000 de son guide de voyage *Mexico TravelBook* recommande aux voyageurs en véhicules motorisés de ne s'en tenir qu'aux autoroutes. Elle suggère aussi de ne pas se stationner dans des endroits isolés ou de camper le long des autoroutes et sur les plages, de ne jamais dormir dans un véhicule stationné le long de la route.

C'est un exemple d'information souvent fournie avec prudence par les clubs automobiles dans le même esprit que les renseignements consulaires des gouvernements. Des textes polis qui protègent ceux qui les émettent mais qui en disent peu et qui peuvent même décourager le voyageur de découvrir ces pays. S'il fallait suivre à la lettre ces recommandations, c'est un pan complet du Mexique, et peut-être un des plus intéressants, qu'il faudrait mettre de côté. Je comprends ces organisations de devoir émettre ce genre d'information, mais il est clair que le voyageur doit compter sur d'autres sources pour se renseigner.

Les guides de voyage auxquels nous sommes habitués sont sans contredit la meilleure source d'information, même s'il y a peu de détails destinés aux voyageurs par la route. Les récits de voyage sont intéressants puisqu'ils éclairent le lecteur sur la vie au quotidien. Quant à lui, le réseau Internet fournit une myriade de renseignements sur les pays du monde, le voyage et le tourisme. Personnellement, je crois que la meilleure source de renseignements est encore les autres voyageurs qui, avant vous, ont découvert les destinations que vous projetez visiter. Que ce soient des amis, de lointaines connaissances ou des conférenciers, ne manquez pas une seule occasion de parler voyage avec eux ou de les écouter. Il y a aussi ces voyageurs de tous âges et de tout acabit que vous rencontrerez en cours de route. Ils sont en mesure de vous fournir l'information la plus juste et la plus actualisée que vous puissiez trouver.

Quant à la recommandation du AAA de ne pas se stationner dans des endroits isolés ou camper le long des autoroutes et sur les plages, mon opinion est plus nuancée. Il n'y a pas de problème à stationner son véhicule ou camper dans un endroit isolé au Mexique dans la mesure où cet endroit est sécuritaire. Quant aux plages et bord de mer, je n'y vois pas d'inconvénient non plus à la condition de s'être informé auprès de la population locale sur la sécurité de l'endroit et de s'installer à plus d'un véhicule. Enfin, ne dormez jamais dans votre véhicule le long d'une route.

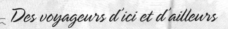
Des voyageurs d'ici et d'ailleurs

Mary-Jane et Dee

« Nous n'avons pas de peurs ou de craintes à propos de la route comme telle. Nos préoccupations sont bien plus de trouver des endroits intéressants pour nous installer pour quelques mois et de savoir à quelles sortes de crétins nous allons avoir affaire aux postes frontières. Nous n'avons jamais eu de réelles peurs, juste quelques expériences désagréables. »

Samantha et Alan

« Nos appréhensions étaient probablement les mêmes que la plupart des gens. Nous étions préoccupés par notre sécurité personnelle, le vol et les policiers corrompus. Les deux premières se sont avérées non fondées puisque nous n'avons vécu aucun incident associé au vol ou à la violence. En général les gens sont plaisants et prêts à vous aider. Nous avons pris les mêmes précautions que nous aurions prises chez nous en Australie. Pour ce qui est des policiers corrompus, ils le sont en effet et ils ont essayé différentes tactiques pour tenter de nous extorquer de l'argent à quelques reprises. L'atmosphère lors de ces situations pourrait être qualifiée de drôle à inconfortable, mais jamais dangereuse. Une seule fois nous avons dû payer un pot-de-vin à un policier mexicain, c'était une bouteille de tequila et ça n'a pas été une expérience déplaisante. Les policiers mexicains ont plus d'expérience avec les touristes que ceux de la Californie. »

Christiane et Doug

« La sécurité, le manque de connaissance de la langue espagnole et l'inconnu sont les choses qui nous préoccupaient le plus avant de partir, puisque nous ne connaissions personne qui avait fait le voyage que nous comptions faire. Nos appréhensions se sont avérées sans fondement. En voyageant, nous avons rencontré d'autres voyageurs, échangé de l'information et nous avons appris un tas de choses. Et qui plus est, nous en sommes venus à la conclusion que la plupart des histoires d'horreur entendues à propos des routes du Mexique et des pays plus au Sud étaient plutôt des récits amplifiés outre mesure. »

Le Mexique

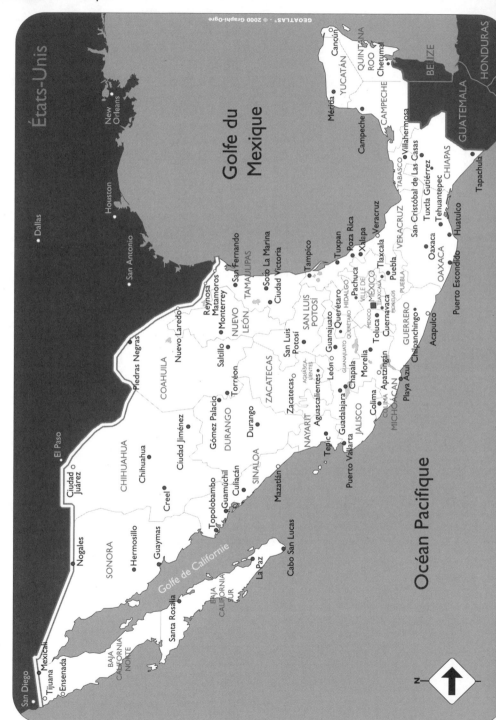

En|bref |

Nom :	Mexique
Capitale :	Mexico
Superficie :	1 972 550 km² (un peu plus que le Québec et 3 fois et demie la France)
Population :	100 294 036 habitants (estimé de juillet 1999) Mestizo (métissage d'Amérindiens et d'Espagnols pour la plupart) 60 %, Amérindiens ou à prédominance amérindienne appartenant à une cinquantaine de groupes autochtones 30 %, Blancs 9 %, autres 1 %
Religion :	Catholique 89 %, protestante 6 %
Langues :	Espagnol et plus de 50 langues autochtones
	Plusieurs Indiens dans les régions isolées ne parlent que leur langue autochtone (nahuatl, pur, pecha, huichol, maya, entre autres).
PNB par habitant :	8 300 $ US (estimé de 1998)
Villes importantes :	Guadalajara, Puebla, Monterrey, Tijuana
Fuseau horaire :	GMT – 06:00 Mexico (Central Standard Time). La plupart des régions du Mexique sont dans cette zone. GMT – 07:00 Montagnes USA et CAN (Mountain Time Zone) La Basse Californie (Baja California Sur) et les États Sonora, Sinaloa, Nayarit sont dans cette zone. GMT – 08:00 Pacifique (Pacific Time Zone). Seul l'État de la Basse Californie (Baja California) se trouve dans cette zone.
Poids et mesures :	Métrique
Unité monétaire :	1 Nouveau Peso mexicain (NP) = 100 centavos
Taux de change :	Janvier 2001 : 1 $ US = 9,602 NP, 1 $ CA = 6,404 NP
Réseau routier :	252 000 km au total 94 248 km pavés dont 6 740 km d'autoroutes 157 752 km de chemins de terre ou de gravier (estimé de 1996)
Frontières :	3 326 km avec les États-Unis 962 km avec le Guatemala 250 km avec le Belize
Côtes :	2 750 km sur le golfe du Mexique et les Caraïbes 7 150 km sur le Pacifique

Géographie

Le Mexique, c'est d'abord et avant tout un pays de montagnes et de plateaux. En simplifiant, on pourrait dire que le pays est un vaste plateau à 2 000 m d'altitude encadré par deux chaînes de montagnes qui traversent le pays du nord au sud : la sierra Madre occidentale et la sierra Madre orientale. La première s'étend de l'État de Sonora et aboutit près de Tuxtla Gutiérrez dans l'État du Chiapas. Quant à elle, la sierra Madre orientale va du Texas jusqu'à l'État du Veracruz en passant par le centre industriel de Monterrey. Plus au sud, on retrouve la sierra Madre del Sur qui traverse les États de Guerrero et d'Oaxaca. Finalement, la sierra Madre de Chiapas s'étend de l'isthme de Tehuantepec jusqu'au Guatemala. Les basses terres se trouvent surtout dans la péninsule du Yucatán ainsi que le long des côtes, c'est-à-dire entre les montagnes et la mer de Cortés à l'ouest et entre les montagnes et le golfe du Mexique à l'est.

Ce pays au relief prononcé n'a pas fini de surprendre! Le voyageur sera étonné par la diversité et la beauté des paysages. Nous avons en tête le souvenir de plusieurs routes que nous ne sommes pas prêts d'oublier. Ces routes nous ont non seulement permis d'atteindre une destination en découvrant des paysages grandioses, elles ont été pour nous des expériences de conduite qui font maintenant partie de nos plus beaux souvenirs du Mexique.

Les principales régions touristiques

Cancún, Quintana Roo
Ixtapa, Guerrero
Los Cabos, Baja California
Puerto Vallarta, Jalisco
Guanajuato, Guanajuato
Mérida, Yucatan

Acapulco, Guerrero
La Paz, Baja California
Mazatlán, Sinaloa
Oaxaca, Oaxaca
Veracruz, Veracruz
Cuernavaca, Morelos

Les plus hauts sommets

Pico de Orizaba	5 747 m (18 850 pi)
Popocatépetl	5 451 m (17 883 pi)
Iztaccihuatl	5 285 m (17 338 pi)
Nevado de Toluca	4 582 m (15 032 pi)
Cofre de Perote	4 273 m (14 018 pi)

On compte des centaines d'autres pics volcaniques dont 80 dans le seul État du Michoacán.

Carte du relief

États-Unis

Sierra Madre oriental

Sierra Madre occidentale

Golfe du Mexique

Ville de Mexico

Sierra Madre del Sur

Sierra Madre de Chiapas

Océan Pacifique

BELIZE

GUATEMALA HONDURAS

Les volcans actifs

Pour les amateurs d'escalade et de sensations fortes, le Mexique a beaucoup à offrir. Les bureaux de tourisme dans les villes voisines de ces volcans pourront vous informer quant à la possibilité d'escalader ou de vous rendre au sommet de ceux-ci. Informez-vous avant d'envisager l'ascension d'un de ces volcans!

Cerro Prieto, Baja California	1 700 m
Ceboruco, Nayarit	2 164 m
Volcán de fuego de Colima, Jalisco et Colima	3 960 m
Evermann, Isla del Socorro, Colima	1 350 m
Paricutin, Uruapan, Michoacan	2 830 m
Volcán de San Andres, Sierra de Ucareo, Michoacan	3 690 m
Jorullo, Ario de Rosales/La Huacana, Michoacan	1 300 m
Chicho, Chichonal y Chapultenango, Chiapas	1 315 m
Popocatépetl, Amecameca, Mexico/Puebla/Morelos	5 451 m
San Martin, San Andres y Santiago Tuxtla, Veracruz	1 700 m
Tacana, Tapachula, Mexico/Guatemala	3 872 m

Climat, température et meilleur moment pour voyager

Au Mexique, le climat passe de tropical à désertique et, tout comme la végétation, il dépend beaucoup de l'altitude. Il y a pour ainsi dire deux saisons : la saison sèche de novembre à avril durant laquelle il ne pleut pratiquement pas et la saison des pluies de mai à octobre, caractérisée par des averses de courte durée qui surviennent le plus souvent en fin de journée ou la nuit. Il y a bien sûr quelques régions qui, à cause de leur situation géographique, vont profiter de conditions particulières. Ainsi, il pleut tout au long de l'année sur les versants des montagnes de la sierra Madre orientale au sud de l'État de Tampico, dans l'isthme de Tehuantepec dans le sud de l'État de Tabasco et le long de la côte du Pacifique dans l'État du Chiapas. Ces régions qui ne représentent que 12 % de la superficie du pays reçoivent le gros des précipitations entre juin et septembre.

Bien que le meilleur moment pour se rendre au Mexique se situe entre octobre et mai alors que la température est assez sèche et chaude, nous aurions avantage à visiter le Mexique durant la saison des pluies, puisque la végétation y est à son meilleur.

La haute saison touristique se situe entre le mois de décembre et la semaine de Pâques. Sachez que les Mexicains célèbrent en grand les fêtes de Noël et de Pâques et qu'ils envahissent eux aussi les endroits de villégiature.

Les températures sont plus chaudes et humides sur les côtes du Pacifique, du golfe du Mexique et des Caraïbes. Bien entendu, ceux et celles qui privilégient le soleil, les plages et la mer vont préparer leur itinéraire en privilégiant la Baja California, les basses terres de la péninsule du Yucatán et de la côte du Pacifique où les températures moyennes annuelles oscillent entre 25 °C et 28 °C (77 °F à 82 °F).

Dans le centre et le sud du pays, les températures sont relativement constantes, alors que le nord connaît des températures variant selon les saisons. Les vents froids du nord peuvent parfois faire chuter le mercure près du point de congélation à l'intérieur des terres dans le nord du pays. Les températures sont plus fraîches et sèches dans les montagnes et sur les plateaux de plus de 750 m. Les contrastes de températures entre le jour et la nuit sont parfois très marqués.

Carte des températures (moyennes annuelles en °C)

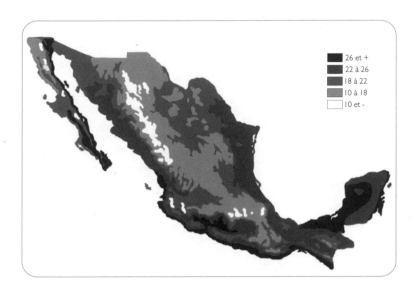

26 et +
22 à 26
18 à 22
10 à 18
10 et -

[Le climat et ceux qui roulent]

Le climat et la température revêtent une importance toute particulière pour ceux ou celles qui, comme nous, choisissent de découvrir ce pays par la route. Si vous voyagez avec un motorisé ou avec n'importe quel autre véhicule, vous allez vite vous rendre compte que la chaleur est souvent écrasante sur les routes. Le climatiseur de votre véhicule travaillera en temps supplémentaire sur les routes abruptes de l'arrière-pays mexicain et lorsque vous arriverez à un *trailer park* pour y passer la nuit, il se peut que l'unité de climatisation de votre motorisé ne puisse fonctionner, faute de courant électrique assez puissant.

C'est dans ces moments-là, alors que l'air est très humide, que la température oscille autour des 35 °C et que vous avez peine à dormir, que vous réalisez que vous êtes loin des forfaits-vacances-à-la-mer-tout-inclus. Vous vous surprendrez à rêver à l'hôtel avec sa piscine, son service de bar et de rafraîchissements et où la mer n'est qu'à quelques enjambées de votre chambre climatisée...

Si la simple évocation de cette mise en scène vous émeut, peut-être auriez-vous intérêt à reconsidérer tout de suite votre choix de façon de voyager...

91

Climat, température et meilleur moment pour voyager

[Nos préférences]

Nous préférons le climat de l'intérieur du pays. Nous nous y sentons plus à l'aise, même si les nuits peuvent être fraîches. Les températures se situent entre 16 °C et 21 °C (63 °F et 70 °F). La ville de Guadalajara (1 650 m) dans l'État de Jalisco est un bel exemple. On dit de son climat qu'il est doux, un peu comme le printemps du Québec à l'année.

D'autres villes parmi nos préférées et qui méritent d'être découvertes profitent d'un climat semblable : San Miguel de Allende (1 850 m), Oaxaca (1 546 m), Puebla (2 060 m), Morelia (1 882 m), San Cristóbal de las Casas (2 110 m). Il est intéressant de noter que la plupart des villes importantes du Mexique sont situées à une altitude de 1 500 m ou plus.

Toutefois, lorsque nous entendons cet appel irrésistible de la mer, nous n'hésitons pas à prendre la direction des côtes pour aller nous tremper les orteils à l'eau. Rassasiés, il nous suffira de rouler quelques heures vers l'intérieur des terres pour retrouver le climat de la montagne.

Démographie

La majorité de la population vit dans le centre du pays à plus ou moins la même latitude que la capitale, Mexico. Les États de Baja California Sur, Chihuahua, Sonora, Durango, Coahuila et Campeche comptent moins de 15 habitants au kilomètre carré, tandis qu'on en dénombre 5 660 au km² à Mexico et 545 dans l'État de Mexico. Le pays compte plus de 20 000 villages de moins de 500 habitants. Près de 40 millions de Mexicains vivent dans la pauvreté.

Le choc du Mexique

Entrer au Mexique par la route, c'est comme entrer par la porte arrière du pays, c'est le contact direct avec les gens et la vie de tous les jours.

Qu'importe votre point d'entrée, au moment où vous traverserez la frontière entre le Mexique et les États-Unis, vous serez confronté à une vision qui vous semblera, surtout si vous en êtes à votre première expérience, sortie tout droit d'un film fantastique. Le contraste est plus fort encore si vous venez de l'est et que vous franchissez un des ponts qui enjambent le Río Grande, cette rivière qui sert de frontière entre les deux pays, d'El Paso dans l'État du Texas jusqu'au golfe du Mexique. Vous verrez des édifices délabrés, de la poussière, des ordures, des véhicules stationnés dans tous les sens, une circulation désordonnée, des gens qui s'agglutinent autour de votre véhicule soit pour laver votre pare-brise, soit pour vous vendre quelque chose ou vous quémander. Tout un contraste avec les États-Unis, et j'exagère à peine... Un dur coup pour celui ou celle qui a oublié de laisser à la maison, avant de partir en voyage, ses notions d'ordre, d'efficacité et de performance!

En faisant face au Mexique, debout sur le pont qui enjambe la rivière, vous n'auriez qu'à virer les talons à 180 degrés pour retrouver, du côté américain, des rues bien alignées, des maisons entretenues, des pelouses traitées aux petits soins, des automobiles récentes bien stationnées en file, chacune devant son parcomètre, comme si tout était orchestré telle une symphonie.

C'est au poste frontière de Nuevo Laredo, face à Laredo (Texas), que j'ai eu mon tout premier choc du Mexique. Je n'en revenais tout simplement pas. Pourtant, après quelques semaines seulement à découvrir les Mexicains et leur pays, j'ai réalisé que je les aimais pour les mêmes raisons qui m'avaient choqué, dérangé lors de mon premier contact. J'ai vite appris à apprécier cette attitude de laisser-aller (*¡No hay problema!*), de tout remettre à demain (*¡Mañana!*), cette nonchalance, ce rythme lent où tout arrive à point, surtout si tu t'en remets à la Vierge de la Guadeloupe...

Lisez les commentaires de Sylvain Harvey à propos du choc du Mexique dans son article sur la Baja California, « L'aventure accessible », publié dans le quotidien *Le Soleil* du 19 septembre 1998. « Un monde de différence... Et elle commence plus tôt que prévu... Entre Calexico, Californie américaine, et Mexicali, Californie mexicaine, un simple grillage métallique marque la frontière entre les deux pays : deux Amériques, deux univers. De nuit, le contraste est d'autant plus saisissant. Côté américain, la ville brille de mille feux, les rues sont impeccables, les conducteurs policés. Côté mexicain, plus d'obscurité que de lumière. Jamais on ne se croirait dans une ville de 800 000 habitants. Partout dans les rues, la poussière fait comme un linceul à la ville : on a l'impression qu'un cataclysme vient de se produire. Rares sont les lieux dans le monde où les différences sociales et culturelles s'expriment avec autant de force en l'espace de quelques mètres, et les automobilistes ne font pas exception : certains tombent en panne d'essence, d'autres renouent avec les libertés du code de la route mexicain. À Mexicali comme à Tijuana, l'autre grande ville frontalière à l'ouest, la Baja annonce immédiatement ses couleurs : ici tout est différent. »

Carte des principales routes d'accès au Mexique

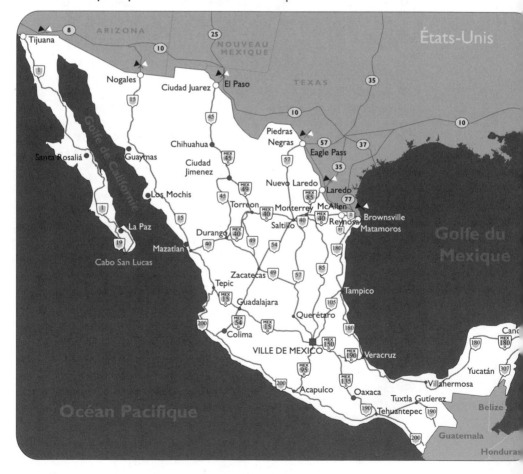

Les|routes d'accès ||

Disons dès le départ qu'il n'est pas facile pour celui qui vient de l'est ou du centre du Mexique de traverser la chaîne de montagnes sierra Madre occidentale pour aller du côté du Pacifique. Il n'y a en fait que quelques routes pavées qui la traversent et la plupart sont mauvaises. Que vous veniez des postes frontières de Matamoros, Reynosa, Nuevo Laredo ou même Ciudad Juarez, le réseau d'autoroutes vous incite naturellement à emprunter la MEX. 40 à partir de Durango pour atteindre Mazatlán et la côte du Pacifique. Cette route, bien qu'en excellent état, est peu recommandable pour les véhicules de gros gabarit. Elle est tout en courbes serrées et très abrupte par endroits. Malgré ses 318 km, vous devrez partir tôt le matin et y consacrer votre journée. Seuls les conducteurs qui ont de la trempe et un véhicule en très bon état (surtout les freins) devraient l'emprunter. Caravanes et gros motorisés, vous abstenir. La très grande majorité des voyageurs et surtout les caravaniers choisiront de traverser les montagnes via Guadalajara par la MEX. 54 à partir de Saltillo et, de là, les autoroutes MEX. 15-D vers Tepic ou la MEX. 54-D vers Colima.

Voici les principales voies d'entrée à partir des États-Unis et la route à suivre pour atteindre soit la côte du Pacifique, Guadalajara ou la péninsule du Yucatán. S'ajoute à cela l'information sur la Baja California. Les montants indiqués sont ceux qui ont été payés aux postes de péage en 1998 et sont fournis à titre indicatif seulement.

[De Tijuana à Cabo San Lucas]

Pour franchir les 230 km entre Tijuana et Ensenada, deux choix s'offrent à vous : la MEX. (*libre*) une route étroite à deux voies construite en 1973, ou l'autoroute MEX. 1-D à quatre voies plus récente dotée de haltes-restaurants. Les trois postes de péage (*casetas*) sont situés à Playas de Tijuana, Rosarito et San Miguel. Le tarif est de 16 NP à chaque poste pour un total d'environ 48 NP pour le trajet. De Ensenada à La Paz, la MEX. 1 avec ses deux voies pavées étroites fait au total 1 700 km (1 060 mi) et la distance peut être franchie en deux jours. La grande majorité des routes qui la croisent ne sont pas pavées.

La MEX. 19 entre La Paz et Cabo San Lucas sur la côte du Pacifique offre une alternative à la MEX. 1 si vous voulez gagner du temps. Il n'y a pas d'accotement et la signalisation n'est pas toujours suffisante sur cette route. Conduisez avec beaucoup de précautions et évitez de le faire la nuit. Assurez-vous que votre véhicule est en bon état mécanique et faites le plein à chaque fois que vous en avez l'occasion. Les stations-service sont éloignées les unes des autres et l'approvisionnement en essence est parfois déficient en Basse Californie.

Pour traverser de la péninsule au continent

Un service de traversier est disponible pour rejoindre le continent mexicain avec votre véhicule entre Santa Rosalía et Guaymas, La Paz et Topolobampo et entre La Paz et Mazatlán. La durée des traversées varie de six heures à dix-sept heures selon le trajet. Le coût est suffisamment important pour que vous le planifiiez dans vos dépenses avant le départ. Différentes classes de billets vous sont offertes : Salon (siège seulement), Turista (cabine avec lits superposés et lavabo), Cabina (cabine avec lits superposés et salle de bain complète), Especial (suite spacieuse avec salon, chambre à coucher, salle de bain complète, placard, téléviseur et magnétoscope).

Voici un exemple de tarification entre La Paz et Mazatlán pour deux personnes avec un véhicule ne dépassant pas 5 m en classe Salon (sièges réservés dans la salle commune) : 270 NP x 2 (billets pour les passagers) + 2 700 NP pour le véhicule = 3 240 NP ou ± 345 $ US. En classe Turista, le total s'élève à approximativement 395 $ US, en classe Cabina, 455 $ US et en Especial, 505 $ US. Ajouter 210 $ US pour un motorisé, 640 $ US pour une combinaison auto+roulotte et soustrayez 230 $ US si vous traversez en moto°.

Pour en savoir plus long sur le service de traversier, visitez le site de Sematur au www.ferrysematur.com.mx (en espagnol seulement) où vous trouverez une foule de renseignements supplémentaires et où vous pourrez également réserver d'avance vos billets directement par Internet.

Aussi, n'oubliez pas que pour traverser sur le continent à partir de la Basse Californie, vous devez avoir en votre possession votre permis de séjour et le permis d'importation pour votre véhicule que vous aurez obtenus en entrant au Mexique.

°Tarifs en vigueur le 1er juin 2000-GRUPO SEMATUR DE CALIFORNIA S.A. DE C.V.

[De Nogales à Mazatlán]

La MEX. 15, l'autoroute Sinaloa 1 (SIN. 1) et la MEX. 15-D pour un total de 1 200 km (750 mi). Toutes les trois sont à quatre voies divisées. La MEX. 15 s'étend de la frontière à Guamúchil dans le Sinaloa. Il y a huit postes de péage sur ce parcours et quelques postes de contrôle. Le premier contrôle se trouve à Magdalena dans le Sonora et le dernier est situé au sud de Guasave dans l'état de Sinaloa. La SIN. 1 qui va de Guamúchil (Sinaloa) au sud de Culi-acán (Sinaloa) est aussi une route payante parallèle à la MEX. 15 qui, elle, est gratuite (*libre*). Enfin, la route payante MEX. 15-D, aussi parallèle à la MEX. 15, continue jusqu'à Mazatlán. Il y a trois postes de péage sur ce dernier segment. Comptez quatorze heures ou deux jours pour compléter le trajet. On rapporte toujours, en décembre 1998, de gros trous dans la chaussée au nord de Culiacán*.

*CLUBMEX, vol. 20, no 5, déc. 1998.

De Matamoros à Mazatlán

La MEX. 2, la MEX. 40 ou encore l'autouroute MEX. 40-D jusqu'à Durango, puis à nouveau la MEX. 40 jusqu'à la MEX. 15, c'est de toute évidence le plus court trajet pour les voyageurs venant de l'est pour rejoindre les plages du Pacifique. Mais attention! Le segment entre Durango et la MEX. 15, bien qu'en excellent état, n'est pas recommandable pour les longues caravanes et les gros motorisés. La route sculptée à même le roc de la sierra Madre occidentale est particulièrement impressionnante à l'ouest de Durango. Elle grimpe jusqu'à 2 798 m pour ensuite entreprendre son très sinueux parcours jusqu'au niveau de la mer. À environ 23 km à l'ouest de La Ciudad, vous roulez pendant 8 kilomètres sur l'Épine du Diable (El

Espinazo del Diablo), une arête rocheuse au-dessus d'un précipice de 300 m de chaque côté. Ici, il faut être doublement vigilant, à cause de la présence fréquente de brume. La route descend ensuite en courbes serrées jusqu'à la MEX. 15 près de Villa Unión. Mazatlán se trouve à quelques kilomètres au nord. Ce parcours d'environ 1 300 km peut se faire en moins de 20 heures.

Les gros véhicules et les conducteurs moins expérimentés s'engageront sur la MEX. 54 à Saltillo pour se rendre à Guadalajara, et de là ils emprunteront la MEX. 15 ou l'autoroute MEX. 15-D jusqu'à la côte du Pacifique.

De Nuevo Laredo à Mazatlán

Même trajet qu'à partir de Matamoros, sauf que vous empruntez la MEX. 85 et la MEX. 85-D (payante) de Nuevo Laredo pour rejoindre la MEX. 40 à Monterrey.

De Eagle Pass, Texas, à Mazatlán

La MEX. 57 de Piedras Negras jusqu'à Saltillo. Les caravanes et les gros motorisés prendront la MEX. 54 jusqu'à Guadalajara via Zacatecas et les MEX. 15 et MEX. 15-D jusqu'à Mazatlán (voir plus haut Matamoros à Mazatlán pour la description de la route). Les autres

pourront s'engager sur la MEX. 40-D et la MEX. 40 jusqu'à la jonction de la MEX. 15 près de Villa Unión et Mazatlán à quelques kilomètres au nord-ouest. Une randonnée dont ils se souviendront longtemps.

De Nuevo Laredo et Reynosa à Guadalajara

De Nuevo Laredo, vous empruntez la MEX. 85, la route Panaméricaine jusqu'à Monterrey et, de Reynosa, la MEX. 40-D (payante). Ensuite, la MEX. 40 jusqu'à Saltillo

et la MEX. 54 vous amèneront jusqu'à Guadalajara en passant par Zacatecas. Les ponts à Nuevo Laredo et à Reynosa sont payants.

[De Matamoros à Veracruz puis à Cancún]

La route la plus courte pour se rendre à Cancún de Reynosa consiste à emprunter la MEX. 97 et la MEX. 180. À partir de Matamoros on prend directement la MEX. 180. Ce trajet de 1 006 km (627 mi) jusqu'à Veracruz comporte plusieurs sections en mauvais état et de nombreux changement de routes. Les ponts de Reynosa et de Matamoros sont payants.

De Reynosa, la MEX. 97 se dirige vers le sud sur 111 km (69 mi) à travers des champs de coton et de maïs irrigués. De Matamoros, la MEX. 180 passe à travers la fertile vallée Río Bravo. Les deux routes se rejoignent au nord de San Fernando où un nouveau périphérique permet de poursuivre vers Soto La Marina sans avoir à passer dans la ville.

Plus au sud, la section de route entre Aldama et Altamira est généralement en mauvais état. De là à Tampico la route est à quatre voies. De Tampico à Veracruz, il y a 477 km (295 mi). Après le pont payant de Tampico, la MEX. 180 suit la côte jusqu'à Tuxpan. Elle traverse ensuite le pont payant de Anáhuac et continue vers le sud jusqu'à Poza Rica. La route se détériore alors qu'elle passe à tra-vers les basses terres et la forêt tropicale. Viennent ensuite les deux ponts payants Gutiérrez Zamora et Nautla. Après le pont payant de La Antigua, la MEX. 180 entre à Veracruz pour continuer ensuite vers la péninsule du Yucatán en longeant le golfe du Mexique. La route périphérique de Veracruz vous fera gagner beaucoup de temps.

NOTE : Des pluies diluviennes à l'automne 1999 ont affecté certains segments routiers. Voir plus loin la rubrique *Description de certaines routes.*

[De Ciudad Juarez à Mazatlán]

De Ciudad Juarez à Gómez Palacio, la MEX. 45 et la MEX. 49-D. Partant de la frontière américaine jusqu'à Chihuahua, cette route traverse une vaste plaine désertique quelque peu ondulée. Le climat est chaud et sec et la région est sujette à des tempêtes de sable de février à avril. Il neige à l'occasion autour de Chihuahua en hiver (nous pouvons en attester puisque nous l'avons vécu en janvier 2000). Après Chihuahua, la MEX. 45 traverse des terres cultivées et suit la vallée Río Florido vers Ciudad Camargo et Ciudad Jiménéz. Commence ensuite la MEX. 49-D jusqu'à Gómez

Palacio. De là, deux choix sont possibles : la MEX. 40 et MEX. 40-D (payante) à travers la sierra Madre occidentale, ou la MEX. 49 à Cuencamé, au sud de Torreón, jusqu'à Zacatecas et la MEX. 54 jusqu'à Guadalajara. De là, la MEX. 15-D et la MEX. 15 jusqu'à Mazatlán. Les longues caravanes et les gros motorisés opteront pour le deuxième choix en passant par Guadalajara (voir à la page précédente, Matamoros à Mazatlán, pour la description de la route).

Le passage aux postes frontières

Les efforts du gouvernement mexicain depuis le début des années 90 pour enrayer la corruption aux postes frontières ont porté fruit, même s'il n'est pas facile d'éliminer cette pratique de la *mordida* (pot-de-vin). Elle fait partie de la vie des Mexicains et elle est transmise de génération en génération. Il est intéressant de noter que le mot *mordida* en espagnol signifie « petite morsure ».

Les intervenants du gouvernement mexicain et particulièrement le ministère du Tourisme du Mexique (SECTUR) ont compris l'importance du tourisme. Le passage aux postes frontières avec votre véhicule se fait maintenant plus rondement et les procédures sont plus transparentes. On n'entend plus parler, ou très peu, de cas de corruption aux postes frontières entre les États-Unis et le Mexique.

Il n'en reste pas moins qu'en voyant les zones de contrôle et l'aménagement des bureaux des douanes (*aduana*) et de l'immigration (*inmigración*), on croirait que tout est disposé afin de créer une atmosphère de confusion. Cette impression vous paraîtra pire encore si vous n'avez aucune notion d'espagnol et si, de surcroît, c'est votre première visite au Mexique.

Si vous projetez de continuer par la route jusqu'en Amérique centrale, cette première expérience du passage à un poste frontière ne sera qu'un exercice de mise en forme pour ce qui reste à venir...

Liste des principaux postes frontières
Avec les heures d'ouverture de la Banco Del Ejército*

Arizona

Agua Prieta	24 h	Tous les jours
Naco	8 h à 24 h	Tous les jours
Nogales	24 h	Tous les jours
San Luis Rio Colorado	24 h	Tous les jours
Sonoyta	24 h	Tous les jours

Californie

Mexicali	24 h	Tous les jours
Otay Mesa	10 h à 18 h	Tous les jours
Tecate	8 h à 16 h	Tous les jours
Tijuana	8 h à 22 h	Du lundi au vendredi
	8 h à 18 h	Samedi
	12 h à 16 h	Dimanche

Texas

Ciudad Acuña	24 h	Tous les jours
Ciudad Juarez	24 h	Tous les jours
Ciudad Miguel Alemán	24 h	Tous les jours
Columbia	10 h à 18 h	Lundi au vendredi
General Rodrigo M. Quevedo	24 h	Tous les jours
	24 h	Tous les jours
Matamoros	24 h	Tous les jours
Nuevo Laredo	7 h 30 à 21 h	Lundi au vendredi
Ojinaga	7 h 30 à 16 h	Samedi
	8 h à 16 h	Dimanche
	24 h	Tous les jours
Piedras Negras	24 h	Tous les jours
Reynosa		

*L'institution bancaire qui émet les documents pour l'importation temporaire de votre véhicule et aussi reçoit le paiement pour les formalités.

Des voyageurs d'ici et d'ailleurs

Mary-Jane et Dee

« *Les deux dernières années, nous avons traversé à Reynosa. Notre plus gros problème a consisté à trouver l'édifice des douanes et de l'immigration. Ensuite, les procédures et les vérifications se sont faites rondement et facilement.* »

« *Par contre, l'hologramme autocollant que nous devions remettre aux autorités mexicaines à la sortie du pays est encore sur le pare-brise de notre véhicule puisque nous n'avons pas vu la sortie pour le bureau des douanes... et nous avons filé jusqu'aux États-Unis.* »

Samantha et Alan

« *Nous sommes entrés au Mexique par Brownsville au Texas. L'organisation était sympathique - dans le genre latino - et cela a été facile.* » .

Sharon et George

« *Le passage aux postes frontières du Mexique et de l'Amérique centrale est un cauchemar. La première fois que nous sommes entrés au Mexique, ce fut par Nogales. Pas si mal. Maintenant que j'y repense, ce fut le poste frontière le plus facile.* »

Christiane et Doug

« *Nous avons traversé à Tijuana au sud de San Diego. Ce passage a été facile. Puisque nous allions rallier le continent par bateau à partir de La Paz en Basse Californie, nous voulions enregistrer notre véhicule, mais nous avons eu de la difficulté à trouver l'endroit. Rendus sur place, le processus d'enregistrement était bien clair.* »

Documents, procédures et coûts

Lorsque vous engagez votre véhicule ou votre motorisé dans le stationnement d'un poste de contrôle à la frontière du Mexique, vous constatez immédiatement que cette frontière ne ressemble en rien à celle que vous avez franchie plus tôt entre le Canada et les États-Unis.

Les panneaux de signalisation et les écriteaux aussi bien à l'extérieur qu'à l'intérieur des édifices sont rares et plus souvent qu'autrement inexistants. Devant et autour des comptoirs, des tas de gens attendent leur tour sans maugréer. À certains postes frontaliers, c'est le fouillis, du moins c'est ce à quoi ça ressemble pour nous. Vous devrez peut-être patienter longtemps en file avant de pouvoir parler à un officier qui vous dira que vous devez plutôt aller à tel ou tel autre endroit, soit pour photocopier des documents ou pour passer une autre étape de la procédure. Tout ça se passe souvent sous une chaleur écrasante. Malgré la bonne foi des employés et quelques paysans (*campesinos*) prêts à vous aider, il

n'est pas facile d'y voir clair dans ce tohu-bohu. Dans la majorité des postes de contrôle, il y a rarement quelqu'un qui parle anglais et encore moins français. Lorsque c'est le cas, c'est souvent un paysan qui a appris quelques notions de la langue en passant ses journées à dépanner les touristes. Et il acceptera volontiers un pourboire pour ses services.

Oubliez vos notions d'efficacité, le Mexique vit encore à l'heure du tampon de caoutchouc (et ce malgré la présence d'ordinateurs).

Pour plusieurs, la procédure pour entrer un véhicule au Mexique leur paraît compliquée. Je suspecte que c'est plutôt l'atmosphère qui règne à la plupart des postes frontières et le style de bureaucratie des Mexicains qui les surprennent et les impressionnent. Le secret avec les Mexicains, c'est la détente, la patience et la bonne humeur. Quelques notions d'espagnol faciliteront sans aucun doute l'expérience.

[Les étapes à suivre pour entrer]

D'abord, sachez que si vous désirez entrer un véhicule automobile au Mexique pour plus de 72 heures ou si vous voyagez au-

delà de la zone frontalière, vous avez besoin d'un permis pour le véhicule en plus de votre propre permis de séjour.

[Étape 1

Permis de séjour pour vous-même

Présentez-vous d'abord au comptoir de l'immigration (*Inmigración*) pour obtenir votre permis de séjour (*tarjeta de turista*).

Pour obtenir votre permis de séjour, vous aurez besoin de votre passeport ou carte d'immigrant reçu (aux États-Unis, *Resident Alien Card*) ou un affidavit notarié de citoyenneté ou une preuve de citoyenneté, un certificat original de naissance valide ou une carte d'électeur (aux États-Unis, *Voter Registration Card*).

Depuis le 1er juillet 1999, les voyageurs canadiens et américains qui entrent par voie de terre au Mexique au-delà des postes de contrôle (± 26 km au sud de la frontière) pour plus de 72 heures sont assujettis à une taxe d'entrée (*Visitor Fee*) de 16 $ US (170 NP). En effet, le Congrès du Mexique a récemment réinstauré une vieille taxe, utilisée à la fin des années 1960, dans le but de compenser les dépenses associées à l'informatisation des procédures d'enregistrement des visiteurs, l'amélioration de certains services et l'ajout d'autres. Le Mexique se met donc à la page et se range dans le camp des nombreux pays qui exigent des frais d'entrée à ses visiteurs sous une forme ou une autre.

Certaines mesures d'exceptions concernant cette nouvelle taxe d'entrée sont prévues :

■ Si vous êtes un citoyen mexicain, un immigré reçu (*Alien*), un étudiant avec une carte d'identité d'une institution mexicaine ou que vous êtes désigné «Visiteur Distingué» (V.I.P.) par l'Instituto Nacional de Inmigración, vous n'avez pas à payer la taxe d'entrée.

■ Si vous entrez au Mexique par terre ou par mer pour un séjour de moins de 72 heures vous n'avez pas à payer la taxe d'entrée.

■ Si vous entrez au Mexique par terre ou par mer pour un séjour de plus de 72 heures mais pas au-delà des postes de contrôle (approximativement 26 km au sud de la frontière), vous n'avez pas non plus à payer la taxe d'entrée.

■ Si vous entrez au Mexique par terre, demeurez plus de 72 heures et au-delà des postes de contrôle, mais dans une des régions suivantes, vous n'avez pas non plus à payer la taxe d'entrée :
- Tijuana-Ensenada dans l'État de Baja California
- San Felipe Tourism Development Zone dans l'État de Baja California
- Sonoita-Puerto Peñasco dans l'État de Sonora
- Juarez City-Paquime dans l'État de Chihuahua
- Piedras Negras-Santa Rosa dans l'État de Coahuila
- Reynosa-China-Presa Cuchiyo dans les États de Tamaulipas et Nuevo León.

Les frais de 16 $ US pour ce nouveau permis sont payables au cours de votre séjour dans n'importe laquelle des principales banques sur le territoire du Mexique. La liste des banques est inscrite sur le document. Il n'y a pas de limite de temps comme telle pour payer ce montant, mais vous devrez l'avoir réglé avant de sortir du pays car vous devrez remettre votre permis à l'officier de l'Immigration à la sortie.

Il faut savoir que le permis de séjour vous autorise à entrer ou sortir du Mexique aussi souvent que vous le désirez pour une période de 180 jours. Ne le perdez surtout pas, la bureaucratie pourrait être longue et compliquée si vous deviez vous en faire émettre un autre. Pour plus de sûreté, notez-en le numéro.

Les citoyens canadiens et américains n'ont pas besoin de visa.

Étape 2

Permis d'importation temporaire d'un véhicule

Présentez-vous au bureau des douanes (*aduana*) avec l'original et deux copies des documents suivants :

■ Votre passeport ou carte d'immigrant reçu (aux États-Unis *Resident Alien Card*) ou un affidavit notarié de citoyenneté ou une preuve de citoyenneté, un certificat original de naissance valide ou une carte d'électeur (aux États-Unis, *Voter Registration Card*).

■ Votre permis de séjour que vous venez tout juste d'obtenir.

■ Votre certificat d'immatriculation valide ou titre de propriété pour le véhicule, au nom du conducteur.

■ Votre permis de conduire.

■ Votre carte de crédit (Visa, MasterCard, Diners Club et American Express sont acceptés). Le nom qui apparaît sur la carte de crédit doit obligatoirement être le même que sur le certificat d'immatriculation du véhicule.

Le coût du permis d'importation temporaire d'un véhicule (*Importacion temporal de vehiculos/Promesa de retornar el vehiculo*) est d'environ 15 $ US à payer en pesos mexicains sur place à la Banco Del Ejército et obligatoirement avec votre carte de crédit.

En signant ce document, vous faites la promesse de ne pas vendre ou abandonner votre véhicule au Mexique et vous n'autoriserez personne (à part votre épouse et vos enfants) à conduire votre véhicule à moins que vous ne soyez aussi à bord. Si vous ne vous conformez pas à cette promesse, votre véhicule pourra être confisqué et vous serez sujet à payer une amende et même recevoir une peine d'emprisonnement.

Ce qu'on ne vous dit pas à propos de l'utilisation d'une carte de crédit pour payer les frais du permis d'importation temporaire d'un véhicule, c'est que dans le cas où vous ne respecteriez pas votre engagement de ressortir du pays avec votre véhicule avant la date d'expiration de votre permis, les autorités pourraient faire une ponction dans vos économies en imputant les frais et amendes sur votre carte de crédit. Le montant de ces frais et amendes d'après le *Mexico TravelBook* du AAA, édition 1999, n'est pas établi et pourrait s'élever jusqu'à la valeur de votre véhicule.

Aussi, si vous ne retournez pas vos documents pour le véhicule en sortant du pays, vous risquez de vous voir refuser l'entrée au pays la prochaine fois à moins de payer l'amende. Toutefois, il est bien indiqué dans la documentation fournie par le ministère du Tourisme du Mexique (SECTUR) qu'aucun montant ne sera prélevé avant que les autorités mexicaines aient fait l'impossible pour informer l'automobiliste. Ces charges devront s'appuyer sur des documents du gouvernement mexicain qui certifieront que l'automobiliste a été officiellement avisé et qu'on lui a donné la chance de retourner la documentation (nécessaire pour établir la preuve du retour du véhicule) avant que des frais soient portés à sa carte de crédit.

Si vous n'avez pas de carte de crédit ou si vous ne désirez pas l'utiliser, vous devrez faire « bonder » votre véhicule, c'est-à-dire vous faire émettre, par une des nombreuses compagnies de *bond* autorisées du Mexique, une caution payable au nom du Tresor Federal.

Actuellement, les compagnies mexicaines autorisées à émettre ces cautions sont situées à la frontière mexicaine à l'exception de Afianzadora Insurgentes dont les opérations relèvent de la compagnie Sanborn's aux États-Unis.

Cette caution est payable en espèces US au moment de l'émission. Vous devrez annuler la caution au moment du retour du véhicule. Les frais d'émission du cautionnement et les taxes ne sont pas remboursables.

Un exemple : si votre véhicule est un modèle de 1988 ou plus vieux, le coût total de la caution sera de 125 $ US. Dans tous les autres cas, la caution sera l'équivalent de 1 à 2 % de la valeur du véhicule plus une charge pour les frais d'émission du cautionnement et les taxes*.

L'autre option consiste à verser un dépôt en argent comptant US à la Banco del Ejército (Banque de l'armée mexicaine) pour un montant équivalant à la valeur de votre véhicule selon un barème déjà établi. Ils ne tiennent pas compte des roulottes et remorques dans leur évaluation du montant du dépôt. Vous devrez aussi sortir du pays au même poste frontière pour vous faire rembourser votre dépôt. Vérifiez les heures d'ouverture de la Banco del Ejército pour ne pas avoir de mauvaises surprises à votre retour.

---

*SECTUR, *Official Guide Traveling to Mexico by Car*, s. d.

Documents, procédures et coûts

Vous pouvez faire vous-même vos copies avant de partir (un seul document par page), sauf évidemment pour le permis de séjour que vous n'aurez pas encore. Un service de photocopie existe au poste de contrôle moyennant certains frais mais, à l'occasion, il peut être gratuit.

Si vous n'êtes pas le propriétaire du véhicule, assurez-vous d'avoir une copie certifiée du certificat d'immatriculation et un affidavit notarié du propriétaire ou, s'il y a lieu, quiconque aurait un droit sur le véhicule, vous autorisant à conduire le véhicule au Mexique. Pour le véhicule qui fait l'objet d'un contrat de location à court ou long terme, ce dernier doit être au nom de celui qui introduit le véhicule au Mexique. Si le véhicule appartient à une compagnie, assurez-vous d'avoir en votre possession un document qui certifie que vous travaillez pour cette compagnie.

Étape 3

Hologramme pour votre véhicule

Quand vous aurez complété ces procédures et que vous aurez reçu copie de tous vos documents, un officier des douanes installera à l'intérieur de votre pare-brise, du côté du chauffeur et plus souvent qu'autrement dans un endroit qui gênera votre vue, un hologramme autocollant. À certains postes frontières, on vous le remet pour que vous l'appliquiez vous-même sur votre véhicule.

Étape 4

Passage à la frontière

Votre hologramme installé, vous procéderez au passage de la frontière comme tel. Si vous n'avez rien à déclarer, on vous demande d'activer ce qui ressemble à un feu de circulation (*semáforo fiscal*) avec un feu rouge et un feu vert. Si votre feu est vert, vous continuez votre chemin. Si votre feu devient rouge, vous devez vous ranger dans un des espaces prévus à cette fin et un officier des douanes viendra pour d'autres vérifications de votre véhicule. Le Mexique utilise ce système aussi pour les visiteurs qui entrent à pied.

Gardez vos documents précieusement dans un endroit facile d'accès, vous devrez les présenter dans quelques kilomètres à votre premier poste de contrôle routier et... à tous les autres.

Des exceptions

Les véhicules qui circulent en Baja California ou dans l'État de Sonora sont exemptés du permis d'importation temporaire d'un véhicule. Vous en aurez toutefois besoin si vous comptez rejoindre le continent par traversier via Santa Rosalía-Guaymas, La Paz-Topolobampo (*Los Mochis*) et La Paz-Mazatlán.

Une mesure qui n'a pas fonctionné

Une mesure relative au versement d'un dépôt obligatoire remboursable de 400 $ US à 800 $ US, selon l'année du véhicule, qui devait entrer en vigueur le 1er novembre 1999 mais qui dans les faits ne l'a été qu'à compter du 1er décembre 1999, n'a pas tenu la route plus de 12 jours devant les pressions des touristes et du gouvernement américain.

D'après les autorités mexicaines, il y aurait sur les routes du Mexique 14 millions d'automobiles dont 1 million seraient entrées illégalement au pays. Cette politique avait pour but de décourager la vente de véhicules immatriculés aux États-Unis qui prive le trésor mexicain des taxes sur l'achat de véhicules neufs et qui crée de la confusion au niveau de l'enregistrement.

On est donc revenu à la case départ et le gouvernement mexicain en a profité pour augmenter les frais du permis d'importation temporaire pour le véhicule de 12 $ US à 15 $ US à payer en pesos mexicains. Les politiques décrites ici sont celles en vigueur depuis la fin de décembre 1999.

Autres notes importantes

Évitez-vous des problèmes, demandez une extension de votre permis de séjour avant sa date d'expiration à un bureau de l'immigration (où vos chances que quelqu'un parle anglais sont bonnes) ou à un bureau de tourisme (en espagnol).

Les raisons *tourisme* et *plaisir* sur votre permis de séjour vous épargneront beaucoup de bureaucratie comparativement aux mentions *étudiant* et *par affaires*. De plus, le permis de séjour pour les gens d'affaires (*Business Visit Card*) n'est valide que pour 30 jours.

Si vous entrez au Mexique par la frontière de Ciudad Cuauhtémoc, près de Comitán à partir du Guatemala, on vous remettra peut-être un permis de séjour valide pour 15 jours seulement, de façon à éviter que vous ne flâniez dans l'État du Chiapas.

Une autorisation écrite notariée est nécessaire lorsqu'un enfant ne voyage qu'avec un seul de ses parents.

Le citoyen naturalisé doit avoir en main son passeport ou les documents de naturalisation. S'il n'a pas de passeport, il sera nécessaire de présenter une carte d'identification avec photo avec les documents de naturalisation.

Le certificat d'immatriculation d'une roulotte (caravane) doit être au même nom que le véhicule qui la tracte.

Assurez-vous que vélos, planches à voile, coffres de rangement, etc. sont bien indiqués sur le permis d'importation temporaire du véhicule sinon vous êtes sujets à payer de fortes taxes d'accise à votre sortie du pays (Voir la rubrique *Ce que vous pouvez apporter et rapporter*).

Si votre véhicule est retrouvé au Mexique au-delà de la date d'expiration de votre permis ou sans les documents appropriés, il pourra être confisqué sur-le-champ.

Les roulottes, maisons mobiles et bateaux de visiteurs étrangers peuvent maintenant être laissés pendant 20 ans au Mexique sur certains terrains de camping autorisés. Vérifiez auprès des autorités. Pour les utilisateurs de bande publique (CB), trois postes vous sont offerts au Mexique : 11 pour les urgences, 13 pour les caravanes et 14 pour l'utilisation générale. Pour l'utilisation d'autres postes, vous devrez demander l'autorisation au gouvernement.

Pour recevoir de plus amples renseignements sur les procédures aux douanes, communiquez avec Tourism Mexico Entry Information Service au 1 800 MEXICO (1 800 446-3942) à partir des États-Unis ou télécopiez au Fax Me Mexico Service au (541) 385-9282 ou visitez le site Internet à l'adresse www.mexico-travel.com.

[Les étapes à suivre au retour]

À votre retour, assurez-vous de vous présenter au bureau de la Banco del Ejército généralement situé juste à côté du bureau des douanes identifié *Aduana-Customs* pour remettre le permis d'importation temporaire d'un véhicule. Attention, dépendant du poste frontière que vous utiliserez, il n'y a pas ou peu d'indications. Vous devrez probablement faire un effort pour le trouver. Un drapeau mexicain flotte parfois à un mât. Une fois arrivé, vous remettrez vos documents au fonctionnaire et en retour il vous remettra le document *Comprobante de retorno* qui atteste que vous êtes bel et bien ressorti du Mexique avec votre véhicule. Un officier des douanes viendra enlever l'hologramme de votre pare-brise ou vous demandera de le faire vous-même. Si vous omettez de remettre le permis de votre véhicule, vous risquez d'avoir à payer une amende substantielle.

American Automobile Association (AAA) et Canadian Automobile Association (CAA)

Les bureaux des clubs automobiles AAA des États limitrophes du Mexique (Californie, Arizona, New Mexico, Texas) sont en mesure de fournir à leurs membres et aux membres des clubs affiliés, dont CAA-Québec, le permis de séjour pour le voyageur et la documentation pour entrer votre véhicule au Mexique. Puisqu'il y a une formule pour les voyageurs qui débarquent au Mexique par avion et une autre pour ceux qui entrent par voie de terre, assurez-vous qu'on vous remette celle dont vous aurez besoin. Tous ces documents devront quand même être validés en entrant à un poste frontière. Le personnel pourra aussi vous aider à remplir les formulaires.

Vous serez déçu de découvrir qu'à part la carte routière et le guide *Mexico TravelBook*, les centres de services du AAA ont très peu de documentation sur le Mexique à vous remettre. Un employé du centre de services AAA à El Paso au Texas (la frontière mexicaine se trouve immédiatement à l'arrière de l'édifice) nous a révélé que les feuillets Triptik pour le Mexique doivent être commandés à Houston et qu'il fallait compter deux semaines pour les recevoir à El Paso... Autre fait difficile à expliquer : le nombre impressionnant de brochures sur l'Alaska sur les comptoirs, alors qu'il n'y en a aucune sur le Mexique.

Douanes

[Ce que vous pouvez apporter au Mexique∗]

Il y a certainement des éléments de cette liste officielle, comme l'équipement de sport usagé et la vieille dactylo portative, qui vont vous faire rire. Quoi qu'il en soit, c'est la loi!

Vous êtes autorisé à apporter au Mexique les items suivants:

- 3 litres d'alcool, de vin ou de bière, si vous êtes âgé de plus de 18 ans.

- 200 grammes de tabac ou 25 cigares ou 1 carton de cigarettes, si vous êtes âgé de plus de 18 ans.

- Une caméra vidéo et un appareil photo 35 mm et jusqu'à 12 rouleaux de pellicules photographiques.

- Effets personnels (vêtements, souliers, nécessaires pour la toilette en quantité raisonnable compte tenu de la durée de votre séjour).

- Livres et magazines (pas pour la vente).

- Médicaments pour votre usage personnel avec l'ordonnance dans le cas de substances psychotropes.

- Équipement de sport usagé.

- Un téléviseur 12 pouces, une radio portative, un ordinateur portable, une dactylo portative, une paire de jumelles, jusqu'à 20 CD ou cassettes.

- Un instrument de musique (transportable par une personne).

- Équipement de pêche, une paire de skis et deux raquettes de tennis.

- Une tente et de l'équipement de camping.

- Pas plus de cinq jouets.

- Une planche de surf et une planche à voile.

- Un magnétoscope.

- Pas plus de 50 $ US en cadeaux par personne incluant les enfants.

∗Source : Consulat du Mexique, Montréal.

[Ce que vous pouvez rapporter au Canada*]

Exemption personnelle

Après une absence de sept jours ou plus, les résidants canadiens peuvent déclarer des marchandises d'une valeur globale de 750 $, incluant les produits du tabac et les boissons alcooliques. À l'exception des boissons alcooliques et des produits du tabac, les marchandises visées par votre exemption de 750 $ peuvent être livrées avant ou après votre arrivée, par la poste ou par un autre moyen.

Tabac et boissons alcooliques

■ Si vous avez l'âge requis selon les normes de la province ou du territoire où vous entrez au pays, vous pouvez inclure dans votre exemption 200 cigarettes, 50 cigares ou cigarillos, 200 bâtonnets de tabac et 200 grammes de tabac fabriqué.

■ Si vous avez l'âge requis selon les normes de la province ou du territoire où vous entrez au pays, vous pouvez inclure dans votre exemption un maximum de 1,5 litre de vin ou de spiritueux ou 24 cannettes ou bouteilles de 355 millilitres (12 onces) de bière ou d'ale (8,5 litres).

■ Vous pouvez rapporter une quantité de boissons alcooliques supérieure à celle permise par l'exemption, sauf dans les Territoires du Nord-Ouest. Toutefois, la quantité ne doit pas excéder la limite fixée par la province ou le territoire et, dans la plupart des cas, les boissons alcooliques doivent être en votre possession.

Cadeaux

Vous pouvez, à certaines conditions, envoyer des cadeaux de l'étranger à des amis au Canada sans verser de droit ni de taxe. Chaque cadeau doit avoir une valeur maximale de 60 $, et il ne peut s'agir de boissons alcooliques, de produits du tabac ou de matériel publicitaire. Si la valeur d'un cadeau dépasse 60 $, le destinataire devra payer les droits habituels sur l'excédent. Il est recommandé de joindre une carte de souhaits au cadeau pour éviter tout malentendu. Les cadeaux que vous envoyez de l'étranger ne comptent pas dans le calcul de votre exemption personnelle, contrairement à ceux que vous apportez.

Pour en savoir plus sur le sujet ou pour recevoir la brochure *Je déclare*, communiquez avec l'Agence des douanes et du revenu du Canada au 1 800 461-9999 (au Canada) et (613) 993-0534 ou communiquez avec le bureau de douane le plus près de chez vous.

L'argent|au Mexique||

Transactions bancaires et heures d'ouverture

Il est très facile de se procurer des pesos dans toutes les banques du Mexique, soit par les guichets automatiques ou en encaissant des chèques de voyage US (les plus utilisés au Mexique sont American Express et Thomas Cook), en échangeant des billets US ou en demandant une avance de fonds sur votre carte de crédit. Présentez toujours votre passeport quand vous échangez des chèques de voyage ou si vous demandez une avance de fonds; évidemment, il n'est pas nécessaire si vous n'échangez que des billets. Les banques sont bien organisées et très efficaces. Vous devrez cependant vous habituer à l'omniprésence des gardiens de sécurité armés jusqu'aux dents. Ces derniers sont très affables et sauront vous diriger avec courtoisie et discrétion. Attention aux heures d'ouverture. Non seulement peuvent-elles varier d'une institution à une autre, mais certaines offrent des heures précises pour l'achat ou la vente de devises : généralement de 9 h à 11 h et rarement après 15 h 30.

Évidemment, le dollar américain est plus en demande que toutes les autres devises, qu'il s'agisse de billets de banque ou de chèques de voyage. Son taux de change est ordinairement bien affiché à la vue dans les banques et les maisons de change mexicaines. On voit moins souvent la cote des autres devises. En général, les maisons de change sont ouvertes plus souvent et plus tard que les banques. Certaines, par contre, vont fermer quelques heures l'après-midi pour la sieste.

Et puisque le taux peut varier d'une institution à l'autre, n'hésitez pas à faire le tour avant d'arrêter votre choix. À vous d'être vigilant et, de grâce, tenez-vous loin des hôtels pour échanger vos dollars.

L'utilisation des cartes de crédit et de débit

Les cartes de crédit acceptées sont Visa, MasterCard, American Express, Carte Blanche et Diner's Club. À noter que même si c'est une pratique interdite par les institutions émettrices de carte de crédit, les commerçants vont parfois vous refiler leur frais d'administration.

Évitez de faire vos transactions dans les guichets automatiques les fins de semaine ou durant les jours de fêtes. Ils ne fonctionnent pas toujours. Ils ont aussi, comme ici, cette fâcheuse habitude d'être vides ou défectueux au moment où vous en avez besoin.

On trouve facilement des guichets automatiques dans les villes du Mexique (il y en a même dans les supermarchés) qui acceptent les cartes de débit opérant avec les systèmes Plus et Cirrus. La plupart acceptent aussi les cartes de débit et de crédit Visa et MasterCard. Nous nous sommes laissé dire que vous pouvez retirer jusqu'à 3 000 NP (325 $ US) par jour. N'oubliez pas qu'au Mexique, votre relevé indiquera le solde de votre compte en pesos.

Le réseau routier

Le pays est doté d'un réseau routier immense. (Voir la section *En bref*). Depuis février 1989, grâce à la création du Programme national des autoroutes (*Programa Nacional de Autopistas*), le gouvernement mexicain, les institutions financières et l'entreprise privée ont pu unir leurs efforts et investir des sommes colossales pour construire un réseau d'autoroutes efficaces et des plus modernes. Il comprend les autoroutes payantes (*cuota*) concédées à des particuliers, les autoroutes développées avec des fonds publics généralement gratuites (*libre*), parfois avec des postes de péage, et les chemins et ponts fédéraux à revenus et services connexes de la CAPUFE (*Caminos y Puentes Federales de Ingresos y Servicios Conexos*). Ce programme permettait la participation de particuliers, d'institutions financières et des gouvernements des États dans la construction et la gestion des autoroutes sous la forme de concession.

D'après l'organisme Programa Nacional de Autopistas, la perspective de croissance et de modernisation du pays exige de construire autour de 16 000 km d'autoroutes supplémentaires pour intégrer les diverses régions du pays et assurer au Mexique un meilleur lien avec l'extérieur.

L'organisme Caminos y Puentes Federales de Ingresos y Servicios Conexos a été créé par décret le 27 juin 1963. L'organisme dispose aujourd'hui de son propre réseau de 11 autoroutes (1 235,7 km) et 30 ponts dont 12 internationaux et exploite 31 autoroutes (3 125,9 km) et 7 ponts à concession pour un total de 4 937,2 km. Durant l'année 1997, 196,2 millions de véhicules ont circulé sur les routes et ponts payants gérés par le CAPUFE. Les estimations pour 1999 étaient de l'ordre de 289,4 millions d'utilisateurs*.

Les routes à péage (*cuota*)

Ces autoroutes ont été construites avec soin et sont sécuritaires puisqu'elles consistent en quatre voies séparées par un muret et clôturées de chaque côté. Elles possèdent aussi un accotement pavé. Certaines sont dotées de modestes aires de services où l'on retrouve, en plus des espaces de stationnement, un casse-croûte, des salles de toilettes bien entretenues et parfois un camion-outil des Angeles Verdes (voir la page suivante) en pause. Ces aires de services sont la plupart du temps situées à un poste de péage et ne comportent pas nécessairement une station d'essence. Parfois appelées Maxipistas, ces autoroutes sont administrées soit par l'entreprise privée, le gouvernement central ou l'État.

*CAMINOS Y PUENTES FEDERALES, www.capufe.gob.mx (en espagnol seulement).

Le réseau routier

Les routes à péage (*cuota*)

Angeles Verdes

Le ministère du Tourisme du Mexique (SECTUR) a mis sur pied en 1960 un service de dépannage à l'intention des touristes. Ce sont les Angeles Verdes ou Anges Verts. On les reconnaît facilement à leur uniforme distinctif vert et à leur camion vert et blanc. Ils circulent sur les autoroutes et les routes fédérales de 8 h à 20 h tous les jours. Ils ont été sélectionnés pour leurs connaissances en mécanique et parce qu'ils peuvent s'exprimer, un tant soit peu, en anglais. Ils peuvent réparer sur place votre véhicule, fournir de l'essence si vous êtes en panne sèche ou vous donner de l'information touristique. Ils vont même jusqu'à aller chercher avec vous la ou les pièces nécessaires pour effectuer une réparation. L'appellation d'Anges Verts leur a été donnée parce qu'ils sont de bons Samaritains payés par l'État et que leurs services sont tout à fait gratuits, sauf pour l'essence ou les pièces, évidemment. Ils accepteront bien entendu le pourboire que vous leur offrirez.

Vous pouvez les rejoindre par l'intermédiaire de SECTUR en composant les numéros de téléphone sans frais suivants : 91 800 90-392 (à l'intérieur du pays) ou à Mexico au 5 250-0123. Il semblerait qu'on parle anglais aux deux endroits. Ces derniers pourront communiquer avec le poste de répartition des Anges Verts le plus proche. Pour rejoindre directement les Anges Verts 24 heures sur 24 composez les numéros suivants : 250-82-21 ou 250-85-55, poste 314. Le Mexique se targue d'être le seul pays au monde à offrir un tel service. Nous n'avons personnellement jamais utilisé le service téléphonique. Par contre, nous avons eu affaire aux Anges Verts à une occasion et nous n'avons que des éloges à leur faire.

[Les coûts d'utilisation]

Le coût de leur utilisation varie d'une autoroute à l'autre et peut s'avérer parfois très élevé. L'exemple le plus criant est l'autoroute à quatre voies qui relie Mexico à Acapulco (*Autopista del Sol*), une distance d'environ 422 km. Son utilisation coûtait il y a quelques années autour de 89 $ US pour l'ensemble des huit postes de péage. Mes plus récentes informations m'indiquent qu'en janvier 2000, le coût s'élève à environ 60 $ US.

Un autre exemple : la Maxipista 15-D de Tepic à Guadalajara qui comporte quatre postes de péage et 228 km vous coûtera environ 31 $ US (janvier 2000).

À ce prix, vous verrez qu'il n'y a pas beaucoup de circulation sur les autoroutes et que vous serez souvent seul sur la route. Ne vous inquiétez pas trop pour les policiers, ils auront compris que vous avez déjà fait votre contribution!

Pour connaître le coût exact des routes du Mexique, visitez le site www.capufe.gob.mx/html. Ce site est en espagnol seulement, mais il est facile de s'y retrouver.

Les autres routes

Si vous projetez de passer quelque temps sur les routes du Mexique, il y a de fortes chances que vous allez emprunter d'autres routes que les autoroutes. En simplifiant, on pourrait dire qu'il y a deux types de routes : les autoroutes à péage (*cuota*) et les autres (*libre*).

Pour bien comprendre le réseau routier dans son ensemble, il faut garder en tête la fascinante topographie du pays. Le Mexique est un vaste pays et les distances sont étonnantes. Par exemple, la distance entre Tijuana et Merida est de 4 482 km, l'équivalent d'un aller Montréal-Vancouver.

Il est difficile, sinon impossible, de tracer un portrait général pour décrire les routes du Mexique. Il y a le réseau des routes principales et les routes secondaires. Les routes principales, tout comme les routes secondaires, sont généralement à deux voies et traversent pour la très grande majorité directement les centres-villes et les villages. Toutefois, il se construit de plus en plus de routes périphériques pour faciliter la circulation autour des villes. À moins d'avoir été construites au cours des quatre ou cinq dernières années, ces routes n'ont généralement pas d'accotement et, quand il y en a, la dénivellation entre la surface du revêtement et le bas-côté de la route est parfois si forte que l'accotement constitue en soi un danger pour votre sécurité. De plus, les petites routes de terre qui mènent aux plages ou dans les coins perdus du pays ne sont pas toujours praticables.

[Des conditions routières irrégulières]

Pour vous donner une idée des conditions, vous pouvez rouler des dizaines de kilomètres sur une route au revêtement impeccable et vous retrouver tout à coup sur une section de la même route en très mauvais état alors qu'aucune signalisation ne vous a préalablement informé de cette situation. N'espérez pas non plus pouvoir évaluer votre itinéraire d'une journée par un simple calcul, comme de diviser la distance à parcourir par la vitesse à laquelle vous comptez rouler pour connaître l'heure de votre arrivée à destination... à moins de n'utiliser que les autoroutes.

Pour rouler en toute sécurité sur les routes du Mexique, vous devez avant toute chose saisir et vous adapter à l'écart considérable qui existe au niveau des conditions routières d'une région ou d'une route à l'autre et parfois même d'un segment de route à un autre.

J'ai aussi la nette impression que les Mexicains, les Guatémaltèques, les Honduriens, les Nicaraguayens, les Salvadoriens, les Costaricains et les Panaméens n'apprennent pas à conduire. Ils s'installent au volant et conduisent! Pour eux, la signalisation et le marquage des routes tiennent plus de la décoration que du code de la route. Il faut voir leur façon de conduire pour comprendre un peu plus. Sur un même segment de route, des conducteurs peuvent filer à toute allure et d'autres sont lamentablement lents. Des autocars interurbains font des pieds et des mains pour vous doubler et s'arrêter aussitôt pour faire monter ou descendre des passagers.

Aussi, de nombreuses années peuvent s'écouler avant que certaines routes affectées par des désastres naturels puissent être remises en état. Qu'on se rappelle les images des inondations d'octobre 1999 dans le sud du pays, du tremblement de terre qui a secoué l'État d'Oaxaca à peine quelques semaines plus tôt, de l'ouragan Mitch qui dévastait la côte du Pacifique en 1998, de l'ouragan Pauline l'année précédente, etc...

Lexique de panneaux de signalisation

Voici un lexique en ordre alphabétique des phrases que vous pourrez voir sur certains panneaux de signalisation au Mexique et en Amérique centrale. La traduction libre en français apparaît dans la colonne de droite.

Baje la velocidad	Ralentissez
Camiones vía derecha	Voie de droite réservée aux camions
Carretera en construcción próximos 20 km	En construction 20 prochains kilomètres
Carril de ascenso a 200 mts	Voie de dépassement à 200 mètres
Carril derecho cerrado	Voie de droite fermée
Carril izquierdo sólo para rebasar	Voie de gauche pour doubler seulement
Carril para tránsito lento	Voie pour circulation lente
Caseta de cobro a 1 km	Poste de péage à 1 kilomètre
Ceda el paso	Cédez le passage
Conceda cambio de luces	Voir rubrique *La conduite automobile en général*
Conduzca con precaución	Conduisez prudemment
Conserve su derecha	Gardez votre droite
Cruce de escolares a 200 mts	Traverse d'écoliers à 200 mètres
Cruce de ganado a 200 mts	Traverse de bétail à 200 mètres
Cuota	Péage
Curva peligrosa a 200 mts	Courbe dangereuse à 200 mètres
Derrumbes en la vía a 200 mts	Éboulis à 200 mètres
Despacio	Lentement
Desviación	Détour
Desvío	Détour
Disminuya su velocidad	Ralentissez
Elija su carril oportunamente	Changez de voie avec précaution
Entronque a 300 mts	Carrefour à 300 mètres
Entronque peligroso a 200 mts	Carrefour dangereux à 200 mètres
Estación de pesaje a 500 mts	Poste de balance à 500 mètres
Este camino no es de alta velocidad	Route à basse vitesse/Roulez lentement
Fin de carretera en construcción	Fin de construction
Frene con motor	Utilisez votre frein moteur
Garitas de peaje a 500 mts	Postes de péage à 500 mètres
Guarde su distancia	Gardez votre distance
Hombres trabajando a 100 mts	Hommes au travail à 100 mètres
Inicia tramo en construcción	Début d'un tronçon en construction
Inicio zona de curvas	Début d'une zone de courbes
Inicio de asfalto	Début de l'asphalte
Maneje con precaución	Conduisez prudemment
Mantenga su derecha	Gardez votre droite
Máquina trabajando	Machinerie au travail

Lexique de panneaux de signalisation

No adelantar	Ne pas dépasser
No conduzca cansado	Ne conduisez pas si vous êtes fatigué
No deje piedras sobre el pavimento	Ne pas jeter de pierres sur le pavé
No destruya las señales	Ne pas abîmer les panneaux
No maltrate las señales	Ne pas endommager les panneaux
No rebase	Ne dépassez pas
No rebase con raya continua	Ne pas dépasser sur ligne continue
No se estacione en curva	Ne pas stationner dans la courbe
No tire basura	Ne pas jeter de déchets
No virar a la izquierda	Virage à gauche interdit
Parada de autobús	Arrêt d'autobus
Paso de ganado	Traverse de bétail
Peatónes en el camino	Attention aux piétons
Peligro	Danger
Precaución al adelantar	Attention quand vous doublez
Puente en mal estado	Pont en mauvais état
Puente en reparacion	Pont en réparation
Reductor de velocidad	Réducteur de vitesse
Reduzca su velocidad	Réduisez votre vitesse
Respete las señales de tránsito	Respectez les panneaux de signalisation
Retorno a 300 mts	Demi-tour à 300 mètres
Salida de maquinaria pesada	Sortie de machinerie lourde
Sólo vehículos livianos	Véhicules légers seulement
Termina tramo de curvas	Fin du tronçon de courbes
Termina tramo en reparación	Fin du tronçon en réparation
Tope a 300 mts	Réducteur de vitesse à 300 mètres
Trabajos en la vía	Travaux en cours
Tramo resbaloso al estar mojado	Pavé glissant si mouillé
Tramo sinuoso	Tronçon sinueux
Tránsito rápido izquierda	Circulation rapide à gauche
Un solo carril	Une seule voie
Utilice cinturón de seguridad	Bouclez votre ceinture de sécurité
Velocidad máxima	Vitesse maximale
Velocidad restringida adelante	Vitesse réduite en avant
Vía cerrada por obras	Voie fermée pour travaux
Vía en mal estado	Voie en mauvais état
Vía libre	Route gratuite (sans péage)
Vibradores a 200 mts	Réducteur de vitesse à 200 mètres
Zona de niebla	Zone de brouillard

La signalisation routière

Le Mexique utilise un système de signalisation et de marquage de route qui lui est propre mais qui s'apparente à celui du Canada et des États-Unis. Plusieurs panneaux de signalisation n'utilisent que des mots (en espagnol évidemment) et non pas des pictogrammes. Toutefois, c'est dans la rigueur de l'utilisation des éléments de la signalisation et du marquage de la chaussée et dans le comportement des conducteurs que réside la plus grande différence. Vous pouvez voir sur la chaussée d'une route secondaire une ligne simple pointillée (autorisant le dépassement) assortie d'un panneau de limite de vitesse indiquant 80 km/h dans une zone scolaire bien identifiée, ou encore un panneau de signalisation indiquant une vitesse maximum de 30 km/h sur une longue route droite et dégagée.

Nous avons vu à quelques reprises une nouvelle série de panneaux de signalisation installés à un mètre en avant des anciens qu'on avait laissés là, ou même des panneaux indicateurs de distances sur lesquels le kilométrage croissait à mesure que nous approchions de notre destination.

En montagne, là où la route est souvent en lacets, la double ligne solide est de rigueur partout. Qu'à cela ne tienne, tous les Mexicains, chauffeurs d'autobus bondés inclus, s'en donnent à cœur joie et doublent souvent même à la « queue leu leu » dans les courbes aveugles. ¡Dios es mi guía!

[Le proverbial *tope* et son ami, le *vibradore*]

Le *tope* et le *vibradore* sont tous deux des réducteurs de vitesse et se révèlent des moyens efficaces utilisés au Mexique pour ralentir, voire arrêter la circulation.

Le premier, sorte de dos d'âne, est un obstacle de forme arrondie habituellement fait de ciment et installé au travers de la route. Malheur à celui qui l'ignore. Il peut abîmer complètement votre suspension et arracher votre silencieux. Il existe aussi le *vado* qu'on rencontre beaucoup moins souvent et qui est à l'inverse, une dépression dans la chaussée pour permettre l'écoulement des eaux surtout durant la saison des pluies.

On trouve des *topes* partout mais surtout à partir de l'entrée des villes et villages et jusqu'à la sortie. Voici une expression que nous avons consacrée : « Si hay uno, hay dos » (S'il y en a un, il y en a sûrement un deuxième... puis un troisième). À voir la hauteur de certains de ces *topes*, on comprend que plusieurs ont été construits par des ouvriers qui n'ont jamais conduit d'automobile.

Si vous suivez un camion ou un poids lourd depuis plusieurs kilomètres et que votre patience commence à en prendre un coup, profitez d'un *tope* pour le doubler puisqu'il sera presque immobilisé. En général, les camionneurs ne vont pas s'en offusquer.

Le *vibradore*, quant à lui, est plus bas et plus large. On dirait des stries ou de fins boudins sur la chaussée. Ils sont par contre beaucoup moins nombreux sur les routes et surtout moins dommageables pour votre véhicule. Quelques indications qui peuvent suggérer que vous avez affaire à un *tope* coriace : un camion loin devant vous est immobilisé en plein milieu de la chaussée et juste devant, une automobile s'engage sur la chaussée en diagonale, ou encore une ribambelle de

commerçants sont agglutinés le long de la voie. Ça, c'est le signe d'un vrai *tope*!

La légende veut que ce soit à Valle Nacional, une ville à mi-chemin entre Tuxtepec et Oaxaca, qu'on retrouverait le pire *tope* de tout le pays. Peu importe l'angle d'attaque, vous y toucherez le fond à tout coup.

[Les limites de vitesse]

La limite indiquée sur les routes à deux voies est habituellement entre 50 et 80 km/h alors qu'elle est de 110 km/h sur les autoroutes.

Vous allez vite vous rendre compte que rares sont les conducteurs mexicains qui tiennent compte des limites de vitesse affichées. Tant que le véhicule peut en prendre, ils y vont... avec la certitude que Dieu les protégera!

[La conduite automobile en général]

Il faut savoir qu'au Mexique, la route est l'affaire des camions, des autocars et des *colectivos*, ces mini-fourgonnettes servant au transport collectif de personnes. Il y circule très peu d'automobiles de particuliers. Les *colectivos*, en particulier, sont parfois cabossés, chancelants et souvent en piètre état. Ils sont aussi la plupart du temps surchargés ou bondés à craquer. La première fois que vous en verrez, vous aurez peut-être le goût de vous attarder, ne serait-ce qu'un bref moment, à leur manière de conduire avant de vous lancer à la découverte des routes du Mexique.

Il existe quelques particularités dans la conduite automobile mexicaine.

En voici quelques-unes :

■ L'automobiliste qui enclenche son clignotant gauche tient plus à vous informer que vous pouvez le dépasser qu'à vous informer qu'il va tourner dans cette direction. Attention à vous si, par réflexe, vous engagez votre clignotant gauche avant de dépasser, vous

pourriez vous faire emboutir par le véhicule qui vous suit!

■ Notez qu'il est permis de tourner à droite sur un feu rouge, sauf indication contraire. Si un feu de circulation vert se met à clignoter, c'est qu'il va changer au rouge presque instantanément.

■ Le port de la ceinture est obligatoire partout (pour les véhicules qui en sont munis).

■ En ville, lorsqu'il y a une voie pour tourner à gauche, il y a de bonne chance qu'il y ait un quatrième feu de circulation pour vous indiquer quand vous pourrez vous engager.

■ Les Mexicains semblent avoir les phares d'auto en aversion. Soit ils ne les utilisent pas du tout ou seulement très tard dans la soirée. Ils ne se soucient pas non plus de les remplacer lorsqu'ils sont brûlés. Pour ceux qui en ont, il y a une pratique typiquement mexicaine : le *cambio de luces*. Elle consiste à accorder la priorité au conducteur du véhicule qui présente le premier ses phares de route, soit pour doubler ou pour céder le passage à l'approche d'un rétrécissement de la route ou d'un ponceau étroit. Pour ma part, à l'approche d'un immense camion ou d'un autocar, je ne me pose même pas la question, je lui cède la priorité.

Sur les véhicules fabriqués au Canada, les phares s'allument automatiquement au démarrage, il ne faudra donc pas se surprendre de voir les conducteurs mexicains pester contre vos phares allumés.

■ Au Mexique, il est primordial de ne pas quitter votre véhicule pour aucune considération, car un véhicule laissé sur le bord de la route, personne à bord, est considéré comme abandonné et devient vite la cible des voleurs et des vandales.

Ce ne sont que quelques exemples pour vous donner un aperçu de la conduite automobile au Mexique. Ajoutez à cela le fait qu'il n'y a pas beaucoup de véhicules patrouille de police et vous avez une bonne idée pourquoi tout le monde s'en donne à cœur joie. Si vous êtes chanceux, vous verrez peut-être quelques voitures de patrouille, celles de la police fédérale des routes (*policías federales de caminos*). Elles circulent principalement, comme son nom l'indique, sur les autoroutes fédérales. Les services locaux de police des grandes villes sont généralement bien équipés en véhicules de patrouille. En plus, ils disposent de policiers chargés de la circulation (*tránsito*) qui se déplacent à pied ou en moto.

[Les autres dangers de la route]

Vous rencontrerez aussi beaucoup d'autres écueils sur la route. Au Mexique, les clôtures ne sont pas populaires, on les réserve pour les autoroutes payantes. C'est pourquoi on rencontre autant de chiens, vaches, chevaux, ânes et poules qui errent sur ou près de la route, souvent au moment où vous vous y attendez le moins. Nous avons même vu des cueilleurs de fruits ou de légumes allongés sur la route pour se reposer.

Les oiseaux rapaces volant à très basse altitude sont aussi un autre danger. Ils sont attirés soit par les grains de maïs et de café et les piments qui ont été placés à sécher sur l'asphalte par les paysans, soit par des animaux morts sur la chaussée.

Certains gros obstacles sont indiqués, mais la roche ou le piquet utilisé pour indiquer leur présence constitue un danger en soi.

Quelques petites pierres ou une branche fraîchement arrachée à un arbre et déposée sur la route indiquent aussi un danger. Ralentissez, car il y a fort à parier qu'il y aura un véhicule en panne un peu plus loin et comme il n'y a pas d'accotement, il sera arrêté au beau milieu de la voie!

Les nombreuses croix installées en bordure des routes sont là en mémoire de ceux qui y ont laissé leur vie.

Attention aussi à la charge des camions qui est souvent excessive et/ou mal arrimée.

Vous vous rendrez vite à la conclusion qu'au Mexique, il est insensé de conduire après la tombée du jour.

Voyager à son rythme dans son propre véhicule

Au Mexique, il y a les autoroutes et les autres routes. Ces autres routes, ce sont des milliers de routes secondaires, indiquées ou pas sur les cartes, qui traversent de part et d'autre cet immense pays. Même si elles n'ont pas les qualités des *autopistas* ou des *Maxipistas*, si vous les utilisez, vous aurez comme récompense le plaisir de découvrir des communautés et des sites extraordinaires que vous n'auriez pas été en mesure de découvrir autrement.

Il ne fait aucun doute qu'il y a énormément d'avantages à découvrir le Mexique par la route. Que vous voyagiez à bord d'un motorisé, d'une roulotte, d'une petite caravane ou simplement avec votre automobile ou votre moto, il est tellement plus agréable de pouvoir voyager à son rythme. Il suffira pour le voyageur de choisir un itinéraire en fonction de ses goûts, du type et de la grosseur de son véhicule, de la géographie et du temps dont il disposera pour effectuer son voyage.

Mais plus important encore, le voyageur au Mexique devra mettre de côté ses idées préconçues sur la conduite automobile. Il devra plutôt développer une attitude qui lui permettra de se glisser facilement dans ce grand ballet qu'est la conduite automobile au Mexique. Vous découvrirez peut-être, tout comme moi, que la façon de conduire des Mexicains en vaut bien d'autres et qu'elle a cette particularité que chaque conducteur ne fait confiance qu'à lui-même plutôt qu'à un ensemble de panneaux de signalisation et de règles.

Le secret de la conduite automobile au Mexique : conduire le jour, jamais la nuit, être très attentif et prendre son temps.

Les postes de contrôle routier

Il ne faut pas trop vous en faire avec les barrages routiers du Mexique. Les autorités policières, l'armée et l'escouade anti-drogue (toute de noir habillée) les utilisent pour procéder à des vérifications et à certains contrôles sur la route, notamment pour la drogue, les armes et les immigrés clandestins.

Vous serez sans doute intimidé ou inconfortable la première fois qu'un groupe de militaires armés jusqu'aux dents vous demandera de vous identifier et de soumettre vos papiers. Il faudra cependant vous y habituer, car ces postes de contrôle sont relativement nombreux. Certains sont permanents, alors que d'autres apparaissent le long de la route selon le besoin. Il y en a à proximité de chaque ville frontalière juste au-delà de la zone des frontières vers le nord comme vers le sud. Attendez-vous à en rencontrer quelques-uns entre Culiacán et Los Mochis dans l'État de Sinaloa, là où on cultive de l'opium pour la pharmacologie et plus clandestinement, de la marijuana. Vous en retrouverez aussi sur la route 200 le long du Pacifique dans les États de Michoacán et de Guerrero pour les mêmes raisons. Dans le Chiapas, nous avons dû en subir de nombreux en 1998 alors que les tensions étaient très fortes entre les troupes du gouvernement et les Zapatistes.

À noter que certains barrages relèvent des inspecteurs de bétail (*ganado*) et de fruits et légumes.

[Si on vous arrête pour une infraction]

Au Mexique, il est coutume pour un officier de police de retenir vos documents si vous avez commis une infraction. Ils vous sont remis au poste de police après que vous ayez réglé votre amende et les frais, s'il y a lieu. Si l'infraction a lieu durant le week-end, vous devrez revenir le lundi pour régler vos affaires.

De plus, il faut savoir qu'au Mexique, on peut vous détenir jusqu'à 72 heures sans avoir à porter d'accusations contre vous. Ce sont les juges qui décident de toutes les causes, il n'y a pas de procès avec jury. Les lois varient d'un état à l'autre mais sont habituellement copiées sur celles du *Distrito Federal*. Contrairement à ce que nous connaissons au Canada et aux États-Unis, vous êtes présumé coupable jusqu'à ce que votre innocence soit prouvée. Et c'est à vous qu'incombe cette charge, d'où l'utilité de contracter une assurance automobile couvrant les frais juridiques, surtout si votre connaissance de l'espagnol est limitée.

La corruption fait partie intrinsèque de la vie des Mexicains, et ce, à tous les niveaux. Par exemple, il est de notoriété publique que les policiers de la ville de Mexico sont corrompus. Vous devez être davantage sur vos gardes si vous vous rendez dans la capitale, non seulement à cet égard mais pour les activités criminelles en général.

Ceci dit, il peut être tentant pour certains officiers en situation d'autorité d'arrondir leurs fins de mois. Cependant, je ne vous recommanderais jamais d'offrir un pot-de-vin à un officier de police ou à un militaire pour vous sortir d'un pétrin, à moins d'avoir une excellente connaissance des us et coutumes du pays. Bien souvent, le calme, le respect de l'autorité et la patience sont suffisants pour vous sortir d'une impasse. Attendez-vous quand même à devoir laisser une certaine marque d'appréciation à l'officier, même si vous êtes innocent, si on vous le fait sentir. Dans un tel cas, ne soyez pas trop généreux... il y aura d'autres voyageurs après vous!

Des voyageurs d'ici et d'ailleurs

Mary-Jane et Dee

« Il y a bien quelques segments de routes bien connus qui sont tout simplement effroyables. L'autoroute 180 de la frontière de Matamoros à Villahermosa, la route de Tulum à Cobá, la section des montagnes d'Oaxaca à la côte du Pacifique et cette route entre Ciudad Cuauhtémoc (à la frontière du Mexique) à Huehuetenango au Guatemala. À part cela, nous avons trouvé que les autoroutes et les routes étaient entretenues convenablement et faciles à utiliser. La signalisation laisse à désirer. Quelqu'un peut se perdre royalement dans les villes! »

Samantha et Alan

« En général, nous n'avons pas eu de problèmes avec les routes au Mexique. Les deux points qui ont retenu notre attention sont les topes, ces réducteurs de vitesse placés en travers de la route, et le manque d'accotement. Un Américain que nous avons rencontré a dû faire un détour de 150 km parce qu'il n'était pas capable de passer sur un de ces topes avec son véhicule. Nous étions contents d'avoir un véhicule avec beaucoup de garde au sol. Plus tard, ce même voyageur nous racontait qu'un peu plus loin cette même journée, son automobile avait capoté lorsqu'une des roues a quitté la portion pavée d'une route sans accotement. »

Christiane et Doug

« En général, les routes sont bonnes. Elles sont beaucoup mieux que ce à quoi nous nous attendions, surtout au Mexique et au Guatemala. Toutefois, le rythme est beaucoup plus lent et vous devez être très attentif aux autres véhicules sur la route, particulièrement aux autocars et aux camions. Ne jamais conduire la nuit. »

Cindy et Tom

« Au Mexique, les routes sont bonnes en général. Toutefois, nous trouvons que les autoroutes à péage sont un bon investissement si vous voyagez avec un gros véhicule comme le nôtre. Notre motorisé de 30 pieds préfère définitivement les autoroutes à péage, alors que notre petit RoadTrek (classe B) aime mieux les routes secondaires en lacets. »

L'entretien|et les réparations de votre véhicule

Il est difficile de décrire le garage type mexicain en dehors des grandes villes. Ceux que nous avons vus consistaient plus souvent qu'autrement en une aire ouverte avec ou sans toit où l'on entasse les véhicules du mieux qu'on peut. Il n'y a ni puits, ni élévateur pour travailler sous les véhicules. Les mécanos utilisent les outils de base du propriétaire du garage et l'outillage spécialisé est à toute fin pratique inexistant.

Oubliez le principe de la réservation. Arrangez-vous plutôt pour que votre véhicule soit le premier devant la porte le matin.

Si vous voyagez à bord d'un véhicule récréatif, n'oubliez pas d'informer le propriétaire que vous devrez dormir dans votre véhicule et dans son garage si la réparation n'est pas terminée à la fin de la journée.

Vous devrez aussi vous habituer à la curiosité des autres clients du garage pour qui ce sera une occasion unique de voir de près un véhicule comme le vôtre.

Les mécaniciens

Les mécaniciens mexicains sont travaillants, habiles et débrouillards. Nous avons eu l'occasion de les voir à l'œuvre à quelques reprises. Bien entendu, ils sont plus à l'aise avec les marques et modèles qu'ils connaissent (Volkswagen, Datsun, Nissan et les anciens modèles américains) et en général avec la mécanique qui ne comporte pas trop d'éléments électroniques. Seulement au Mexique pouvez-vous encore trouver des as qui peuvent vous démonter et remonter un carburateur en un tournemain.

La moyenne d'âge des véhicules qui circulent sur les routes du Mexique étant de plus de dix ans (parfois même des années 1950), les mécaniciens mexicains se doivent d'être ingénieux.

Il est de notoriété publique que les coûts de main-d'œuvre sont ridiculement bas au Mexique et les ateliers de réparations automobiles n'échappent pas à cette règle. En ce qui concerne les pièces, certaines pièces d'origine Volkswagen que nous avons achetées au cours de nos voyages ont coûté beaucoup moins cher qu'au Canada. Par contre, dans d'autres circonstances, le prix était sensiblement le même.

La disponibilité de l'essence

La compagnie Pemex (Petróleos Mexicanos) a le monopole de l'essence au Mexique. Le prix est identique dans tout le pays à l'exception de quelques endroits dans les États limitrophes avec les États-Unis, où il est plus cher. Le prix par litre est majoré de quelques centavos le premier jour de chaque mois à travers le pays. Par exemple : de décembre 1999 à janvier 2000, le prix au litre est passé de 4,79 NP à 4,83 NP.

Aujourd'hui, on trouve de l'essence sans plomb presque partout. En plus du diesel et de l'essence avec plomb qu'on appelle ici Nova, il y a deux types d'essence : le Magna-Sin est le sans plomb à 87 d'octane (la pompe verte) et le Premium Super, le super sans plomb avec ses 90 d'octane (la pompe rouge).

Au Mexique, il n'y a pas de stations d'essence libre-service, les pompistes sont très nombreux et prêts à vous servir. Ils s'attendent à un ou deux pesos pour leurs services. Gardez à l'œil celui qui oublierait de remettre à zéro le compteur de la pompe avant de vous servir. Cette pratique est de moins en moins courante, mais cela peut encore arriver. J'ai réglé le problème en équipant notre véhicule d'un bouchon avec une serrure. Ainsi, même distrait, je suis forcé de lui remettre la clé ou mieux, d'aller moi-même ouvrir le bouchon et ainsi éviter d'éventuels problèmes.

Les stations-service Pemex sont vastes et parfois ultra-modernes, quelques-unes sont même pourvues d'un dépanneur. Les toilettes à la disposition de la clientèle sont impeccables et, fait assez rare dans les endroits publics mexicains, le papier de toilette y est fourni...

Profitez de chaque occasion pour faire le plein même si votre réservoir n'est qu'à la moitié de sa capacité, car les stations sont irrégulièrement réparties dans le pays.

Et n'oubliez pas que chez Pemex, les cartes de crédit et de débit ne sont pas acceptées. Vous devez payer comptant.

Il y a souvent une activité bourdonnante au Pemex, c'est un peu le centre d'attraction de certains villages. Au début de janvier 2000, alors que nous nous questionnions sur la raison d'un attroupement à une station-service, un Mexicain nous a tout bonnement expliqué qu'il y avait une panne de courant dans le village et que finalement c'était une occasion en or pour les résidants de venir fraterniser en ce début de millénaire!

Terrains de|camping et solutions de rechange

On retrouve au Mexique des *trailer parks* – c'est comme cela que les Mexicains dans les milieux touristiques les appellent, et en prononçant chacune des lettres – ces terrains de camping équipés pour accueillir des motorisés et des roulottes. Quelques-uns ressemblent en tous points à bien des endroits au Canada et aux États-Unis, y compris pour les prix.

Il est délicat d'essayer de tracer un portrait type du *trailer park* mexicain. Il y en a dont la qualité des aménagements et la beauté de leur site naturel sont à couper le souffle et qui offrent tous les services comme l'électricité, le raccordement à l'eau, les égouts et parfois même une fiche pour le câble de votre téléviseur ou pour le téléphone. Certains sont dotés de *palapas* ou de *ramadas*, ces abris rustiques pour se protéger du soleil qui sont fabriqués de branches d'arbres et de feuilles de cocotiers, les premiers en forme de parapluie et les autres rectangulaires. D'autres *trailer parks* ne sont en fait qu'un terrain vague clôturé à l'arrière d'un hôtel pour stationner son véhicule ou pour monter sa tente pour la nuit.

Leur nombre et la qualité en général n'ont rien de comparables à ce que l'on retrouve plus au nord sur le continent. Les prix ont tendance à être plus élevés dans le nord très fréquenté par les Canadiens et les Américains et deviennent carrément dérisoires si vous sortez des sentiers battus.

Au Mexique, nous avons eu l'occasion de faire l'expérience de différents types de lieux en plus des terrains de camping pour passer la nuit, entre autres des endroits divins en pleine nature, sur la plage, à la montagne, parfois des stationnements d'hôtels ou de résidences privées et évidemment des stations d'essence Pemex ouvertes 24 heures.

Dans les régions moins fréquentées où les paysans voient rarement des étrangers, il faut les voir lorgner notre installation. Étonnés, ils se demandent bien pourquoi nous nous donnons tant de peine pour vivre dehors en nature, alors que nous avons de si belles maisons dans notre pays!

Quelques exemples de trailer parks

Le Hacienda Trailer Park à Guadalajara (Jalisco)

Un *trailer park* fort bien aménagé sous les arbres à quelques minutes de la ville de Guadalajara. Rarement ai-je vu autant de variétés d'arbres et d'aussi beaux emplacements gazonnés dans un terrain de camping au Mexique. Il y a une piscine et une spacieuse salle communautaire. Il est possible de louer un appartement meublé sur place. L'autobus local passe à proximité. Tous les services de base sont évidemment disponibles au tarif journalier de 15 $ US par jour (janvier 2000).

Le Mar Rosa Trailer Park à Mazatlán (Nayarit)

À Mazatlán, le *trailer park* le mieux situé est sans aucun doute celui-ci puisqu'il se trouve directement sur la plage juste à côté du Holiday Inn au début de La Dorada, la zone hôtelière. Les cocotiers vous procurent de l'ombre et des dépanneurs ainsi que de nombreux restaurants sont accessibles à pied. Une autre section située directement en face, de l'autre côté de la rue, complète l'ensemble. Comme c'est souvent le cas au Mexique, le terrain est entouré d'un mur et de lourdes portes ferment l'endroit de la brunante jusqu'au lendemain matin. Pour un ou deux dollars, vous pouvez emprunter un de ces curieux taxis VW ouverts qui ressemblent à des voiturettes de golf pour aller découvrir les alentours. L'autobus de ville passe en face. Le prix pour un emplacement en novembre 1997 était entre 13 $ à 17 $ US la nuit et en janvier 2000, entre 14 $ à 22 $ US la nuit. Chaque matin vers les 9 h, un vendeur de crevettes vient vous offrir ses prises; difficile de résister!

Le Pal Trailer Park à Chapala (Jalisco)

Un lieu de retraite hivernale fort intéressant. Ce *trailer park* ressemble à un village avec ses quatre rues bien alignées où se mêlent emplacements de camping et maisons à louer. Dans le centre de la propriété trône un quadrilatère où on retrouve une salle communautaire, une piscine et une aire de détente aménagée et entourée de gazon. L'endroit est entretenu par une poignée d'employés qui s'affairent du matin au soir. Tous les services, y compris le branchement au service téléphonique, sont disponibles. À pied, vous pouvez vous rendre sur la rue principale pour faire vos courses. Un des plus charmants et des plus agréables *trailer parks* du Mexique. Il n'est pas rare de rencontrer des gens qui y passent l'hiver depuis plusieurs années. Le tarif pour une nuit était de 16 $ US en janvier 2000.

Le Oaxaca Trailer Park à Oaxaca (Oaxaca)

À première vue, ce *trailer park* semble avoir été construit il y a vingt ans tellement l'endroit est défraîchi. L'endroit est pourtant agréable et a l'avantage d'être situé à 20 minutes de marche du centre-ville. C'est le seul terrain de camping de la ville d'Oaxaca. Un haut mur de ciment forme une enceinte grande comme un pâté de maisons. On y trouve 94 emplacements dont un bon nombre à l'ombre de grands arbres. Une nuitée vous revient autour de 6 $ US. Si vous tenez à brancher votre véhicule à l'électricité (110-120 volts), vous devrez vérifier chaque prise de courant avec un accessoire électrique ou un testeur jusqu'à ce que vous en trouviez une qui fonctionne. Vous devrez aussi faire le tour de plusieurs emplacements pour trouver un robinet d'eau en état de marche. En plus, l'alimentation en eau est irrégulière. Ce *trailer park* est équipé d'un bloc sanitaire avec douches. Des problèmes avec le chauffe-eau vous forceront à prendre votre douche à l'eau chaude une fois sur deux. La salle pour la lessive n'existe plus depuis longtemps, mais on retrouve un coin en plein air aménagé avec deux éviers et des cordes à linge.

Attention si vous sortez en ville et ne revenez que tard en soirée, le gardien fermera à clé la lourde porte de métal à la tombée du jour jusqu'au lendemain et vous devrez sauter le mur. Vous trouverez une buanderie sur une rue juste en arrière du *trailer park* ainsi qu'une épicerie à grande surface. Tous les mardis, une rue voisine se transforme en marché local où vous pouvez, si le cœur vous en dit, vous approvisionner en fruits, légumes, viandes et poissons.

L'hôtel Casa Loma Real à Tapachula (Chiapas)

Si l'hôtel Casa Loma Real est reconnu comme le plus chic de Tapachula, son *trailer park* se résume en un grand terrain plat et gazonné. On nous a demandé l'équivalent de 21 $ US pour y passer la nuit, soit la plus onéreuse nuitée de tous nos voyages, exception faite d'un emplacement en plein centre-ville de San Francisco à 32 $ US.

Des indices, tels que de rares robinets difficiles à repérer à travers l'herbe haute, nous permettent d'imaginer une époque où le propriétaire de l'endroit avait fait beaucoup pour aménager le terrain et installer les services de base. Maintenant, vous devez vivre avec les vestiges de services qui n'existent plus ou qui fonctionnent tant bien que mal. Ici, pas d'électricité, ni de service d'égout. En guise de consolation, on vous permet d'utiliser la piscine et les salles de bains, avec douches à eau chaude, adjacentes à la salle d'exercice de l'hôtel. À notre connaissance, c'est le seul camping de la région, même si Tapachula est le point d'entrée principal pour le Guatemala à partir du Mexique.

Le Las Americas Trailer Park à Cholula (Puebla)

Cholula est une petite ville propre et accueillante à quelques minutes de Puebla. Situé à l'intérieur d'un complexe de location de logements, le *trailer park* Las Americas offre une douzaine d'emplacements gazonnés avec l'eau, l'électricité et les égouts dans une aire fermée avec gardien. Un bâtiment abrite quelques chambres et les salles de toilettes. Rien de renversant comme endroit mais quand même très pratique pour qui veut découvrir la magnifique ville de Puebla.

Répertoire des terrains de camping au Mexique

Vous trouverez en annexe un répertoire des terrains de camping au Mexique. Il se veut comme son nom l'indique une liste des terrains de camping répertoriés selon les régions. On y trouve de tout, du terrain de camping moderne de la dernière génération avec tous les services (eau, électricité, égout) pouvant accueillir du plus petit véhicule récréatif au plus gros motorisé, jusqu'au simple stationnement emmuré adjacent à un hôtel ne disposant d'aucun service, ou encore des terrains ne pouvant accueillir que des véhicules de faible gabarit.

Il n'en tient qu'à vous de vous informer davantage sur les services offerts et de faire votre choix. N'est-ce pas là un des plaisirs de voyager!

Vivre au quotidien

Sur la route, vous serez surpris de voir à quel point des choses aussi élémentaires que vous approvisionner en eau potable, trouver les endroits pour faire vos achats de nourriture, chercher un fournisseur de gaz propane, trouver le bureau de poste, occupent tant d'heures de votre quotidien.

Pour vos courses, il faut aussi vous ajuster au rythme des Mexicains et éviter d'aller en ville faire les achats à des heures où les commerces sont fermés dans l'après-midi, le temps de la *siesta*.

La chaleur étouffante, les longues heures de route et la fatigue des fins de journée ne sont que quelques exemples de situations contraignantes avec lesquelles vous devrez composer. Sans être désagréables, les tâches du quotidien peuvent prendre beaucoup plus de votre temps que vous ne l'ayez imaginé et s'effectuent dans des conditions parfois difficiles. Et puisque la capacité du réfrigérateur d'un véhicule récréatif est proportionnelle à sa grosseur, plus il est petit, plus fréquemment vous devrez vous approvisionner.

Pour les voyageurs qui, comme nous, s'aventurent parfois en région moins fréquentée, trouver un endroit sécuritaire pour dormir se révèle être LA préoccupation quotidienne.

De leur côté, les voyageurs du type sédentaire — ceux qui s'installent pour une longue période de temps au même *trailer park* — trouveront très souvent les services de base sur place. Leurs voisins auront tôt fait de les informer sur les autres services disponibles dans les alentours.

La nourriture

La première chose qui vous passe à l'esprit lorsque vous pensez à la nourriture mexicaine, c'est la fameuse sauce piquante et ses conséquences sur votre système digestif. Il est vrai que les Mexicains aiment les plats épicés. À preuve, on trouve sur les tables de tous les restaurants, quels qu'ils soient et à toute heure du jour, de la *salsa roja* ou *verde* très épicée, composée de tomates fraîches, d'oignon et de piments forts.

Mais pour les Nord-Américains qui préfèrent un régime plus doux, il y a dans toutes les grandes villes des épiceries à grande surface (les chaînes Gigante et Méga, entre autres). On y trouve de tout : des denrées non périssables, des comptoirs de viandes, de poissons et de fromages, des rayons de vêtements, de cosmétiques, de jouets et même de quincaillerie. Tout est impeccable et la marchandise est disponible en grande quantité. Ayez à l'œil les écoliers parfois en uniforme de travail qui font l'emballage ou qui apportent vos sacs à l'auto. Ils sont très jeunes et peuvent oublier un de vos sacs par inadvertance. Ça nous est arrivé une seule fois... et ça faisait longtemps que je rêvais de ce beurre d'arachide !

Par ailleurs, il se tient dans chaque ville un grand marché hebdomadaire en plein air où l'on peut se procurer fruits, légumes, épices, viandes, volailles, œufs et artisanat local. C'est à ce marché que les gens de la place s'approvisionnent. Les marchés les plus colorés sont dans les États de Oaxaca et du Chiapas dans le Sud.

En plus, dans les quartiers de certaines grosses villes, des marchés plus modestes prennent forme un jour par semaine. Il n'y a pas de comptoir réfrigéré pour les viandes et les poissons sont parfois étalés sur de la glace concassée. Sous un soleil de plomb, je préfère acheter mon poulet tôt le matin plutôt qu'en après-midi... Il y a partout des épiceries du coin en grand nombre, bien qu'on ne trouve pas grand chose sur leurs tablettes. Les conditions de salubrité ne sont pas toujours ce qu'il y a de mieux et les réfrigérateurs, lorsqu'il y en a, ne sont pas toujours efficaces.

Informez-vous auprès d'autres campeurs ou des gens de la place pour savoir quand se tient le marché et ce qu'on peut y acheter. N'oubliez pas que les campeurs résidants sont les meilleures informateurs pour vous indiquer où se trouvent tous les services dans une région.

[Le panier d'épicerie]

On peut se nourrir à bon compte si vous vous en tenez aux habitudes alimentaires des Mexicains comme les tortillas, *frijoles* (fèves), poulet, poisson frais, fruits et légumes et pâtisseries. Votre facture sera différente si vous remplissez votre panier d'aliments préparés, de céréales à déjeuner, de conserves et de produits importés!

Voici quelques items avec leur prix respectif (liste d'épicerie normale, janvier 2000).

Pommes de terre	7,90 NP le kg
Oignons	4,70 NP le kg
Lait	5,75 NP le l
Pamplemousse	3,95 NP le kg
Concombre	4,30 NP le kg
Raisins verts	41,00 NP le kg
Avocats	9,90 NP le kg
Haricots verts	12,50 NP le kg
Mandarine	3,45 NP le kg
Poitrine de poulet	47,90 NP le kg
Tortillas de mais	3,00 NP le kg

Au Mexique, le beurre local a un goût particulier qui ne plaît pas nécessairement à tout le monde. Heureusement, on peut trouver, mais à prix d'or (14 NP pour 1/4 de livre), un beurre importé de la Nouvelle-Zélande commercialisé sous le nom de Fern.

Contrairement à notre coutume, les œufs au Mexique ne sont pas conservés au froid. C'est plus commode pour les garder dans les dépanneurs du coin où vous les achèterez à l'unité pour presque rien.

Le bon pain est rarissime au Mexique. Les pâtisseries mexicaines sont par contre délicieuses et très populaires (d'ailleurs, chaque fête religieuse, ou presque, détient sa propre sucrerie), les Mexicains étant très friands de sucre.

Si vous séjournez dans un village de pêcheurs, allez les rencontrer à leur retour sur la plage. Pour un ou deux dollars, vous pourrez vous procurer du poisson frais pour votre repas du soir et, de surcroît, vous serez assuré de sa fraîcheur.

Quand vous allez au grand marché hebdomadaire, apportez-vous des pièces de un peso pour faire vos achats, les commerçants n'ont souvent pas de monnaie... Et avant d'acheter, prêtez l'oreille en catimini au prix proposé aux Mexicains pour l'item que vous convoitez, ça vous aidera dans votre marchandage. Et quelle occasion en or pour pratiquer votre espagnol!

[La cuisine mexicaine]

La cuisine mexicaine est simple et les plats sont d'ordinaire attrayants. Elle est un mélange de traditions culinaires autochtones et espagnoles. La consommation de fruits, de piments, de cacao, d'avocats et de poulet vient des autochtones, alors que les Espagnols ont apporté avec eux la viande, le fromage, le froment, l'huile et le vin ainsi que des modes de cuisson. Le poulet, les haricots et le maïs demeurent encore aujourd'hui la base de l'alimentation au Mexique. Il en est de même en Amérique centrale où on ajoute le riz qui est omniprésent dans la cuisine locale.

L'œuf (*huevo*) est aussi un aliment important pour les Mexicains. Il peut vous être servi brouillé (*huevo revuelto*), miroir (*huevo estrellado*) ou à la coque (*huevo tibio*).

Et s'il y a un élément qui fait partie de tous les repas, c'est bien entendu la tortilla, une crêpe faite le plus souvent de farine de maïs (*maíz*) mais parfois aussi de farine de froment (*harina*). Elle remplace en quelque sorte le pain même s'il est possible de s'en procurer dans les villes. Dans une *taquéria* sur le bord de la route, la tortilla fourrée de porc ou de bœuf finement haché prend le nom de taco. Fourrée de poulet ou de haricots rouges, elle devient un *burrito*. Les *enchiladas* sont des tortillas avec lesquelles on sert de la viande ou du poulet accompagnées d'une sauce rouge ou verte et de fromage râpé. Avec du fromage fondu, on l'appellera *quesedilla*. On ajoute parfois du jambon (*quesedillas sincronizadas*) ou du porc grillé à la broche (*al pastor*). Frites, les tortillas s'appellent *tostadas*. On les sert garnies de légumes, de fromage et d'une viande (bœuf ou poulet) ou de poissons. Il y a même la *sopa de tortillas*, une soupe avec des morceaux de... tortillas.

Deux autres ingrédients qui sont indissociables de la cuisine mexicaine : le riz (*arroz*) et les haricots (*frijoles*). Ils servent de garniture à la très grande majorité des plats, y compris ceux du déjeuner, même si on sert parfois des patates frites (*papas fritas*). Les haricots noirs sont servis bouillis (*frijoles de la olla*) ou en purée (*refritos*).

On trouve du poulet (*pollo*) partout et il est d'ordinaire savoureux. Il est cuit à la broche (*rostizado*) ou rôti à plat en plein air (*asado*). Le bœuf est souvent servi en tranches fines rôties au point de devenir croustillantes (*carne asada*). A la mexicana, la viande est presque carbonisée et elle est recouverte d'une sauce. Les viandes sont aussi servies en ragoût et en soupe très consistante avec des légumes.

Les *tamales* se présentent sous la forme de pâte de maïs garnie de morceaux de poulet, de viande ou de poissons servie dans des feuilles de maïs.

Les poissons (*pescados*) comme le fin *huachinango* et les fruits de mer comme la crevette (*camarone*), la langouste (*langosta*), le calmar (*calamar*), le crabe (*cangrejo*) sont nombreux et servis rôtis (*asado*) ou panés (*empanizados*).

Que vous soyez attablé pour le déjeuner (*desayuno*), le dîner (*comida*) ou le souper (*cena*), il y aura presque toujours sur votre table un contenant avec une sauce rouge (*salsa roja*) et un autre avec une sauce verte très épicée (*salsa verde*) pour agrémenter votre repas.

Une des spécialités régionales très recherchées la plus connue est le *mole*, un plat de poulet servi avec une sauce typique du Mexique. Il y en a plusieurs sortes et certaines préparations demandent, outre une longue préparation, une vingtaine d'ingrédients : différentes sortes de piments, des tomates, des cacahuètes, des amandes, de l'ail, de l'oignon, du cacao, de la cannelle et des épices. Un des plus connus est sans aucun doute le *mole poblano*, du nom de la ville de Puebla et qui contient du cacao.

L'eau potable

L'utilisation d'eau potable purifiée (*agua purificada*) pour se désaltérer, pour la préparation des repas, le lavage des mains ou le brossage des dents demeure selon nous une des clés pour rester en santé. Nous achetons l'eau potable en contenant de 18 litres, tout comme le format utilisé dans nos refroidisseurs d'eau. Nous vidons le liquide dans le réservoir de notre véhicule dont la capacité est de 50 litres et nous remettons le carafon au commerçant. Coût : environ 1,25 $ US. Ce qui veut dire que pour 2,50 $ US, nous pouvons compter sur de l'eau purifiée pour une semaine complète, parfois plus. On trouve facilement de l'eau purifiée en vente partout dans le pays, dans toutes les épiceries et commerces style dépanneur.

Puisque l'eau potable est rare au Mexique, une Commission nationale de l'eau voit à régulariser son prix de façon à la rendre disponible à plus de citoyens et au plus faible coût possible. Ce contrôle s'applique sur les formats de 18 ou de 20 litres. Prenez note que ce contrôle ne s'applique pas aux petits formats. Vous constaterez que vous payerez plus cher pour une bouteille de 1 litre que pour un contenant de 18 litres! Comme c'est la pratique ici, vous devrez laisser un dépôt pour le contenant si vous voulez le conserver. Certains voyageurs optent pour le conserver et l'utiliser directement avec une pompe manuelle vendue spécifiquement pour cet usage. À certains *trailer parks*, un vendeur d'eau s'amène à l'occasion avec un triporteur ou avec un petit camion pour vous offrir de l'eau sur place.

Le gaz propane

Le gaz propane est très utilisé au Mexique. Il est donc disponible partout, autant dans les sites de remplissage qu'aux nouvelles stations-service de propane. Généralement situés en périphérie des villes, les sites de remplissage sont grands et modernes. Ils sont protégés comme des forteresses et gardés par un ou des hommes armés. De ce fait, il n'est pas toujours facile d'expliquer au gardien de sécurité, à travers un judas et dans une langue que vous ne maîtrisez pas, que votre véhicule (dans notre cas, un Westfalia) est équipé d'un réservoir à propane. C'est plus évident lorsque vous vous présentez à la porte avec une roulotte ou un gros motorisé. Au début de 2000, nous avons remarqué l'apparition de tout un réseau de stations-service pour les véhicules fonctionnant au gaz propane. Il est très facile d'y faire le plein et c'est beaucoup plus rapide qu'aux sites de rem-

plissage. Elles sont ouvertes du matin jusqu'au soir avec l'habituelle pause de l'après-midi. Le prix au litre en janvier 2000 se situait entre 2,35 NP et 2,39 NP.

Nous avons aussi découvert que les camions de livraison de gaz au Mexique (la plupart sont neufs et rutilants et ressemblent à un gros comprimé sur roues) étaient en mesure de faire le plein de notre réservoir de propane sans adaptateur. Nous ne manquions pas une occasion d'en héler un au passage. D'ordinaire, le conducteur sera content de vous aider, si vous réussissez à lui expliquer votre besoin. Comme indiqué précédemment, ceux qui utilisent des bonbonnes jetables ont intérêt à en apporter suffisamment pour la durée de leur voyage parce qu'elles sont difficiles, voire impossibles, à trouver.

La lessive

À moins d'être installé à un *trailer park* équipé de machines à laver, en voyage on fait habituellement notre lavage à la main. Mais quand l'occasion se présente, on confie le lavage de nos vêtements à une buanderie commerciale ou à quiconque s'affiche comme tel. On vous facture au poids.

Pour 8 à 10 $ US, les vêtements d'une semaine de deux personnes seront lavés, séchés et pliés. Assurez-vous cependant de bien vous entendre sur le prix au préalable et surtout sur le moment où vous viendrez reprendre vos vêtements.

Les autres breuvages

Au Mexique, le prix des boissons gazeuses de marques populaires comme Coke et Pepsi est assez élevé : autour de 35 cents US. Pour plusieurs Mexicains, c'est un luxe qu'ils ne s'offrent pas souvent, même s'ils sont friands de sucre. De plus, dans les épiceries, il est fréquent de voir le prix du contenu (*líquido*) séparé de celui du contenant (*envase*). Il ne faut pas se surprendre de voir autant de gens sortir du dépanneur du coin avec un sac à sandwich en plastique noué autour d'une paille et rempli d'un liquide. La boisson gazeuse a tout bonnement été vidée dans le sac pour éviter au client d'avoir à payer le dépôt pour sa bouteille. Si vous voulez provoquer un sourire de satisfaction sur le visage d'un jeune Mexicain, offrez-lui une boisson gazeuse!

La bière est tellement bon marché que les amateurs ont tendance à en boire plus pour économiser l'eau potable! Les principales marques sont Corona, Dos XX, Sol, Tecate, Pacífico, Bohemia et Modelo et leurs prix à l'épicerie varient de 60 à 80 cents US. Les prix mentionnés ici sont de janvier 2000 et ne vous sont donnés qu'à titre indicatif.

Les alcools les plus populaires sont la tequila et le *mezcal*, produits tous les deux avec le suc de l'agave, un cactus d'origine mexicaine. Et avec les feuilles de l'agave, on fabrique encore le sisal, une fibre textile. On trouve la tequila au nord du pays et le *mezcal* plus au sud.

¡Mañana!

Cette attitude des Mexicains qui semblent considérer que rien n'est pressant (*¡mañana!*), qu'il n'y a pas d'urgence (*¡mañana!*) et que tout peut attendre (*¡mañana!*) tombera sur les nerfs de certains. Si vous voulez faire de votre voyage au Mexique

une expérience agréable et enrichissante, la meilleure alternative consiste à vivre à leur rythme. Prenez garde, vous pourriez ne plus vouloir revenir au vôtre...

Le *zócalo*

On ne peut pas parler de la vie au quotidien au Mexique sans parler du *zócalo*, le lieu de rassemblement par excellence des Mexicains et des étrangers. Il est situé au cœur de la ville et ressemble à un jardin bien entretenu avec des pelouses, des arbres, un kiosque et des bancs pour les badauds. Cet espace est habituellement grand comme un pâté de maisons et certains sont entourés de cafés et de restaurants. Au sud

du pays, on l'appelle plutôt *plaza mayor,* qu'on pourrait traduire par place principale. Les fins de semaine, les vendeurs de ballons, les musiciens et parfois les clowns l'envahissent à la grande joie des enfants et des parents. On n'y échappe pas, c'est par le *zócalo* que commence la découverte de toutes les villes du Mexique et c'est d'ailleurs là que vous trouverez le kiosque d'information touristique.

Chiens, coqs et pétards

Vous devez aussi composer avec les chiens qui aboient toute la nuit, ces mêmes chiens que vous trouviez paresseux, nonchalants et qui dormaient partout le long de votre route pendant le jour.

Et que dire des coqs qui chantent à toute heure de la nuit! Des pièces pyrotechniques sont lancées tôt le matin par les Mexicains pour souligner la fête d'un saint patron. Et n'ayez crainte, ils ne sont pas à court de saints.

Vive le Mexique et saluons ensemble l'invention des bouchons pour les oreilles!

Suggestions|d'itinéraires|

D es itinéraires par la route au Mexique, il y en a pour tous les goûts, indépendamment du temps dont vous disposez.

Itinéraire nº 1

Pour les amateurs de plages : la côte de la mer de Cortés et du Pacifique

De Puerto Peñasco au bout de la MEX. 8 jusqu'à Puerto Madero sur la MEX. 225 près de la frontière du Guatemala. La route suit un corridor relativement plat entre la mer et les chaînes de montagnes. La MEX. 15 est en bonne condition sur presque toute sa longueur, même si elle n'a pas d'accotement dans le Sinaloa. Dès que vous entrez dans l'État de Nayarit, vous remarquez les accotements qui ont été construits récemment et, plus au sud, les travaux de voirie pour en aménager de nouveaux. Elle a des sections à quatre voies divisées et est doublée d'une autoroute moderne à péage entre Culiacán et Mazatlán ainsi qu'au nord de Tepic. Quant à la MEX. 200, c'est une route à deux voies et la plupart du temps sans accotement. Cette dernière a été durement malmenée par l'ouragan Pauline en 1997 dans la partie comprise entre Acapulco et Salina Cruz. Les inondations de septembre 1998, et plus récemment en octobre 1999, dans les États d'Oaxaca et du Chiapas ont affecté le réseau routier. Il est recommandé de vérifier l'état des routes et notamment de la MEX. 200 pour cet itinéraire avant de s'y aventurer. Entre Manzanillo, Playa Azul, Acapulco et Puerto Escondido, il y a très peu de services pour les touristes.

Itinéraire nº 2

Triangle Guadalajara–Tepic–Barra de Navidad

Empruntez l'autoroute à péage MEX. 15-D de Guadalajara ou la MEX. 15, si vous avez le temps, jusqu'à la MEX. 68-D près de Chapalilla (la MEX. 200-D sur la carte du AAA). Prenez ensuite la MEX. 200 avec un retour par la MEX. 80 à Barra de Navidad. Le revêtement de la MEX. 15 a été refait à neuf sur presque toute sa longueur entre Guadalajara et Tepic et les paysages y sont superbes (notamment l'ancienne coulée de lave).

La MEX. 80, quant à elle, est la route la plus populaire -lire gratuite- pour se rendre de Guadalajara à la côte du Pacifique et vice versa. Elle est sinueuse et la circulation peut être dense et rapide. À éviter les fins de semaine. Les caravaniers qui ne rechignent pas à payer les péages préféreront l'autoroute MEX. 54-D qui passe par Colima ou même poursuivre leur route jusqu'à Acapulco pour emprunter la MEX. 95-D vers Mexico et peut-être s'arrêter à Taxco en cours de route.

Itinéraire nº 3

La route coloniale : Guadalajara–Guanajuato–San Miguel de Allende–Morelia

Empruntez l'autoroute MEX. 90-D et ensuite la Maxipista 80-D en passant par León, puis la MEX. 45 pour ensuite prendre la MEX. 110 pour entrer à Guanajuato. Reprenez la MEX. 110 à nouveau jusqu'à Dolores Hidalgo pour prendre la MEX. 51 Sud jusqu'à San Miguel de Allende puis Celaya. De là, l'autoroute MEX. 45-D en direction d'Irapuato pour prendre la MEX. 43 direction Morelia. Revenez sur Guadalajara par la MEX. 15 ou par l'autoroute à péage MEX. 15-D. La MEX. 15, bien qu'elle traverse les villes, offre beaucoup plus d'occasions de faire de belles découvertes.

Itinéraire n° 4
Manzanillo–Tecomán–Playa Azul–Uruapán–Pátzcuaro–Morelia

Le segment de la route fédérale MEX. 200 entre Tecomán et Playa Azul a finalement été refait au cours des années 90. Il y a peu de circulation et à peu près pas de services pour les touristes. Ne vous attendez pas à trouver autre chose que des montagnes, des canyons, des petits *ranchos* et des kilomètres de plages qui n'attendent qu'à être découvertes. À Playa Azul, prenez la MEX. 37 jusqu'à Uruapán et ensuite la MICH-14 pour Pátzcuaro et Morelia.

Attention! Malgré des vues spectaculaires et une route en montagne russe, les pentes du versant occidental des montagnes du Michoacán sont reconnues pour la culture de la marijuana et du pavot. À partir d'ici, en passant par l'État de Guerrero et plus au sud jusqu'à celui d'Oaxaca, il faut s'attendre à des barrages routiers de l'armée ou de la police fédérale à la recherche de drogues et d'armes à feu.

Itinéraire n° 5
La péninsule du Yucatán

Vous roulerez de Cancún à Mérida en passant par la vieille route MEX. 180 étroite ou par l'autoroute MEX. 180-D en vous arrêtant à Valladolid et aux ruines de Chichén Itzá. Les amants de la nature pousseront une pointe au Río Lagartos, en empruntant la MEX. 295, pour voir les oiseaux, dont les grands flamants roses qui s'y trouvent par milliers. On peut voir ces derniers en très grand nombre aussi au Parque natural Celestún au bout de la MEX. 281 que l'on peut emprunter à partir de Merida.

Il est plus facile d'apprécier les environs d'Uxmal avec son automobile. Vous verrez des sites archéologiques remarquables, des parcs pour les amants de la nature, des villes et villages typiques et des *cenotes*, ces petits lacs aux eaux limpides formés par l'affaissement du sol poreux du Yucatán où il fait bon se baigner et faire de la plongée.

Itinéraire n° 6
Oaxaca–Puerto Escondido–Tehuantepec–Tuxtla Gutiérrez–San Cristóbal de las Casas–Palenque–Villahermosa

Prenez la MEX. 175 jusqu'à Puerto Angel, puis la MEX. 200 jusqu'à Puerto Escondido. Revenez sur Pochutla vers Tehuantepec via Salina Cruz et la MEX. 185, ensuite la MEX. 190 jusqu'à Tuxtla Gutiérrez et San Cristóbal de las Casas. De là, empruntez la MEX. 199 jusqu'à Palenque via Ocosingo pour ensuite vous engager sur la MEX. 186 Ouest pour rejoindre Villahermosa : un circuit dont vous allez vous rappeler. À partir d'Oaxaca à 1 546 m d'altitude, vous traverserez une région sèche et désertique. Vous prendrez un peu d'altitude en passant par de superbes pinèdes avant de descendre rapidement vers le Pacifique sur une route tout en lacets qui vous fera découvrir la jungle humide et luxuriante et ensuite le Pacifique. De là vous roulerez sur une bande de terre entre les montagnes et la mer jusqu'à Tehuantepec. Votre véhicule sera fouetté par les vents forts de l'isthme de Tehuantepec et vous reprendrez de l'altitude à mesure que vous approcherez de Tuxtla Gutiérrez. De là, une ascension à couper le souffle jusqu'à San Cristóbal de las Casas. Encore des montagnes russes et des découvertes extraordinaires comme les Cascadas Agua Azul (des cascades d'un bleu turquoise) et les ruines de Palenque dans la jungle pour vous retrouver sur les basses terres du côté du golfe du Mexique à Villahermosa. À proscrire pour ceux qui ont une santé fragile. Les gros véhicules, caravanes et motorisés pourront rejoindre directement Tehuantepec par la MEX. 190 pour éviter la spectaculaire mais exigeante MEX. 175.

Description|de certaines routes

L La description détaillée de certaines routes du Mexique inclut l'information sur les postes de péage et les coûts d'utilisation (l'année est indiquée entre parenthèses). Ces derniers vous sont fournis à titre indicatif seulement et sont exprimés en pesos mexicains. Les autoroutes payantes sont identifiées dans le texte, comme sur les panneaux de signalisation, par la lettre D.

Pour faciliter la consultation, des textes décrivant les routes qui ont servi ailleurs dans le chapitre sur le Mexique sont reproduits dans cette section.

[La MEX. 15]

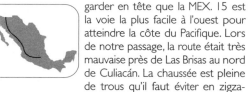

La Mex. 15 longe sur une longue distance la mer de Cortés (golfe de Californie) et la côte du Pacifique. C'est une route principale qui commence à Nogales, à la frontière des États-Unis, et qui se rend jusqu'à Mexico. Elle est tantôt à quatre voies divisées, tantôt à deux voies avec plus ou moins d'accotement selon la région. À certains endroits, il est possible d'utiliser l'ancienne route MEX. 15 ou l'autoroute identifiée par la lettre D en majuscule (ex. 15-D) sur les cartes routières. La MEX. 15 s'élargit et se divise sur 90 km au sud de Los Mochis jusqu'à Guamúchil où l'ancienne route continue à Culiacán. Juste au nord de la ville, les voies nord et sud se retrouvent côte à côte sur différents paliers et sans muret de protection. Une situation pour le moins périlleuse. À partir de Guamúchil, prenez la MEX. 1 plutôt que la MEX. 15 pour rallier Culiacán, capitale de l'État de Sinaloa. Les différents guides de voyage font tous mention que la MEX. 15 est peu recommandable dans cette région à cause des trafiquants de drogue. Malgré l'intervention régulière de la police, la région connaîtrait encore des problèmes. Attendez-vous à des barrages routiers. Il faut aussi garder en tête que la MEX. 15 est la voie la plus facile à l'ouest pour atteindre la côte du Pacifique. Lors de notre passage, la route était très mauvaise près de Las Brisas au nord de Culiacán. La chaussée est pleine de trous qu'il faut éviter en zigzaguant. Trois postes de péage pour le tronçon de Los Mochis à Culiacán par la MEX. 1 pour un total d'environ 18 NP (1998). De Culiacán à Mazatlán, la Maxipista 15-D est annoncée comme une toute nouvelle autoroute à quatre voies. Ça ressemble plutôt à une autoroute à quatre voies divisées comme toutes les autres, décorée d'écriteaux sur chaque viaduc qui vous vantent les bienfaits de rouler sur cette Maxipista. Voici quelques exemples de ces écriteaux : « Vous économiserez de l'essence », « Sécuritaire le jour comme la nuit », « Nous sommes 170 personnes pour s'occuper de vous », « Le muret central vous protège » et la meilleure, « Vous épargnerez vos phares ». Le coût des péages de cette autoroute est assez élevé : 55 NP chacun pour un total de 110 NP (1998).

De Mazatlán à Tepic, on retrouve la MEX. 15, une route à deux voies où règne une circulation assez intense. Cette route traverse les petites villes des États de Durango et du Nayarit. Dans l'État de Durango, le revêtement est de piètre qualité et il n'y a pas ou peu d'accotement. Ça s'améliore en roulant dans le Nayarit et on voit de plus en plus de sections avec accotement. Des travaux de voirie étaient en cours en janvier 2000 pour doter certains segments de cette route d'un nouvel accotement. Il y a un poste de contrôle permanent d'inspection des charges et du bétail (*ganado y carga*) à Villa Unión à l'intersection de la MEX. 15 et de la MEX. 40 qui nous amène vers Durango.

Puis vient la Maxipista 15-D, une autoroute payante neuve à deux voies dans chaque direction avec muret central. Elle s'étire du nord de Tepic jusqu'à Altacomulco dans l'État de Mexico. Elle vous permet d'atteindre Guadalajara en moins de deux heures à partir de Chapalilla en vous faisant voyager à plusieurs milliers de pieds d'altitude dans un décor grandiose de montagnes, de larges vallées et de volcans éteints. Près de Jala, vous pouvez admirer, tout au loin, une coulée de lave du volcan Ceboruco. À certains endroits, on peut voir de très près des roches volcaniques.

Il y a toutefois un prix à payer : le trajet entre Tepic et Guadalajara comporte quatre poste de péages — Tepic, Ixtlán del Rió, Magdalena et Tequila — où vous paierez respectivement 69 NP, 70 NP, 81 NP et 69 NP pour un total de 289 NP pour une traversée de 228 km (2000). Si vous avez tout votre temps, n'hésitez pas à emprunter la MEX. 15. Le revêtement a été refait sur presque toute sa longueur entre Tepic et Guadalajara, les paysages sont aussi beaux et vous aurez, en prime, l'occasion de traverser l'ancienne coulée de lave du volcan Ceboruco plutôt que de l'effleurer comme c'est le cas par l'autoroute. Vous traverserez quelques villages. Le site des ruines d'Ixtlán à l'ouest de la ville d'Ixtlán del Rió est intéressant, bien que peu élaboré. Il ne faut pas manquer de vous arrêter à Tequila pour faire la visite d'une des nombreuses fabriques de la boisson alcoolisée du même nom.

Entre Morelia et Toluca, la MEX. 15 est toujours à deux voies et en bonne condition. Elle traverse, entre autres, les États de Michoacán et celui de Mexico, jusqu'à la ville de Mexico. Près de Toluca, on peut apercevoir de très loin le volcan Nevado de Toluca (ou Xinantécatl) avec ses 4 582 m et sa cime enneigée (la 4e plus haute montagne du Mexique).

[L'autoroute payante MEX. 68-D]

La MEX. 200-D sur la carte du AAA va de la MEX. 200 à la MEX. 15-D (Maxipista), laquelle relie Tepic à Guadalajara : 17 NP au poste de péage de Compostela (1998). Cette autoroute récente est sinueuse et grimpe dans les montagnes pour faire découvrir de superbes paysages.

⌈ La MEX. 40 entre Saltillo et Monterrey ⌉

Elle passe dans un corridor désertique encadré de montagnes situées à faible distance. C'est spectaculaire! La route est à quatres voies divisées et accotement dans les deux sens. C'est le seul endroit où nous avons vu une rampe d'urgence pour les camions ou tout autre véhicule dont les freins feraient défaut. Le revêtement est neuf. Le périphérique MEX. 120 qui passe au nord de Monterrey pour rejoindre la MEX. 85-D ou la MEX. 85 est une autoroute des plus modernes : double voie dans les deux sens avec large accotement. Il en coûte toutefois 69 NP pour les 36 km (2000).

⌈ La MEX. 40 entre Mazatlán et Durango ⌉

C'est une route au revêtement impeccable tout à fait spectaculaire qui vous fera traverser les montagnes de la sierra Madre occidentale des basses terres chaudes de la côte du Pacifique au plateau central en atteignant des altitudes de plus de 3 000 m. À partir du kilomètre 265 jusqu'au kilomètre 155, la route passe dans une section à couper le souffle qu'on appelle *El Espinazo del Diablo* (Épine du Diable ou *Devil's Spine* en anglais). De chaque côté de la route, on voit des parois verticales de plusieurs centaines de mètres. Tout en haut, sur le plateau, la route traverse de magnifiques pinèdes jusqu'à Durango.

⌈ La MEX. 85-D de Monterrey vers Nuevo Laredo ⌉

Elle vous amène de Monterrey à La Gloria vers Nuevo Laredo. C'est une route droite en terrain plat avec vue sur les montagnes au loin. Deux voies dans chaque sens avec accotement et deux postes de péages : 69 NP et 133 NP pour un total de 202 NP (2000). À l'intersection Nuevo Laredo-M. Aleman-Reynosa, vous quittez l'autoroute pour quelques kilomètres pour la reprendre plus loin. Au kilomètre 145, en direction nord, elle devient la MEX. 85, une route à deux voies séparées sur 75 kilomètres. Le marquage de la chaussée est plus ou moins bon sur cette section. Le poste de contrôle de l'immigration se trouve au kilomètre 192; c'est ici que vous devez remettre votre carte de touriste (avec le tampon de la banque qui confirme que vous avez bel et bien payé les 16 $ US pour votre permis de séjour).

[La MEX. 45 de Ciudad Juárez à Durango]

De Ciudad Juárez à Ciudad Jiménez. C'est une ancienne route à deux voies qui a été élargie, améliorée et où on a ajouté deux autres voies et quelques postes de péage aux cours des récentes années pour en faire une autoroute qui aurait certains airs d'autoroute moderne. Ce n'est pas très réussi. Le revêtement est bon en général. Vous roulez sur le plateau central désertique et désolant du nord du Mexique. Elle se transforme en une authentique autoroute (MEX. 45-D) au nord de Ciudad Carmago jusqu'à Ciudad Jiménez. Là, elle tourne abruptement vers l'ouest vers Parral puis vers le sud jusqu'à Durango où elle devient une route à deux voies sans accotement. Avant Parral la route est droite comme une flèche. Elle descend ensuite tout en courbes vers la ville et se redresse pour filer encore en ligne droite jusqu'à Rodeo. La dernière section est en vallons et montagnes. L'herbe durant la saison sèche est couleur d'or. On s'attend à voir apparaître à tout moment un indien ou un cow-boy comme dans les vieux films. De fait, la région comprise entre Rodeo et Durango a servi à de nombreux tournages de films westerns avec des vedettes d'Hollywood dans les années 50 et 60.

[La MEX. 200 de Tepic à Tapachula]

C'est l'unique route côtière sur le Pacifique au sud de Tepic. Elle débute à Tepic dans l'État du Nayarit et se termine à Tapachula à la frontière du Guatemala. C'est une route à deux voies sur toute sa longueur. Elle est en bonne condition de Las Varas à Puerto Vallarta et il y a beaucoup de circulation d'autobus et de camions (2000). Le climat est chaud et humide et on peut voir des bananiers à travers la forêt luxuriante. Il est difficile de décrire les conditions routières d'une route d'environ 2 200 km. C'est une route qui est de moins en moins fréquentée par les touristes à mesure que l'on progresse vers le sud et, pour ces raisons, on y retrouve peu de services. Elle est située en plein sur la trajectoire des ouragans et la partie située plus au sud – celle comprise entre Acapulco et Tuxtla Gutiérrez – reçoit souvent plus que son lot de précipitations durant la saison des pluies. Informez-vous de la situation dans la région où vous souhaitez aller avant de tracer définitivement votre parcours.

[De Guadalajara à Guanajuato et San Miguel de Allende]

Prenez d'abord la MEX. 90-D pour ensuite rejoindre la Maxipista 80-D en passant par León, pour ensuite prendre la MEX. 110 pour entrer à Guanajuato. Les péages sont encore coûteux, un total de 157,50 NP, mais la route est impeccable et on peut facilement faire le trajet Guadalajara-Guanajuato en un peu plus de une heure (1998). Même si on prend graduellement de l'altitude, le paysage est relativement plat et désertique. En s'approchant de León, on découvre qu'il y a de l'agriculture et on peut apercevoir la chaîne de montagnes sierra Madre occidentale au loin. La ville coloniale de Guanajuato est construite dans les montagnes et se distingue par son réseau routier souterrain qui a été construit à partir du tunnel où passait la rivière dont les eaux sont maintenant détournées et retenues par un barrage. C'est un ex-gouverneur qui a eu cette idée afin d'éviter que la ville ne soit constamment détruite par la crue des eaux. L'autre voie, il n'y en a que deux, est tout aussi surprenante. C'est une route panoramique accrochée aux montagnes qui fait le tour de la ville.

De Guanajuato à San Miguel de Allende, vous empruntez la MEX. 110. Elle est sinueuse et très panoramique sur ses 20 à 25 premiers kilomètres. Vous descendez ensuite tranquillement sur un immense plateau pour rouler jusqu'à Dolores Hidalgo et de là vous vous engagez sur la MEX. 51 qui ondule jusqu'à San Miguel de Allende.

[De Querétaro à Pátzcuaro]

Prenez l'autoroute MEX. 45-D jusqu'à Salamanca. Il y a deux postes de péages : Querétaro, 29 NP, et Salamanca, 22 NP (1998). Ensuite, la MEX. 43 jusqu'à Morelia et la MICH. 14 jusqu'à Pátzcuaro. À mesure que l'on progresse vers le sud, à partir de Salamanca, on peut apercevoir les montagnes au loin et le paysage se transforme. Les cactus cèdent leur place aux arbres, dont de très beaux pins. Vous traversez la ville de Valle de Santiago, une expérience en soi parce que la route vous amène de plein fouet au centre de la ville où se déroule une très intense activité quotidienne. Vous n'avez d'autre choix que de suivre la circulation à travers les quelques rues de la ville en portant attention aux *topes*. Une autre expérience, celle-là beaucoup plus agréable, vous attend tout près de là. En effet, la traversée du deuxième plus grand lac du Mexique, le Laguna de Cuitzeo, ne s'effectue pas n'importe comment. La route a été construite dans le lit du lac qui est aujourd'hui presque complètement asséché d'un côté. Du côté ouest, la vue surprenante d'un lac vidé de son eau et du côté est, un immense lac encadré de montagnes. Magnifique!

[La MEX. 54 de Guadalajara à Saltillo]

C'est une route à deux voies sans accotement sauf entre Jalpa au kilomètre 160 et la borne kilométrique 190 au nord de Tabasco. La chaussée est en excellent état sur presque toute sa longueur. Des réparations sont toutefois en cours (2000) sur ± 10 km en entrant à Zacatecas. Les premiers 50 km à partir de Guadalajara sont tout en courbes dans une région désertique et montagneuse et le revêtement de la chaussée est neuf. La route surplombe ensuite des vallées profondes où coule le Rio Santiago. Au kilomètre 30, vous franchissez le pont qui enjambe la rivière pour remonter lentement vers l'immense plateau central où la route devient droite. Ensuite, on commence à voir des cactus et la route devient plus sinueuse.

À partir de Villanueva, la route redevient à nouveau en ligne droite. De l'intersection de la MEX. 45/49 et de la MEX. 54, elle est toujours en ligne droite et la chaussée est en assez bon état. Les 150 km avant Saltillo vous mènent dans un corridor entre deux chaînes de montagnes imposantes. Elle devient à doubles voies dans les deux sens à six km de Saltillo. La signalisation pour rejoindre la MEX. 40 par le sud-est de la ville est excellente et les panneaux sont nombreux. Le trajet se fait facilement en quatre heures et demie. C'est décidément la route à emprunter par les conducteurs de grosses caravanes ou motorisés qui viennent de l'est et qui ont l'intention de se rendre sur la côte du Pacifique.

[La MEX. 55-D au sud de Tocula]

Elle débute à Metepec au sud de Toluca et va jusqu'à Ixtapan de la Sal, un centre de villégiature entouré de forêts avec des sources d'eaux chaudes médicinales. 10 NP en entrant et 9 NP en sortant (1998).

À 48 km de Toluca, la route plonge abruptement en zigzags dans des gorges profondes jusqu'à Tenancingo. Heureusement, il y a une inscription « Danger » inscrite en anglais et en espagnol sur l'asphalte, car nous descendons et nous zigzaguons pas à peu près! Le conducteur doit se concentrer exclusivement sur la route, seuls les passagers peuvent se permettre d'apprécier le paysage extraordinaire. La route n'a que ses deux voies de largeur et pas un centimètre de plus. L'accotement est inexistant et c'est parfois le précipice à quelques centimètres.

Danger supplémentaire : les animaux. Nous avons vu dans une seule journée onze chiens, un cheval et une vache qui gisaient morts depuis peu sur le bord de la route. Cela est sans compter tous les autres animaux vivants (ânes, vaches, moutons, chevaux, poules et même un cochon) qui erraient librement aux abords de la route.

[La MEX. 95 de Taxo vers Acapulco]

C'est une route non payante (*libre*) qui vous amène de Taxco jusqu'à près de Chilpancingo, la capitale de l'État de Guerrero. Dans le dernier segment, vous descendez d'un côté du Cañon del Zopilote pour remonter de l'autre côté. Spectaculaire! On retrouve graduellement les cactus et les palmiers que nous avions laissés derrière en quittant Puerto Vallarta. Une des raisons qui a motivé notre choix de prendre la MEX. 95 libre plutôt que la MEX. 95-D (*cuota*) payante est qu'on s'était laissé dire que le trajet Mexico-Acapulco coûtait environ 89 $ US sur l'Autopista Cuernavaca-Acapulco. Je ne peux donc rien vous affirmer sur la section Mexico-Chilpancigo puisque nous ne l'avons pas utilisée, mais pour le dernier segment de Chilpango à Acapulco, nous avons payé 60 NP à la *caseta Palo Blanco*, premier poste de péage, et 55 NP au deuxième à la *caseta La Venta*, pour un total de 115 NP pour 100 km. Mes plus récentes informations m'indiquent que le trajet Mexico-Acapulco coûterait maintenant autour de 60 $ US.

[La MEX. 175 de Pochutla à Oaxaca]

Une des plus belles routes et des plus exigeantes du Mexique, un trajet de 240 km. Les premiers 140 km sont très éprouvants pour le conducteur tellement il y a de courbes. Vous partez presque du niveau de la mer pour ensuite traverser la forêt dense de la Sierra Madre del Sur. Cette partie est toutefois superbe. La route est très sinueuse et, pendant des heures, toute votre attention sera portée sur chaque centimètre, jusqu'aux grandes plaines vallonnées à près de mille mètres plus haut. Cette portion de la route a aussi été sérieusement touchée par des éboulis à la suite des inondations causées par l'ouragan Pauline en 1997. Des sections importantes ont été emportées, la route n'ayant souvent plus qu'une seule voie. Beaucoup de ponts ont aussi connu le même sort. Des voies de détour de fortune ont été construites et nous avons dû traverser de petits cours d'eau à gué. Ensuite vient une section d'environ 40 à 50 km qui a été ravagée par de très nombreux glissements de terrain. De la terre et parfois même des arbres encombraient encore la route en 1998. Au sommet des montagnes vous passerez par des pinèdes d'une rare beauté avant de vous engager dans une plaine vallonnée. Plus loin, vous roulerez sur un plateau où la conduite est relativement facile, sauf peut-être pour la piètre qualité de la chaussée à certains endroits et les nombreux villages avec *topes* à traverser.

Passer du niveau de la mer à la jungle, aux forêts de pins à une plaine vallonnée, à un plateau désertique jusqu'au grand bassin entouré de montagnes où est installée la vieille ville coloniale d'Oaxaca, voilà un itinéraire peu commun pour une seule journée. Comptez environ huit heures pour franchir ces 240 km.

[La MEX. 190 de Puebla à Ciudad Cuauhtémoc]

C'est une route principale importante du sud du pays. Elle débute à Puebla, à l'est près de la ville de Mexico, et se termine à Ciudad Cuauhtémoc, un poste frontalier du Mexique avec le Guatemala. Elle traverse les deux principales chaînes de montagnes; la sierra Madre occidentale et la sierra Madre orientale. Elle est à deux voies sur toute sa longueur et traverse toutes les villes et villages sur son passage.

De Oaxaca à Mitla, la route est droite et plane. Toutefois, à partir de Mitla, l'ascension débute lentement dans les montagnes qui deviennent de plus en plus garnies d'arbres à mesure que vous progressez. De Mitla à Juchitán, le tracé de la route est tout en courbes et passe par de profondes vallées et des plaines. La route suit le cours d'une longue et belle rivière dans un canyon aux parois vertigineuses. Plus loin, vous redécouvrez lentement des paysages de montagnes, de cactus et de rochers verts, roses, gris et bruns. Il y a peu de circulation.

Tehuantepec est situé dans la partie la plus étroite du Mexique en terrain plat, une région connue pour ses vents violents produits par l'influence des systèmes météorologiques du golfe sur ceux du Pacifique et vice versa.

Le revêtement est en assez bonne condition sur toute la longueur, sauf pour les nombreux nids de poules sur les derniers 60 km avant Juchitán. De Oaxaca (1 546 m) à Juchitán (150 m) comptez environ cinq heures pour franchir les 228 km. Vous passez de l'agréable climat de Oaxaca à la chaleur étouffante de Tehuantepec.

De Juchitán à Tuxtla Gutiérrez. Agréable surprise! Les premiers cent kilomètres sont en ligne droite et sur terrain plat, ce qui permet de filer allègrement à une vitesse moyenne d'environ 90 km/h. En entrant dans l'État du Chiapas, vous serez surpris de remarquer qu'exception faite des autoroutes, il y a ici les routes les mieux entretenues et une des meilleures signalisations routières du Mexique. À part quelques lacets pour traverser une chaîne de montagnes et quelques courbes ici et là, la route est belle, plane et linéaire. Les paysages sont superbes et la végétation abondante. Tout près d'ici se trouvent les sommets des montagnes qui forment le canyon El Sumidero. Au nord de Tuxtla Gutiérrez, vous pouvez emprunter une route qui vous permet d'atteindre cinq *miradors* d'où vous pourrez apprécier toute la beauté du canyon aux parois pouvant atteindre plus de 1 000 m à certains endroits. Comptez environ quatre heures et demie pour franchir cette distance.

De Tuxtla Gutiérrez à San Cristóbal de las Casas. Ce trajet compte 75 km et pas n'importe lesquels! Un tronçon de route des plus époustouflants! Il vous faudra plus de une heure et quart pour le franchir et des centaines de changements de vitesses si votre véhicule est muni d'une transmission manuelle. Vous ne cessez de vous élever... Vous pensez arriver au sommet et vous montez encore plus haut jusque dans les nuages, au sens propre du terme. La vue de la grande plaine située tout en bas de la montagne est remarquable. Les deux routes de Las Cruces se croisent en forme de X et il n'y a aucune espèce de signalisation pour régulariser la circulation... un trajet tout aussi spectaculaire.

Le revêtement de la chaussée est parfois humide à cause du passage des nuages et il n'y a pas d'accotement. Gare aux conducteurs téméraires! Ce segment de route est de toute beauté. La végétation y est verte et luxuriante. Un moment intense qui deviendra un de vos beaux souvenirs de voyage.

De San Cristóbal de las Casas à Ciudad Cuauhtémoc. La route est belle et on se croirait sur certaines routes bordant les forêts laurentiennes du Québec si ce n'était des pins plutôt que des épinettes, sans oublier les chevaux, chèvres et moutons errant au bord de la route. De San Cristóbal de las Casas (2 110 m), la route est en rondeur, tout en douceur et descend tranquillement jusqu'à Comitán (1 580 m). La terre y est rouge et contrairement au reste du pays, il y a beaucoup de clôtures de bois. Ici, les nuits sont fraîches et les paysans chauffent au charbon de bois.

[La MEX. 195 de Huixtla à El Jocote]

La MEX. 195 (la MEX. 211 sur la carte AAA) est une route dont les guides ne parlent pas, probablement parce qu'elle est parallèle à la frontière du Mexique et du Guatemala. Les voyageurs utilisent soit la MEX. 190 ou la MEX. 200 pour entrer ou sortir de ces pays. C'est dommage, parce que cette route à deux voies sans accotement mérite qu'on s'y attarde. Elle passe entre autre dans un canyon aux parois boisées et abruptes. Les paysages y sont splendides et la route est en bonne condition.

[De Oaxaca à Puebla]

On peut maintenant rallier Puebla à partir d'Oaxaca par la nouvelle autoroute MEX. 135-D. Elle débute à quelques kilomètres au nord d'Oaxaca, et rejoint la MEX. 150-D au sud-est de Puebla. De là vous allez soit vers le nord-ouest pour aller à Puebla ou Mexico D.F., ou à l'opposé à Veracruz. C'est une superbe autoroute panoramique qui traverse la sierra Madre occidentale et la sierra Madre orientale, les deux principales chaînes de montagnes du Mexique, à travers des paysages arides et désertiques d'une rare beauté. L'autoroute est à péage et ceux-ci coûtent respectivement 41 NP, 34 NP, 13 NP et 21 NP pour un total de 109 NP (1998).

[La MEX. 180]

Elle fait tout le golfe du Mexique de Matamoros à la frontière des États-Unis à Mérida dans la péninsule du Yucatán. Elle est à deux voies sur presque toute sa longueur. Dans le Yucatán, où l'on retrouve une géographie ressemblant à celle de la Floride. Elle n'a souvent que la largueur de ses deux voies, les arbustes poussant jusqu'à la limite du revêtement. Il est difficile de qualifier cette route : d'une part, elle fait tout le Mexique du côté du golfe et d'autre part, on retrouve de tout sur cette route. Par exemple, nous avons franchi la distance entre Casitas, près de la jonction des MEX. 129 et MEX. 180, jusqu'à San Fernando près de la frontière américaine dans une seule journée. Décrire cette section est, si je peux dire, déroutant. Tantôt vous roulez sur une autoroute ultramoderne à quatre voies impeccable, tantôt vous êtes sur un chemin secondaire peu entretenu. Nous avons emprunter les routes MEX. 180,

MEX. 132-D, MEX. 80 et MEX. 180 et quelques autres courtes sections. Il faut être très attentif pour ne pas rater un virage ni un panneau de signalisation. La première partie de la section entre Manuel, près de Tampico, et la jonction de la MEX. 180 et la MEX. 101 était en mauvais état. C'est une longue ligne droite ennuyante qui passe par les terres à vaches. De San Fernando à la frontière des États-Unis, c'est 110 km à travers les champs cultivés. De Tuxpan à Ozuluama, la route n'est pas très belle non plus. Péage de 20 NP sur l'autoroute MEX. 80 de Tampico Alto à Tampico. Difficile de traverser Tampico sans se tromper. Un nouveau périphérique a été construit récemment autour de la ville de San Fernando pour permettre de la contourner. Des pluies diluviennes à l'automne 1999 ont emporté des sections de routes dans sept États de cette région.

Des routes à éviter ou à utiliser avec précaution

Bien des guides de voyage font état de routes à éviter ou à prendre avec beaucoup de précaution parce qu'on y aurait rapporté des incidents tels des vols, des attaques sur des véhicules ou simplement parce qu'elles sont trop exigeantes pour les gros véhicules.

Ceci dit, même si je ne veux pas perpétuer la mauvaise réputation que ces routes ont acquise à tort ou à raison, je vous en livre quand même la liste. Utilisez-la pour ce qu'elle vaut. Mettez-la à jour en questionnant les policiers, les Angeles Verdes, les autres voyageurs et les habitants de chaque région concernée.

Autoroute périphérique de Culiacán sur la côte Ouest (Sinaloa)
Toluca – Ixtapa par la route MEX. 134 (Mexico, Guerrero)
Tuxtepec – Oaxaca par la route MEX. 175 (Oaxaca)
Mazatlán – Durango par la MEX. 40 (Sinaloa, Durango)
Uruapán – Playa Azul par la MEX. 37 (Michoacán)
Manzanillo – Ixtapa – Playa Azul par la MEX. 200 (Jalisco, Michoacán, Guerrero)
Pochutla – Oaxaca par la MEX. 175 (Oaxaca)
Acapulco – Puerto Escondido par la MEX. 200 (Guerrero, Oaxaca)
Toutes les routes vers l'est dans les montagnes autour de Culiacán (Sinaloa)

Le AAA dispose d'un site Internet vous informant sur le réseau routier mexicain. Vous le trouverez au : www.aaa.com/road/hotspots/hotspots.htm.

Notes

L'Amérique centrale

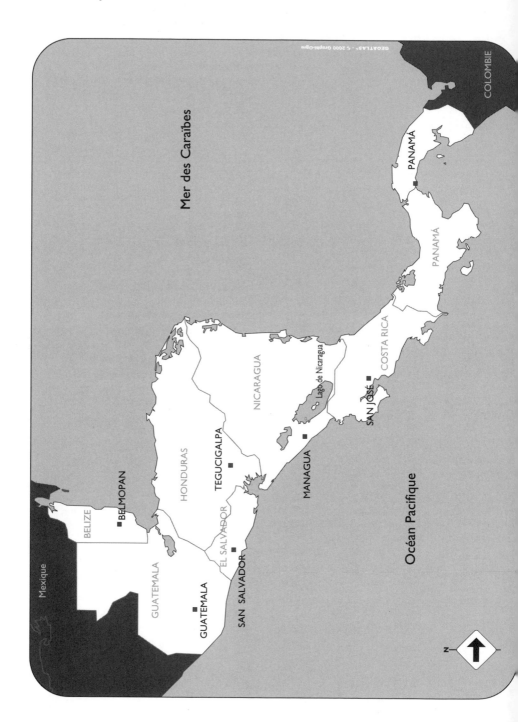

En bref

L'Amérique centrale est composée du Guatemala, du Belize, du Salvador, du Honduras, du Nicaragua, du Costa Rica et du Panamá. En théorie, les Caraïbes font aussi partie de l'Amérique centrale. Le Belize et les Caraïbes ne seront cependant pas abordés dans ce guide.

La superficie totale de l'Amérique centrale est de 522 334 km^2, soit presque l'équivalent de la France. En comparaison, le Canada et les États-Unis sont respectivement 19 et 18 fois plus vastes que l'Amérique centrale. Le Mexique, quant à lui, peut contenir 3 fois et demie l'Amérique centrale, 18 fois le Guatemala et 39 fois le Costa Rica.

Une autre étape

C'est toute une décision que de franchir cette première frontière qui sépare le Mexique de l'Amérique centrale, mais vous serez récompensé par les découvertes qui vous y attendent. Les couleurs locales des costumes traditionnels des Amérindiens du Guatemala et du Panamá, les marchés, les paysages, les volcans et les vieilles villes sauront vous surprendre.

Il est dommage que les voyageurs habitués au Mexique n'osent pas tous s'aventurer dans cet entonnoir époustouflant qu'est l'Amérique centrale. Les infrastructures touristiques et les terrains de camping étant moins nombreux qu'au Mexique, l'Amérique centrale s'avère effectivement une destination pour les plus aventureux. Pour certains, ce sera le transit vers l'Amérique du Sud et pour d'autres, un corridor entre les États-Unis et le Costa Rica où ils passeront l'hiver.

Votre séjour au Mexique aura déjà fait de vous un voyageur plus aguerri et plus attentif à tout ce qui pourrait faciliter votre voyage, notamment pour dénicher des endroits intéressants pour passer une nuit ou quelques jours. Vous serez déjà habitué à la conduite « latine », à la signalisation, à l'état des routes, à l'approvisionnement en nourriture, en eau et à toutes les petites choses qui composent le quotidien.

Franchir les postes frontières avec son véhicule

Un fait qui laisse un souvenir durable sur les voyageurs de retour d'Amérique centrale est sans aucun doute le passage aux postes frontières avec leur véhicule. On a beau tenter de décrire l'atmosphère qui y existe, c'est presque impossible. À nos yeux de Nord-Américains, il y règne une anarchie, un désordre incompréhensible et une totale confusion, et le plus souvent sous une chaleur accablante. Les formalités d'entrée et de sortie peuvent être interminables. Et puisqu'il est possible de traverser soit le Honduras, le Nicaragua ou le Salvador en un jour, cela implique que vous pourriez avoir à traverser plusieurs postes frontières dans une même journée.

Il n'y a pas d'autre moyen que de vivre l'expérience pour comprendre et développer une attitude qui rendra cet exercice moins pénible. Nous avons appris beaucoup de ce voyage et la précieuse information que nous vous livrons dans la section sur les postes frontières de chaque pays vous permettra de les franchir avec plus d'assurance et de facilité. Les frais indiqués dans chaque section représentent ce que nous avons payé lors de nos transactions à l'entrée et à la sortie des différents postes frontières. Par contre, le montant total de votre débours peut varier selon plusieurs facteurs tels que votre attitude, votre connaissance de l'espagnol... et la bonne volonté des dieux cette journée-là!

Les procédures et les coûts diffèrent d'un pays et parfois même d'un poste frontière à un autre. Les tracasseries administratives sont aussi compliquées à l'entrée qu'à la sortie. N'oubliez pas que vous DEVEZ obligatoirement obtenir un timbre d'entrée ET de sortie de chaque pays. Si vous ne les avez pas, on vous refusera le passage. Évitez-vous des frustrations inutiles!

En comparaison avec le Canada et les États-Unis, si peu de véhicules de particuliers transitent par ces postes frontières qu'un étranger au volant de son véhicule récréatif ou de sa voiture est vite repéré. À certains endroits, attendez-vous à une nuée de *tramitadores* – ces guides qui vous assistent dans les procédures moyennant rétribution – ainsi qu'à une troupe d'échangeurs de devises au noir qui vont voir en vous une occasion de faire quelques affaires.

[Quelques conseils]

■ Arrivez tôt le matin.

■ Les documents dont vous aurez besoin : votre passeport, le certificat d'immatriculation du véhicule et votre permis de conduire. Et gardez-les toujours à l'œil!

■ Ne chargez pas trop le programme de votre journée, vous n'avez pas idée du temps que prendront les formalités.

■ Évitez les heures de repas, ça allonge le temps des procédures.

■ Choisissez-vous rapidement un *tramitador*. Demandez-lui de vous montrer sa carte d'identification officielle de *tramitador* et entendez-vous tout de suite sur le pourboire (1 ou 2 $ US suffiront). Ces guides sont plus souvent qu'autrement de jeunes adolescents et la plupart ne parlent pas anglais.

■ N'hésitez pas à utiliser les services d'un échangeur de devises au noir, mais prenez soin de vérifier son taux de change auprès de quelques-uns de ses camarades.

■ Demandez à votre *tramitador* de vous amener directement à un endroit où vous trouverez les tarifs officiels affichés au mur ou sur papier. Plus souvent qu'autrement, cet endroit n'existe pas. À tout le moins, votre guide saura que vous êtes à votre affaire! Prévenez-le que vous ne paierez les frais demandés que sur présentation d'un reçu en bonne et due forme de la part des officiers, car ces guides travaillent souvent de connivence avec les officiels derrière les comptoirs pour les à-côtés.

■ Ne laissez aucun *tramitador* payer des frais à votre place. Insistez pour le suivre à chaque bureau et payez vous-même.

■ Gardez les portes et les rideaux (s'il y a lieu) de votre véhicule fermés et ne laissez absolument rien à la vue.

■ Demeurez calme et patient, gardez votre sang-froid et souriez!

Le passage aux postes frontières est en quelque sorte un test pour tout aventurier déterminé à gagner les confins de l'Amérique centrale. Vous en sortirez grandi!

Les routes

Cette partie du continent est encore bien peu visitée par la route et c'est pourquoi tant de faussetés sont véhiculées au sujet de son réseau routier. La vérité est que l'état des routes en Amérique centrale est en général très acceptable.

Les routes principales sont toutes asphaltées. La qualité du revêtement, la signalisation et le marquage de la chaussée sur les routes principales sont la plupart du temps adéquats. Par exemple, le Guatemala a refait presque entièrement le revêtement bitumineux de ses axes majeurs au cours des dernières années. Le Salvador a quant à lui fait des travaux importants sur une partie de la route du littoral, mais il vaut mieux se renseigner localement car le tremblement de terre du 13 janvier 2001 a affecté quelques routes du pays. Un bon nombre de routes du Honduras et du Nicaragua, bien que datant de plusieurs années, sont généralement en bon état. Évidemment, depuis le passage de l'ouragan Mitch, les conditions des routes de ces deux pays sont presque impossibles à évaluer. Celles du Costa Rica sont par contre en plus mauvais état. Les Panaméens, de leur côté, investissent des sommes énormes pour améliorer leurs routes principales.

Grâce à l'expérience de conduite que vous aurez acquise avant d'arriver en Amérique centrale, vous aurez déjà ajusté, sans trop vous en rendre compte, votre manière de conduire aux conditions routières du Mexique. Vous êtes maintenant habitués aux différents écueils (*tope, vado*, animaux, etc.), au manque d'accotement et de signalisation. Des routes qui vous paraissent aujourd'hui en bon état vous auraient peut-être paru exécrables si vous étiez passé directement des États-Unis à l'Amérique centrale.

À noter qu'en Amérique centrale, les barrages routiers érigés par la police ou l'armée existent aussi, et ce pour les mêmes raisons qu'au Mexique. Cependant, les barrages plus typiques que vous rencontrerez en Amérique centrale sont à l'entrée des villages, surtout les jours de marché. Un officiel bien identifié vous demandera de payer une taxe de bienvenue minime (0,10 $ à 0,25 $) et il vous remettra officiellement un reçu! Un rituel très populaire au Guatemala et au Nicaragua.

La signalisation routière en Amérique centrale est souvent déficiente, sauf lorsque vous circulez sur les axes principaux à partir de la capitale d'un pays. Toutefois, vous êtes laissé à vous-même sur le chemin du retour... à moins que vous n'ayez une mémoire photographique.

Afin de vous donner un aperçu du réseau routier de l'Amérique centrale et des paysages qu'il traverse, vous trouverez sous la rubrique *Description de certaines routes* de chaque pays un portrait plus détaillé de plusieurs routes. Les pays de l'Amérique centrale ne sont pas à l'abri des catastrophes naturelles comme les inondations, les ouragans, les tremblements de terre et les éruptions volcaniques. Il est par conséquent très important de vous informer vous-même de la condition des routes des régions que vous comptez visiter et de mettre à jour votre information à mesure que vous vous en approchez.

Les terrains de camping

Les terrains de camping sont si rares en Amérique centrale qu'on les aborde telles des oasis dans le désert. À preuve, nous n'avons vu ou recensé qu'une douzaine d'authentiques terrains de camping. Ici, il faut être plus inventif et savoir repérer les *centros turísticos* et les *turicentros* (centres touristiques), les *balnearios* (centres de pique-niques pour les familles où on peut généralement se baigner), les parcs et les stationnements protégés d'hôtels ou de particuliers, et tout autre endroit qui pourrait servir de terrain de camping pour la nuit. Par exemple, nous avons fait l'expérience de passer la nuit à un poste frontière au Costa Rica ainsi que devant un commissariat de police au Guatemala, avec la permission du *comandante en jefe*, bien sûr...

Les voyageurs rencontrés sur la route sont vos meilleurs alliés pour vous fournir de précieux conseils à ce sujet.

Vous aurez une longueur d'avance en consultant la section *Terrains de camping et solutions de rechange* de chaque pays puisque vous y trouverez de l'information sur les rares terrains de camping et des tuyaux sur des endroits que nous avons dénichés et sur certains autres dont nous avons appris l'existence en route, soit par les gens de la place ou par d'autres voyageurs. Certains endroits n'apparaîtront sur aucune liste puisqu'ils font partie de nos secrets... N'en soyez pas offusqué, vous aurez bien les vôtres aussi!

L'essence et l'électricité

L'essence sans plomb est disponible partout en Amérique centrale. À titre préventif, faites le plein plus souvent, puisque les stations ne sont pas toujours bien réparties sur votre route. Il n'est pas nécessaire d'apporter un réservoir d'appoint. Il est intéressant de noter que, contrairement au Mexique, il y a concurrence entre les compagnies d'essence en Amérique centrale. Cependant, au Costa Rica, l'essence est vendue au même prix sous toutes les bannières.

Le courant électrique en Amérique centrale est de 110 volts (60 cycles) comme partout au Canada et aux États-Unis. Les voyageurs provenant d'autres pays devront prévoir d'apporter une prise intermédiaire de type américain à fiches plates.

Des voyageurs d'ici et d'ailleurs

Mary-Jane et Dee

« Dans l'ensemble, les autoroutes et les routes sont assez bien entretenues et convenables. Par contre, la signalisation laisse un peu à désirer et vous pouvez facilement vous perdre en ville. »

Samantha et Alan

« Nous avons trouvé que les routes de l'Amérique centrale ressemblent à celles d'Australie, si ce n'est les trous dans la chaussée qui y sont plus nombreux et plus profonds. »

Christiane et Doug

« En général, au Mexique et au Guatemala, les routes sont bonnes et mieux que ce à quoi nous nous attendions. Celles du Costa Rica nous ont étonnés, elles sont d'après nous les pires de l'Amérique centrale. Il faut rouler plus lentement et être très attentifs aux autres véhicules, particulièrement aux autocars et aux camions. N'y roulez jamais la nuit.

Le passage aux postes frontières en Amérique centrale est une aventure en soi et un jeu de négociation de tarifs et de frais de toutes sortes. Il ne semble pas y avoir de coût préétabli sauf au Belize et au Costa Rica. Tous vos talents de négociateur sont nécessaires à chaque fois. C'est pourquoi il est important de discuter avec d'autres voyageurs pour avoir une bonne idée des coûts avant d'arriver dans un pays. »

Le Guatemala

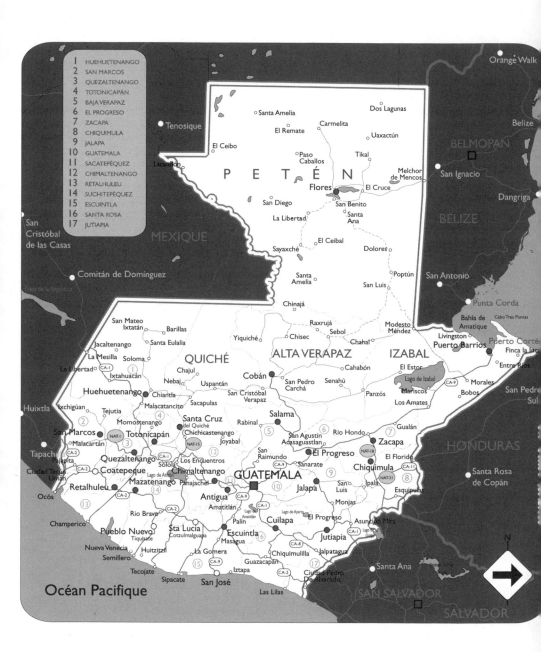

1 HUEHUETENANGO
2 SAN MARCOS
3 QUEZALTENANGO
4 TOTONICAPÁN
5 BAJA VERAPAZ
6 EL PROGRESO
7 ZACAPA
8 CHIQUIMULA
9 JALAPA
10 GUATEMALA
11 SACATEPÉQUEZ
12 CHIMALTENANGO
13 RETALHULEU
14 SUCHITEPÉQUEZ
15 ESCUINTLA
16 SANTA ROSA
17 JUTIAPA

MEXIQUE

San Cristóbal de las Casas

Comitán de Domínguez

Tenosique

El Ceibo

Lacandón

Santa Amelia

El Remate

Carmelita

Dos Lagunas

Uaxactún

PETÉN

Paso Caballos

Tikal

Flores

San Benito

El Cruce

Melchor de Mencos

San Ignacio

San Diego

La Libertad

Santa Ana

Sayaxché

El Ceibal

Dolores

Santa Amelia

San Luis

Poptún

San Antonio

BELMOPAN

BELIZE

Belize

Dangriga

Orange Walk

Punta Corda

Chinajá

Raxrujá

Sebol

Chahal

Modesto Méndez

Cahabón

El Estor

Bahía de Amatique

Cabo Tres Puntas

Livingston

Puerto Barrios

Puerto Corté

Finca la Inca

Entre Ríos

San Mateo Ixtatán

Barillas

Yiquiché

Chisec

Santa Eulalia

Jacaltenango

La Mesilla

Soloma

QUICHÉ

Chajul

ALTA VERAPAZ

IZABAL

La Libertad

Ixtahuacán

Nebaj

Uspantán

Cobán

San Pedro Carchá

Senahú

Lago de Izabal

Morales

Bobos

San Pedro Sul

Ixchiguán

Tejutla

Malacatancito

Sacapulas

San Cristóbal Verapaz

Panzós

Mariscos

Los Amates

Huehuetenango

Chiantla

Huixtla

Momostenango

Santa Cruz del Quiché

Rabinal

Salama

San Agustín Acasaguastlan

Río Hondo

Gualán

Zacapa

San Marcos

Totonicapán

Chichicastenango

Joyabal

San Raimundo

El Progreso

El Florido

Chiquimula

Malacartán

Quezaltenango

Sololá

Los Enquentros

Chimaltenango

Sanarate

San Luis

Ipala

Esquipulas

HONDURAS

Tapachula

Pajapita

Coatepeque

Lago de Atitlán

Mazatenango

Panajachel

GUATEMALA

Jalapa

Santa Rosa de Copán

Ciudad Tecún Umán

Retalhuleu

Antigua

Amatitlán

Monjas

Ocós

Rio Bravo

Lago Amatitlán

Lago de Ayarza

El Progreso

Asunción Mita

Champerico

Pueblo Nuevo

Tiquisate

Palín

Cuilapa

Jutiapa

Santa Ana

Nueva Venecia

Huitzitzil

La Gomera

Chiquimulilla

Jalpatagua

Sta Lucía Cotzulmalguapa

Escuintla

Masagua

Semillero

Tecojate

Sipacate

San José

Guazacapán

Iztapa

Ciudad Pedro De Alvarado

SAN SALVADOR

SALVADOR

Las Lilas

Océan Pacifique

N

Le|Guatemala ▌

Nom :	Guatemala
Capitale :	Guatemala
Superficie :	108 890 km² (15 fois plus petit que le Québec)
Population :	12 335 580 habitants (estimé de juillet 1999) Metiszo (métissage d'Amérindiens et de Blancs) 56 %, Amérindiens ou à prédominance amérindienne 44 %
Religion :	Catholique 75 %, protestante et traditionnelle maya 25 %
Langues :	Espagnol 60 % et 23 langues indiennes incluant le mam, le kekchi, le quiché, le pocomam et le cakchiquel
PNB par habitant :	3 800 $ US (estimé de 1998)
Villes importantes :	Antigua, Flores, Puerto Barrios
Carte du pays :	Le pays est divisé en 22 départements : Alta Verapaz, Baja Verapaz, Chimaltenango, Chiquimula, El Progreso, Escuintla, Guatemala, Huehuetenango, Izabal, Jalapa, Jutiapa, Peten, Quetzaltenango, Quiche, Retalhuleu, Sacatepequez, San Marcos, Santa Rosa, Solola, Suchitepequez, Totonicapan, Zacapa.
Fuseau horaire :	GMT – 06:00 (Central Standard Time) GMT – 05:00 durant les mois d'été
Poids et mesures :	Système métrique, mais aussi les mesures américaines dans le commerce, la livre pour les aliments, le gallon et la pinte US pour l'essence et l'huile à moteur.
Unité monétaire :	1 Quetzal (Q) = 100 centavos
Taux de change :	Janvier 2001 : 1 $ US = 7,640 Q, 1 $ CA = 5,096 Q
Réseau routier :	13 100 km au total 3 616 km pavés (incluant 140 km d'autoroutes à voie rapide) 9 484 km non pavés (estimé de 1996)
Frontières :	962 km avec le Mexique 266 km avec le Belize 256 km avec le Honduras 203 km avec le Salvador
Côtes :	110 km sur les Caraïbes 240 km sur le Pacifique

Démographie et géographie

Le Guatemala est le pays le plus populeux de l'Amérique centrale. Il est formé d'une étroite bande de terre cultivée au sud sur la côte du Pacifique, d'une région centrale montagneuse comptant 27 volcans, d'une vaste plaine basse boisée au nord et d'une minuscule côte sur les Caraïbes dans le golfe du Honduras. Le climat en montagne est chaud, les nuits sont fraîches et agréables et les précipitations y sont abondantes. Les plaines sont encore plus chaudes et connaissent plus de précipitations. La température à Guatemala, par exemple, oscille autour de 20 °C tout au long de l'année et les pluies sont plus abondantes de mai à octobre.

À l'exception du Petén sur la péninsule du Yucatán et de la lisière de terres cultivées sur le Pacifique, on se souvient du Guatemala pour ses montagnes et pour les Amérindiens dans leurs costumes traditionnels qu'on voit dans les marchés, en montagne et le long des routes. Le Guatemala est un pays fascinant à découvrir.

[Les principales régions touristiques]

Les principaux centres d'intérêt touristiques sont le site archéologique de Tikal dans la jungle du Petén au nord, Panajachel et les volcans du lac Atitlán, le marché coloré de Chichicastenango, la vieille ville d'Antigua et les régions autour de Quezaltenango et de Huehuetenango dans la région montagneuse à l'est du pays.

Les postes frontières : atmosphère, procédures et coûts

Avant même d'aborder le passage à un premier poste frontière au Guatemala, il est important de savoir que vous devez vous arrêter au bureau des douanes et de l'immigration du Mexique (à Ciudad Cuauhtémoc si vous empruntez la MEX. 190 et à Tapachula si vous arrivez par la MEX. 200) pour vous assurer que tous vos papiers sont en règle et pour recevoir le timbre de sortie. Il n'y a aucun frais. Ce sera l'occasion de vérifier la date d'expiration de votre carte de touriste et celle du permis pour votre véhicule. Qui sait, vous pourriez peut-être arranger votre date de retour de manière à vous éviter des frais si vous êtes en mesure de retraverser le Mexique avant la date d'expiration de vos documents. Le nouveau permis de séjour est à entrées multiples et vous ne devez la remettre à un officier de l'immigration qu'à votre dernière sortie du Mexique avant ou à la date d'expiration. Il en est de même pour l'hologramme collé à votre pare-brise.

Les postes frontières : atmosphère, procédures et coûts

[La Mesilla – en entrant au Guatemala à partir du Mexique]

Votre premier poste frontière au Guatemala vous apparaîtra comme un fouillis indéchiffrable, un peu comme nous l'avons vécu : des véhicules pêle-mêle sur presque toute la largeur de la route, des hommes qui poussent à force de bras un autocar bondé pour le faire démarrer, des changeurs de devises qui tournent autour des clients potentiels tels des vautours, des paysannes qui passent la frontière à pied avec une charge sur la tête ou sur le dos qu'elles doivent faire inspecter, des vendeuses de nourriture et des gens à pied qui s'activent pour ne pas manquer l'autocar... Tout cela dans un désordre calme et presque sans bruit.

En vous pointant avec votre véhicule, vous comprendrez sur-le-champ que vous devrez utiliser votre débrouillardise. Vous remarquerez d'abord qu'il y a beaucoup d'activité, car certaines personnes passent leur journée entière à flâner autour des postes frontières. Il est donc difficile de faire la différence entre les badauds et les gens qui y travaillent. C'est d'ailleurs souvent le cas dans toute l'Amérique centrale.

Vous devrez d'abord vous rendre à un premier comptoir pour obtenir votre permis de séjour. C'est là que vous fouillerez une première fois dans votre poche pour payer les frais du timbre que l'officier va apposer dans votre passeport pour votre permis de séjour. Ensuite, vous vous rendez à côté pour le permis de votre véhicule. Cette portion de la procédure est la plus longue puisque l'officier utilise une machine à écrire manuelle avec laquelle il remplit avec cérémonie et beaucoup de doigté chacune des cases du formulaire. Et puisqu'il utilise un papier carbone entre les trois ou quatre copies de ce document, il doit recom-

mencer à la suite de la moindre erreur. C'est pendant ces moments que vous devrez user de patience pour vivre cette situation tout en gardant votre bonne humeur. Le secret est peut-être d'avoir sur soi quelque chose à grignoter ou à boire, entamer une conversation avec les autres officiers (ou badauds, qui sait...) afin de vous aider à passer ce moment creux.

Quand vous aurez signé les documents pour le véhicule, un officier viendra apposer une vignette de couleur orange sur votre pare-brise. C'est votre permis pour prendre les routes du Guatemala.

Ensuite vient la fumigation contre les insectes. Les officiers insisteront pour vaporiser l'intérieur de votre véhicule, c'est la loi, diront-ils. Expliquez-leur gentiment que ce véhicule est aussi votre maison, votre chambre à coucher, qu'il y a de la nourriture à l'intérieur, etc. Comme argument final, un pourboire d'environ 20 Q pourrait clore définitivement ce sujet. C'est notre expérience.

On vous indiquera ensuite un petit cabanon qui sert de bureau à un officier en uniforme qui vous demandera 10 Q pour l'inspection des fruits et légumes... À vous de juger celle-là !

Tous vos documents récupérés, vous voilà fin prêts à découvrir ce magnifique pays. Une seule autre formalité vous attend quelques kilomètres plus loin : un officier de police inspectera l'intérieur de votre véhicule pour vérifier si vous transportez de la drogue. Service gratuit !

À noter ici que nous n'avons pas utilisé les services d'un *tramitador* au poste de La Mesilla.

Les postes frontières : atmosphère, procédures et coûts

La Mesilla
Temps des procédures : 2 h (9 h à 11 h)
Coûts : Timbre de passeport 20 Q par personne, certificat pour le véhicule 80 Q, fumigation 20 Q, inspection fruits et légumes 10 Q
Coût total : 150 Q (± 23 $ US)

[Ciudad Pedro de Alvarado – en entrant au Guatemala à partir du Salvador]

Le poste frontière le plus au sud sur la route CA-2 à la frontière du Salvador. Vous découvrirez très vite que là aussi, le bordel total règne en roi. Les employés, *tramitadores* et clients s'en donnent à cœur joie à l'arrière des comptoirs. Et pour ajouter à la confusion, à l'exception des policiers, aucun employé ne porte d'uniforme.

Notre expérience à ce poste se résume ainsi : nous avons commencé les démarches à 13 h 10 et nous avions retenu les services d'un jeune guide que nous avons payé 2,25 $ US. Nous l'avions informé que nous allions payer des frais seulement en échange d'un reçu officiel. Ayant dû attendre la fin de la sieste à un des contrôles, nous ne franchissions la barrière que deux heures plus tard. L'employé chargé de l'inspection des fruits et légumes a tenté sans succès de nous soutirer 10 Q. Celui qui a préparé le certificat pour le véhicule nous a demandé 20 Q, puis 50 Q après que j'eus exigé un reçu. Il nous a finalement donné le timbre nécessaire et nous avons payé les 20 Q qu'il nous avait initialement demandés. Le lendemain, nous lisions sur le certificat en question qu'il est gratuit...

L'opération totale nous aura coûté 50 Q au lieu des 150 Q que nous avions payés à La Mesilla quelques mois plus tôt. Les frais ont été payés à une succursale de la banque officielle du pays, comme ce fut le cas en sortant du Nicaragua et à l'entrée du Honduras.

Ciudad Pedro de Alvarado
Temps des procédures : 1 h 55 (13 h 10 à 15 h 05)
Coûts : Timbre de passeport 0 Q, frais d'entrée pour le véhicule 30 Q, certificat pour le véhicule 20 Q, guide 2,25 $ US
Coût total : 50 Q + 2,25 $ US (±10 $ US)

[Ciudad Tecún Umán – en sortant du Guatemala vers le Mexique]

Ce poste frontière situé à l'ouest du pays est le poste le plus occupé entre le Mexique et le Guatemala. L'édifice du côté du Guatemala est propre et bien tenu et il est assez facile de procéder aux formalités soi-même, et ce surtout si, comme nous, vous en êtes à votre vingtième passage à un poste de contrôle d'une frontière en Amérique centrale...

Ciudad Tecún Umán
Temps des procédures : 0 h 30 (19 h 45 à 20 h 15)
Coûts : Timbre de sortie pour le passeport 10 Q par personne, timbre pour le véhicule 10 Q
Coût total : 30 Q (± 5 $ US)

Les postes frontières : atmosphère, procédures et coûts

[El Florido – en sortant du Guatemala vers le Honduras]

En arrivant dans la toute petite commune de El Florido, située au bout de la longue route de terre, vous croirez être rendu au bout du monde. Il y a une corde en guise de barrière et deux rangées de cabanes qui abritent des bureaux. Elles ne sont pas très bien identifiées et il est évident qu'elles ne le seront jamais.

À notre arrivée, quelques personnes nous ont offert leurs services pour nous vendre des lempiras (la monnaie locale) et nous indiquer la bonne séquence à suivre dans les dédales administratifs. Nous retiendrons les services d'un des guides. Avec ou sans guide, il est difficile de savoir ce pourquoi vous payez à chacun des endroits, si ce n'est que vous devez obtenir un timbre officiel qu'on placera sur une languette de carton que vous apporterez avec vous d'un bureau à l'autre jusqu'à la fin des procédures. Lorsque vous les aurez tous

(quatre ou cinq), vous pourrez alors remettre cette languette à l'officiel à la barrière, celui-là même qui vous avait accosté à votre arrivée et qui, comme par hasard, est aussi un vendeur de devises au noir...

Nous réalisons que le coût exigé dépend strictement du moment de la journée et de vos talents de négociateur. À un moment donné, refusant de payer les 30 Q qu'on nous exigeait pour un deuxième timbre pour le véhicule, nous nous sommes déplacés à l'écart le temps de reprendre nos esprits et chercher les bons mots en espagnol pour notre prochaine offensive. L'employé a dû entre-temps servir un autre voyageur, un habitué. Nous avons pu ainsi découvrir qu'on lui demandait 20 Q plutôt que 30 Q. Vous imaginez la suite...

El Florido
Temps des procédures : 0 h 15 (11 h 20 à 11 h 35)
Les coûts : Timbre de passeport 10 Q par personne, timbre pour le véhicule 10 Q, deuxième timbre pour le véhicule 20 Q
Coût total : 50 Q (± 8 $ US)

À propos des *tramitadores* : durant un séjour au Guatemala, nous avons entendu un Américain se targuer d'avoir donné 100 Q (± 16 $ US) à un *tramitador* pour qu'il fasse les démarches nécessaires pour passer la frontière du Mexique au Guatemala avec son véhicule. Nous leur donnons habituellement 1 $ ou 2 $ US, parfois un peu plus pour les mêmes services. Je comprends mieux maintenant pourquoi certains *tramitadores* ne sont pas toujours emballés par notre offre, même si la plupart l'acceptent!

Le réseau routier

À noter que la signalisation routière est rare et souvent équivoque au Guatemala. Aussi, un changement de pays amène de nouveaux termes; un *tope* devient un *tumuló* au Guatemala, même s'il demeure toujours aussi dangereux pour la suspension de votre véhicule.

Les voyageurs qui ont subi des problèmes mécaniques sur leur motorisé au Guatemala éprouvaient pour la plupart des problèmes de transmission automatique. Ceci nous amène à conclure que certains motorisés ne sont tout simplement pas construits pour les routes abruptes et en lacets du Guatemala, mais bien pour filer sur les autoroutes nord-américaines.

Des voyageurs d'ici et d'ailleurs

Mary-Jane et Dee

« Nous sommes entrés au Guatemala par Ciudad Cuauhtémoc au sud de Comitán. Ça nous a pris moins de une heure. Notre plus gros problème a été de les convaincre de ne pas fumiger l'intérieur de notre véhicule. Un pourboire discret de 5 Q a mis fin à la discussion. Nous avons utilisé ce poste frontière trois fois au cours des cinq dernières années. Tout devient plus facile d'une fois à l'autre. Quitter le même pays par Tecún Umán n'est pas aussi facile, cependant. L'endroit est difficile à trouver, il y a de longues files de camions et il a fallu que nous posions un tas de questions avant de comprendre la procédure. Trois heures de tracasseries et d'attente avec, en prime, des indications pour poursuivre notre route qui ne nous ont menés nulle part. »

Sharon et George

« En Amérique centrale, il faut compter deux heures pour entrer et sortir d'un pays. Nous l'avons fait 18 fois. Nous avons utilisé les services de guides à certains postes frontières jusqu'au moment où nous avons découvert, en entrant au Honduras, que le guide était de mèche avec la police. Nos frais ce jour-là ont été de 140 $ US plutôt que des 40 $ US que certains autres voyageurs ont payés. Nous savions que nous payions trop, mais nous n'avions aucun moyen de le prouver. »

Samantha et Alan

« Il y a de longues files d'attente, beaucoup de paperasse et d'extorsion aux postes frontières en Amérique centrale. Les pires frontières sont celles à l'entrée et à la sortie du Honduras où des officiers nous ont demandé de généreux pots-de-vin. Nous avons payé près de 100 $ US pour passer au Honduras sur le chemin du retour. »

Description de certaines routes

[La route nationale n° 15 de Los Encuentros à Chichicastenango]

Une route de 17 km au revêtement neuf dont tous se rappelleront après l'avoir empruntée, surtout la section à l'approche de Chichicastenango. Elle est sinueuse, descend précipitamment un moment pour remonter plus tard juste avant d'arriver à la ville. Quelle descente et quelle remontée! Elle est si abrupte que vous devez à tout prix utiliser votre frein moteur dans la descente (ou solliciter vos freins) et utiliser la première vitesse de votre transmission lors de la remontée.

[La CA-2, la route du Pacifique]

C'est pour ainsi dire la route la plus au sud du pays, celle du Pacifique. Elle traverse le pays en entier du poste frontière Ciudad Pedro de Alvarado du côté du Salvador jusqu'à ceux de Tecún Uman et de El Carmen à la frontière du Mexique. Cette route quasi impeccable sur toute sa longueur traverse à ses débuts les basses terres de champs cultivés et monte en direction de la chaîne de volcans à mesure que vous approchez d'Escuintla. De là à Retalhuleu, une section d'environ 110 km vient à peine d'être entièrement refaite, la route a deux voies et redescend vers la plaine. Elle prend le nom de CA-2 Occidente. Il y a plusieurs raffineries de canne à sucre dans cette région et la présence de nombreux camions circulant à très basse vitesse rend parfois la circulation difficile. La campagne est belle avec ses champs de cannes à sucre des deux côtés de la route. Nous sommes dans les basses terres et la température est chaude et humide.

[La route de San Lucas à Antigua]

Une très longue et vertigineuse descente jusqu'à l'ancienne capitale du Guatemala sur une autoroute récente, à double voie divisée. De nombreux panneaux de signalisation (près de la capitale) recommandent d'utiliser le frein moteur et ce n'est pas pour blaguer. En sens inverse, la route grimpe sans arrêt jusque dans les environs de San Lucas avant de redescendre près de Guatemala. De vraies montagnes russes!

[Antigua à Rio Hondo jusqu'à El Florido via les routes CA-9, n° 18, n° 21 et CA-1]

Il y a 48 km entre Antigua et Guatemala. La CA-9 à partir de la capitale est en excellente condition et sur revêtement neuf sur presque toute sa longueur. Même chose pour la route nationale n° 18 de Rio Hondo. Un immense panneau indiquait qu'elle avait été refaite à neuf jusqu'à Agua Caliente, un autre poste frontière avec le Honduras plus au sud. La route nationale n° 21, au sud de Chiquimula qu'il faut emprunter pour vous rendre à El Florido près du site archéologique de Copán au Honduras, est aussi en bonne condition sauf pour les derniers 50 km (CA-11). Un des guides de voyage la décrit comme un *smooth dirt road*. Il faudrait plutôt dire que c'est une très longue route de terre et que même si elle est en bonne condition et qu'elle venait d'être refaite au moment de notre passage, elle est très exigeante pour un véhicule. Je n'y risquerais pas un véhicule de promenade trop bas. Aucun véhicule, même en excellent état, ne tiendrait le coup en utilisant régulièrement une route comme celle-là. C'est une région montagneuse et désertique, à l'exception de

la vallée au nord-est de El Progreso où coule la rivière Rio Grande et où on peut voir à quel point l'eau peut apporter beaucoup à la végétation. Tout est vert dans la vallée. Il y a beaucoup de cultures de tabac et des bananeraies.

Note sur la conduite automobile

Traverser la banlieue de Guatemala (2 300 000 habitants) par l'autoroute périphérique nord (*anillo periferico norte*) a été pour nous une expérience de conduite particulière. Ce fut une joute coude à coude avec les camionneurs et les chauffeurs d'autobus. Ils sont très nombreux et n'hésitent pas à vous doubler n'importe où et n'importe comment. J'ai même vu un autobus me doubler en montant une côte juste au moment où je me rangeais, ayant évalué mon propre dépassement trop téméraire. Et il y a tant d'autres situations semblables que vous commencez à croire que les chauffeurs s'en remettent vraiment à Dieu, comme l'indiquent les messages sur leurs véhicules.

[De La Mesilla à Los Encuentros]

En passant le poste frontière de La Mesilla au Guatemala, la MEX. 190 devient la CA-1 (Panaméricaine). Dès

lors, vous roulez dans les montagnes, à travers de splendides paysages sur une route à deux voies somme toute assez belle.

[La CA-9 et l'autoroute Guatemala-Palín-Escuintla]

Toute une autoroute que celle qui rallie Guatemala, Palín et Escuintla (péage : 7 Q). Elle est si récente qu'il est probable qu'elle ne soit sur aucune carte routière. Elle n'a absolument rien à envier aux autoroutes canadiennes ou américaines. Elle a cinq voies, dont

trois vers la capitale, Guatemala, à partir du poste de péage près de Palín. Un aspect non négligeable, elle est clôturée. La CA-9 traverse le pays en entier de Puerto Barrios dans les Caraïbes à San Jose, un autre port du pays, mais celui-là sur la côte du Pacifique.

[De Retalhuleu à Quezaltenango]

Une belle découverte! Cette autre route au revêtement neuf vous amène de Retalhuleu à Quetzaltenango (48,5 km) via les villes de Cantel et Zunil en passant dans le pittoresque canyon de Río Samalá. De Retalhuleu, à 240 m d'altitude, vous montez jusqu'à Zunil à 3 542 m en moins de 50 km. Le décor est tout simplement extraordinaire. La route en lacets vous amène par moment sur le bord du canyon pour vous offrir une vue imprenable.

[De Cobán à Raxrujá via Chisec]

Ce segment de route dans le département de Baja Verapaz au nord de la capitale est tout indiqué pour ceux qui veulent se rendre dans le Petén à la dure. Il est plus que souhaitable d'utiliser un véhicule à quatre roues motrices ou du moins avec une importante garde au sol. Il faut compter cinq heures pour faire la section Cobán-Chisec dans des conditions normales. Aussi, la route est si mauvaise entre Raxrujá et Sebol qu'il faut deux longues heures pour franchir les 25 km. Le *Mexico & Central America Handbook* la surnomme « l'escalier » parce qu'elle est très abrupte et en gradins rocheux.

[De Morales à Flores puis Tikal]

La façon la plus simple de rallier Flores et Tikal en venant du sud consiste à utiliser la CA-9, l'autoroute de l'Atlantique jusqu'à Morales et de là, la route jusqu'à Tikal via Flores. Elle est pavée sur 40 km entre Morales et Modesto Méndez. Elle devient ensuite plus sinueuse et mauvaise (lire : les trous deviennent de plus en plus nombreux). Une balade d'environ sept heures.

[La route nationale nº 1 de Totonicapán à la frontière du Mexique (El Carmen)]

C'est une route en montagne qui monte jusqu'à San Marcos à l'ouest de Quezaltenango avant de descendre en méandres parfois serrés sur 53 km en passant dans la jungle et à travers des plantations de café. Les freins de votre véhicule sont mis à rude épreuve. Bien qu'elle soit asphaltée et en assez bonne condition sur toute sa longueur, elle n'est pas recommandable pour les grosses roulottes et les motorisés grand format.

Note : Une carte routière à l'intention des touristes à été produite par l'Office du tourisme du Guatemala en 1994. Vous pourriez tenter de vous en procurer une copie au consulat ou à l'Office du tourisme du Guatemala le plus près de chez vous.

Terrains de camping et solutions de rechange

[Automariscos près de Palín]

À une vingtaine de kilomètres au nord d'Escuintla près de Palín sur la route CA-9, on trouve Automariscos, un centre récréo-touristique avec plusieurs piscines dont une à vagues, des bains thermaux, des aires de pique-nique, un restaurant et un terrain de camping gazonné à l'américaine. Il y a une douzaine d'emplacements avec tous les services de base et l'endroit est sécuritaire. Chaque emplacement dispose aussi d'un kiosque avec table et sièges fixes et équipé d'un ventilateur.

À 40 Q par personne par jour (± 12 $ US par jour pour deux personnes) c'est quand même très cher pour un emplacement de camping en Amérique centrale. Tout près et du même côté du chemin, il y a La Red, un autre terrain de camping qu'on dit plus abordable.

[Fuentes Georginas près de Zunil]

À neuf kilomètres de Quezaltenango se trouve Zunil, une petite ville bien intégrée au décor spectaculaire du canyon du Rió Samalá. Sa montagne culmine à 5 542 m au sud-est de la ville. Pour vous rendre aux bains thermaux de Fuentes Georginas, vous devez emprunter un chemin de terre à quelques centaines de mètres au sud de la ville. Il est long de 8,5 km et a été taillé à même les parois presque verticales de la montagne et passe dans une impressionnante mosaïque de carrés de cultures en gradins. La montagne est chaude au sens propre du terme. Ici et là on peut voir des fumerolles s'échapper de ses entrailles. Nous sommes ici au pays des volcans. Les vol-

cans Santa María et Siete Erejas tout près sont là pour vous le rappeler. Rendu sur place aux Fuentes Georginas, en plus de profiter des bains thermaux et du sympathique restaurant attenant, vous pourrez louer une des *cabinas* avec foyer qui sont éclairées à la chandelle ou simplement vous installer pour la nuit dans le stationnement comme nous l'avons fait. Pour y passer la nuit, on nous a demandé deux fois le tarif d'admission par personne (celui du jour et du lendemain) plus le tarif de stationnement pour deux jours pour un total de 46 Q (± 7 $ US).

[Panajachel et le lac Atitlán]

Le climat ici est très agréable. Le jour, il fait très chaud à tel point qu'il est souhaitable de se couvrir pour éviter les insolations. La

nuit, la température est idéale pour bien dormir.

Terrains de camping et solutions de rechange

Les hôtels Vision Azul et Tzanjuyu

Au pied de la fameuse côte de Sololá sur la route nationale n° 1, vous trouverez deux endroits pouvant accueillir les voyageurs avec leur véhicule ou leur motorisé.

À l'Hôtel Vision Azul (entrée à droite avant la dernière courbe de la côte), il y a un terrain gazonné en surplomb du lac Atitlán. Il est pourvu de très beaux arbres pour l'ombre et d'une vue sur le lac. L'électricité est disponible, mais pas en tout temps. Il y a aussi des robinets pour l'eau courante. On demande autour de 5 $ US par nuit.

Un peu plus loin à droite tout en bas de la côte, l'Hôtel Tzanjuyu possède un grand terrain gazonné situé en bordure du lac. Bien qu'une affiche n'indique que des tarifs de stationnement, on acceptera volontiers que les voyageurs s'y installent. Les services sont rudimentaires : un robinet pour l'eau à chaque extrémité du terrain, pas de prise électrique, mais le site est toutefois à couper le souffle avec une vue spectaculaire des trois volcans qui entourent le lac Atitlán. Quelques arbres pour l'ombre complètent l'aménagement. Il vous en coûtera autour de 4 $ US par jour.

Le camping Campaña

Il est situé à environ un kilomètre à la sortie de la ville du côté est du pont qui enjambe la rivière Panajachel. Il n'est pas facile à trouver : sur la *calle El Amate*, il y a un atelier de ferronnerie à gauche et juste à côté, un étroit chemin qui tourne à 90° sur la gauche. Une imposante clôture haute de trois mètres cache un terrain de camping très chaleureux avec toutes les commodités pour les campeurs et les petits véhicules. Le propriétaire est américain et gère ce camping depuis quelques années seulement. Puisque ce terrain est très populaire auprès des voyageurs qui couchent sous la tente, il y a un coin cuisine en plein air avec réchaud au gaz, réfrigérateur commun, évier et une grande table pour accueillir tous ceux et celles qui désirent utiliser l'endroit. Coût : 12 Q par personne (± 2 $ US) + 3 Q (± 0,50 $ US) pour la douche à l'eau chaude, pas de frais pour la douche à l'eau froide disponible 24 heures sur 24.

À Panajachel, il est toujours possible de s'installer directement sur la plage ou sous les arbres au bord du lac du côté est de la rivière. Il nous a semblé plus sécurisant d'utiliser les endroits décrits plus haut.

[Autour d'Antigua]

Il n'y a pas de terrain de camping comme tel à Antigua. Il faut tenter de trouver un résidant ou un hôtel avec stationnement et convaincre le propriétaire de vous laisser vous y installer. La plupart des voyageurs avec un véhicule se rendent jusqu'au centre récréotouristique Automariscos près de Palín pour passer la nuit, à moins de trouver une solution de rechange. Il y a le stationnement de l'Hôtel Casa de Santa Lucia à Antigua, mais ce n'est qu'un grand terrain vague emmuré sans arbre ni service, pas rigolo du tout ! Nous avons fait l'expérience du stationnement du chic Hôtel Antigua (130 $ US pour une chambre pour deux) : enceinte fermée et paysagée, toilettes à l'eau courante et sympathique gardien à l'intérieur toute la nuit, le tout pour 1,75 $ US, plus évidemment une symbolique marque d'appréciation au *vigilante*. En plein centre d'Antigua, difficile de faire mieux !

Le Salvador

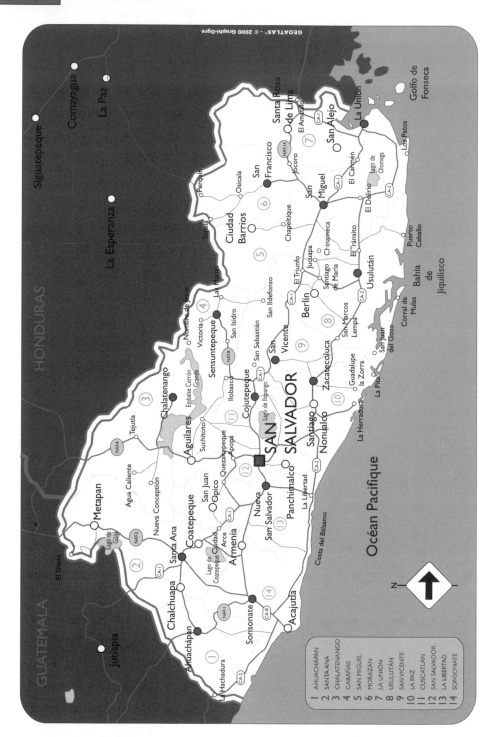

1 AHUACHAPAN
2 SANTA ANA
3 CHALATENANGO
4 CABAÑAS
5 SAN MIGUEL
6 MORAZÁN
7 LA UNIÓN
8 USULUTÁN
9 SAN VICENTE
10 LA PAZ
11 CUSCATLÁN
12 SAN SALVADOR
13 LA LIBERTAD
14 SONSONATE

Le Salvador

Nom :	Salvador
Capitale :	San Salvador
Superficie :	21 040 km²
Population :	5 839 079 habitants (estimé de juillet 1999) Métis 94 %, Amérindiens 5 %, Blancs 1 %
Religion :	Catholique 75 %* *Beaucoup d'activités des protestants à travers le pays; on estime qu'il y avait 1 million d'évangélistes protestants au Salvador à la fin de 1992.
Langues :	Espagnol, nahua et autres langues amérindiennes
PNB par habitant :	3 000 $ US (estimé de 1998)
Villes importantes :	Santa Ana, San Miguel
Carte du pays :	Le pays est divisé en 14 départements : Ahuachapan, Cabanas, Chalatenango, Cuscatlan, La Libertad, La Paz, La Unión, Morazan, San Miguel, San Salvador, Santa Ana, San Vicente, Sonsonate, Usulutan.
Fuseau horaire :	GMT – 06:00 (Central Standard Time)
Poids et mesures :	Système métrique et en même temps des mesures locales comme la *vara* (836 mm), la *manzana* (7 000 m²), la livre anglaise (454 gr) et la *quintal* (100 lb). Le gallon et la pinte US pour l'essence et l'huile à moteur.
Unité monétaire :	Au Salvador, à partir du 1er janvier 2001, le dollar américain est utilisé comme monnaie nationale parallèlement au colon et le taux de change a été fixé par le gouvernement à 8,75 colons pour un dollar américain.
Taux de change :	Janvier 2001 : 1 $ US = 8,750 C, 1 $ CA = 6,404 C, 1 $ CA = 0,667 $ US
Réseau routier:	10 029 km au total 1 986 km pavés (incluant 327 km d'autoroutes rapides) 8 043 km non pavés (estimé de 1997)
Frontières :	203 km avec le Guatemala, 342 km avec le Honduras
Côtes :	307 km sur le Pacifique

Démographie et géographie

Le Salvador est le plus petit des pays de l'Amérique centrale et aussi le plus populeux (278 habitants au km^2 comparativement à 97,5 pour le Guatemala et à 65,4 pour le Costa Rica). Il est aussi le seul pays d'Amérique centrale à ne pas avoir d'accès sur la côte des Caraïbes.

C'est un pays montagneux avec une étroite bande côtière sur le Pacifique et un bassin central moins élevé qu'au Guatemala. Il s'élève à un peu plus de 600 m autour de San Salvador, la capitale. Deux chaînes de montagnes ou plutôt deux rangées parallèles de volcans traversent le pays d'est en ouest.

Le climat est tropical mais la température du Salvador n'est pas aussi chaude que dans certains autres pays voisins. Il fait naturellement chaud et l'air est humide dans la zone côtière et dans les basses terres. Toutefois, la température moyenne en montagne, par exemple à San Salvador, se maintient autour de 28 °C avec une variante d'au plus 3 °C. La saison des pluies s'étend de mai à octobre et la saison sèche de novembre à avril. Le meilleur moment pour s'y rendre est de novembre à janvier.

[Les principales régions touristiques]

La Costa del Bálsamo, cette section de la côte le long du Pacifique, est très belle mais la route n'offre pas beaucoup d'accès à la mer à cause des très nombreuses et somptueuses propriétés privées qui y sont construites. La route, souvent en montagne, offre de superbes vues en plongée sur les baies encastrées

dans les falaises. Les plages jonchées de récifs sont moins belles que celles d'autres pays d'Amérique centrale. Par contre, les énormes vagues, en particulier celles de la plage de El Zunzal à huit kilomètres à l'ouest de La Libertad, attirent des planchistes de toutes les parties du monde.

Les postes frontières : atmosphère, procédures et coûts

[La Hachadura – en sortant du Salvador vers le Guatemala]

En arrivant au poste frontière du Salvador à La Hachadura, on se croirait à un vrai poste de douane avec un édifice gouvernemental comme on s'y attendrait. La comparaison s'arrête là. Ce sera aussi compliqué et il faudra autant de paperasse pour sortir qu'il en a fallu pour entrer au Salvador. Voici, en bref, notre expérience à ce poste frontière. D'abord, nous avons eu le malheur d'arriver en même temps qu'un autobus bondé et nous avons dû faire la file avec eux. Ce fut une expérience en soi, car les rudiments de la bienséance leur

semblent inconnus. À un moment donné, j'ai dû utiliser de la force physique pour retenir l'homme qui me poussait dans le dos. À tous moments, des gens se faufilent en avant de la file d'attente. D'autres, qui semblent connus du personnel, passent carrément devant pour recevoir le précieux sceau que tout le monde attend. Voyant que personne n'offrait ses services de guide, nous avons décidé de faire les démarches nous-mêmes. Nous débutons vers 11 h 25 et à 12 h 10 nous arrivons à la barrière. On nous refuse la sortie. Il nous manquait un

Les postes frontières : atmosphère,
procédures et coûts

sceau, et non pas le moindre, celui de la police. Nous avons dû rebrousser chemin pour aller récupérer un document que nous avions déjà remis à un des bureaux, trouver l'endroit pour en faire deux copies, les apporter ensuite à l'officier de police avec deux copies du certificat d'immatriculation du véhicule. Cet officier a à son tour retranscrit toutes les informations au crayon de plomb dans un grand cahier de comptabilité de 15 colonnes. Ensuite, il a apposé le timbre convoité sur la formule de douane que nous avons finalement présentée à l'officier à l'entrée du pont. L'étape ultime pour quitter le Salvador à La Hachadura vers le Guatemala est accomplie.

La Hachadura
Temps des procédures : 1 h 10   (11 h 25 à 12 h 35)
Coûts : Aucun frais pour le timbre de sortie, frais pour le véhicule 18 C, photocopies 8 C
Coût total : 26 C (± 3 $ US)

[El Amatillo – en entrant au Salvador à partir du Honduras]

Nous avons trouvé que tout se faisait relativement efficacement, d'autant plus que notre guide travaillait en tandem avec un autre pour courir à deux bureaux à la fois. Les choses se sont quelque peu gâtées au moment où il nous a remis les derniers documents. Pour accélérer les procédures, ils avaient payé certains frais à notre insu, sans nous consulter. Quand fut venu le temps de nous faire rembourser, lui et son acolyte ont bien tenté de nous embrouiller dans le compte et d'arrondir leurs frais à 5 $ US, alors que nous nous étions entendus pour 1 $ US pour le travail d'un seul d'entre eux. Et voilà que son apprenti nous réclame un pourboire à son tour... Nous venions d'apprendre une autre leçon : il faut être attentifs, suivre son guide à la trace et toujours garder le contrôle de la situation aux postes frontières. Une situation désagréable certes, mais qui aurait pu être évitée avec un peu plus de vigilance de notre part. Il est coûteux d'entrer au Salvador, surtout si vous ne faites que transiter.

El Amatillo
Temps des procédures : 0 h 30 (11 h 15 à 12 h 30)
Coûts : Carte de touriste (90 jours) 10 $ US par personne*, permis et inspection pour le véhicule 154,88 C, photocopies 20 C, guide 20 C
Coût total : 194,88 C + 20 $ US (± 42 $ US)
*Payable en dollars US seulement.

Le réseau routier

La signalisation routière est déficiente ou inexistante à bien des endroits. Acajutla sur la CA-2 : c'est exactement ici qu'apparaît la signalisation routière et le marquage des lignes sur la CA-2, une des routes qui traversent le pays. On a installé toute la panoplie des panneaux de signalisation, y compris le panneau *No carretas* (pas de charrette à bœufs sur la chaussée). La route Panaméricaine (CA-1) qui traverse les montagnes au centre du pays et la route du littoral (CA-2) sur la côte du Pacifique sont les deux axes majeurs auxquels se greffent les routes nationales et départementales du Salvador.

Description de certaines routes

[La Panaméricaine CA-1 de El Amatillo à San Miguel]

La route Panaméricaine (CA-1) débute à quelques kilomètres de El Amatillo. Elle est à deux voies, étroite et en mauvais état. Jamais on ne se serait cru sur la Panaméricaine.

[San Miguel à la route du littoral (CA-2) via San Vicente]

Sur la CA-1 vers San Vicente. Vous devez tourner à gauche pour prendre la route pour Zacatecoluca pour rejoindre la CA-2. Les panneaux de signalisation n'existant pas ou si peu, faites attention de ne pas vous retrouver à San Salvador malgré vous. Sur le retour, il y a de nombreux panneaux de signalisation dans ce sens-là. Depuis la frontière du Honduras, vous n'aurez circulé que sur quelques kilomètres de belles routes et sur un bout d'autoroute près de San Vicente. Ce n'est vraiment pas suffisant pour vous faire oublier toutes les autres. Vous aurez aussi à traverser deux ponts temporaires – du type que les militaires utilisent pour franchir les cours d'eau – installés pour remplacer ceux détruits lors des conflits armés. On peut voir, de part et d'autre de la rivière Río Lempa, les structures imposantes du pont suspendu Cuscatlán (411 m) détruit par les guérillas en 1983.

En descendant vers le village de San Vicente, on peut admirer la riche vallée Jiboa traversée par le Río Alcahuapa au pied du volcan à deux têtes San Vicente (ou Chinchontepec). Le village est très agréable avec son parc central où on ne peut manquer la haute tour de l'horloge. L'endroit semble si agréable qu'on aurait le goût d'y passer quelques jours. Vous poursuivrez jusqu'à Zacatecoluca où vous prendrez la CA-2, la route du littoral, pour aller découvrir la Costa del Bálsamo et ses plages. Ici, la route devient belle comme par enchantement. La Libertad est au bout de l'autoroute à quatre voies qui permet à la population de la grande région de San Salvador de se rendre rapidement et facilement sur la côte. Cette région est truffée de résidences cossues.

NOTE : Depuis le tremblement de terre du 13 janvier 2001, les conditions routières sont difficiles, voire impossibles à évaluer. Prenez soin de vous renseigner localement.

[La CA-2 (Carretera al Pacifico) de La Libertad à la frontière du Guatemala]

Quelle belle surprise! La route de La Libertad jusqu'à la frontière du Guatemala est neuve ou très récente. Sur ce trajet, vous traverserez cinq tunnels percés à même le roc de la montagne. Vous devrez faire preuve de vigilance à l'approche de ces tunnels puisqu'ils ne disposent pas d'éclairage, ni d'aération d'ailleurs. Un peu avant Acajutla, il faut faire attention de ne pas rater le virage à gauche sur la CA-8 et tourner ensuite à droite pour reprendre la CA-2.

Terrains de camping et solutions de rechange

Les terrains de camping n'existent pas au Salvador. Il vous faut trouver des solutions de rechange ou bien profiter de votre passage dans ce pays pour faire comme nous et vous offrir une pause de quelques nuitées à l'hôtel. Nous avons opté pour le Tropico Inn en plein centre-ville de San Miguel, climatisé et doté d'une piscine entourée d'une généreuse végétation et d'une salle à manger aménagée dans un magnifique jardin.

[L'Hôtel La Hacienda de Don Rodrigo à La Libertad]

Le stationnement de cet hôtel situé sur le bord de la mer peut accommoder une dizaine de véhicules automobiles et, sans être fermé complètement, il est clôturé, ce qui a d'ailleurs dicté notre choix puisque nous préférons des endroits protégés.

Un joli bâtiment en bois sous les arbres abrite des salles de toilettes et même une douche attenante au stationnement. Un gardien est de faction toute la nuit. Coût : 20 C (± 2 $ US) et un pourboire de 5 C à l'employé de l'hôtel pour sa gentillesse.

[Le Restaurant Punta Roca à La Libertad]

Ce restaurant, propriété d'un Américain, est à deux pas de l'Hôtel La Hacienda. C'est un endroit très branché et populaire auprès des touristes.

Avec la permission du propriétaire, il est possible d'utiliser le stationnement pour y passer la nuit. De sa terrasse, vous pourrez regarder évoluer les surfeurs sur les impressionnantes vagues de La Libertad.

Le Honduras

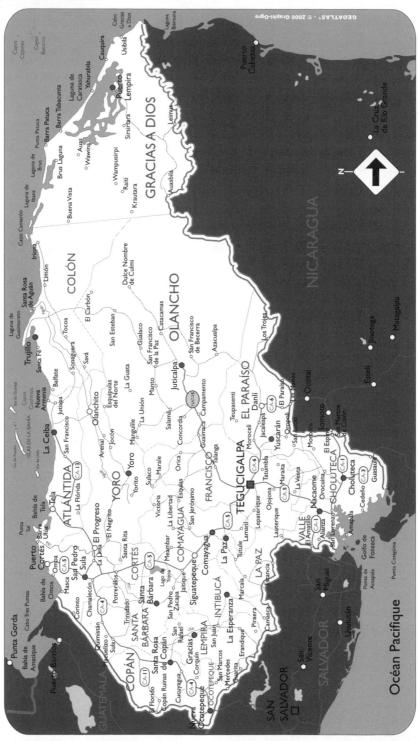

Le|Honduras|

Nom :	Honduras
Capitale :	Tegucigalpa
Superficie :	112 090 km²
Population :	5 997 327 habitants (estimé de juillet 1999) Métis 90 %, Amérindiens 7 %, Noirs 2 %, Blancs 1 %
Religion :	Catholique 97 %, minorité protestante
Langues :	Espagnol et dialectes autochtones
PNB par habitant :	2 400 $ US (estimé de 1998)
Villes importantes :	San Pedro Sula, El Progreso, La Ceiba
Carte du pays :	Le pays est divisé en 18 départements politiques : Central district (Tegucigalpa), Atlantida, Choluteca, Colon, Comayagua, Copán, Cortes, El Paraiso, Francisco Morazan, Gracias a Dios, Intibuca, Isla de la Bahia, La Paz, Lempira, Ocotepeque, Olancho, Santa Barbara, Valle, Yoro.
Fuseau horaire :	GMT – 06:00 (Central Standard Time)
Poids et mesures :	Système métrique (officiel) mais aussi la livre pour les aliments
Unité monétaire :	1 Lempira (L) = 100 centavos
Taux de change :	Janvier 2001 : 1 $ US = 15,020 L, 1 $ CA = 10,018 L
Réseau routier :	14 173 km au total 3 126 km pavés 11 047 km non pavés (estimé de 1998)
Frontières :	256 km avec le Guatemala 342 km avec le Salvador 922 km avec le Nicaragua
Côtes :	640 km sur les Caraïbes 124 km sur le Pacifique

Démographie et géographie

Le Honduras, même s'il est cinq fois plus grand que le Salvador, a une population moindre. Environ la moitié de ses habitants sont des paysans et des agriculteurs. Il y a beaucoup de chômage et une bonne partie de la population vit dans la pauvreté. Un pays avant tout de montagnes si ce n'est d'une étroite bande de terre au nord entre la mer et les montagnes et le long des rivières Aguán dans le nord-est et la Ulúa au nord-ouest où les terres marécageuses avancent profondément vers le sud (100 km) sur 40 km de large. À l'inverse du Costa Rica et du Guatemala, le pays possède très peu de côtes sur le Pacifique (124 km) en comparaison de ses 640 km sur les Caraïbes. La côte du Pacifique reçoit beaucoup de pluie et est recouverte d'une épaisse forêt tropicale. Les régions au sud et au nord de Tegucigalpa sont particulièrement sèches et il n'y a pas un seul arbre en vue dans les vastes prairies.

[Les principales régions touristiques]

Le tourisme au Honduras, à part les ruines mayas de Copán et le boom touristique des années 70 de la pêche sportive au lac Yojoa, n'a que quelques années. Jusqu'en 1994, l'offre touristique du Honduras ne tenait qu'à des visites et à des forfaits à Copán. Aujourd'hui, d'autres produits se sont ajoutés, comme La Ceiba et les îlots de la Bahia (Bay Islands) réputés pour leurs récifs et la plongée sous-marine, les plages de Tela, Trujillo, Omoa près de Puerto Cortés et la vallée de Angeles, un centre manufacturier de poterie et d'artisanat.

S'ajoutent à cela un certain nombre de parcs et réserves. Il y a, entre autres, la réserve écologique de Rió Platano, une région d'une grande beauté qui a été déclarée Réserve de la biosphère du Patrimoine mondial par les Nations Unies en 1980 afin de protéger les ressources naturelles et culturelles de la région. Aussi, le refuge sylvestre La Muralla-Los Higuerales (*Refugio de Vida Silvestre*) où on peut voir les oiseaux quetzals, la forêt tropicale de Pico Bonito, ses canyons, ses cours d'eau et ses chutes et, enfin, les parcs nationaux Punta et La Tigra. Tous ces parcs ne sont pas facilement accessibles et on ne doit pas s'attendre aux commodités auxquelles nous sommes habitués.

Les postes frontières : atmosphère, procédures et coûts

Depuis quelques années, le Honduras a mis en place différentes mesures pour faciliter les procédures et tenter de faire cesser les pratiques illégales aux postes frontières. Qu'il s'agisse d'écriteaux comme ceux installés à El Florido sur lesquels sont affichés les tarifs officiels ou de la procédure simplifiée *Paso Fácil* en opération à Guasaule depuis 1998, elles n'ont pas, à ce jour, donné les résultats escomptés. Le Honduras devra vivre encore longtemps avec la réputation de posséder les postes frontières les plus corrompus de toute l'Amérique centrale.

Les postes frontières : atmosphère, procédures et coûts

[El Florido – en entrant au Honduras à partir du Guatemala]

Après les formalités pour sortir du Guatemala, voici que vous devez refaire le même exercice pour entrer au Honduras. Même désordre, personnages aussi louches assis derrière les comptoirs, rien pour vous mettre en confiance. À ce poste frontière, l'arnaque semble tourner autour du permis de séjour pour vous et le véhicule. Prenez soin de noter les prix qui sont affichés sur les nouveaux écriteaux AVANT de pénétrer dans les différents bureaux des officiers de douanes. De cette façon, vous serez mieux préparé pour vous défendre dans le cas d'une demande déraisonnable de leur part. Vous avez aussi le loisir d'appeler aux numéros de téléphone indiqués sur les écriteaux (36-5594, 36-7538, 36-6546) pour vous plaindre... Mais où trouverez-vous un téléphone et de la monnaie locale pour le faire?

El Florido
Temps des procédures : 0 h 35 (11 h 35 à 12 h 10)
Coûts : Timbre passeport 40 L par personne, permis pour le véhicule (*transito*) 30 L, douane pour le véhicule (permis 8 jours) 330 L*
Coût total : 440 L (± 32 $ US)
*Un permis de 30 jours serait disponible pour approximativement 100 L de plus.

Note : D'après des voyageurs que nous avons rencontrés plus tard, il semble que nous ayons battu un record de temps en franchissant les deux frontières Guatemala-Honduras en 50 minutes. Nous avions commencé notre tournée des différents bureaux guatémaltèques à 11 h 20 et nous terminions les procédures honduriennes à 12 h 10 pour un total de 50 minutes pour les deux pays. L'histoire ne dit pas si notre record tient toujours! Écrivez-nous!

[Las Manos – en sortant du Honduras vers le Nicaragua]

Les officiers les plus tordus de tous les postes frontières que nous avons traversés à ce jour sont sans contredit ceux du Honduras. Ils vont carrément tenter de soutirer le plus possible de chaque visiteur étranger. Exemple : un premier préposé nous demande 50 L par personne pour faire estamper nos passeports et un autre policier nous demande 20 L pour le véhicule. Exaspéré de leur technique, j'ai décidé d'essayer un truc qu'un voyageur m'avait conseillé pour ces moments critiques : leur annoncer que j'allais prendre une photo de quiconque à qui nous remettrions de l'argent sans reçu officiel. Nous avons eu raison d'eux puisqu'ils n'ont pas tardé à nous faire signe de disparaître. Nous n'avons pas payé un seul cent pour sortir du Honduras, mais ô que d'émotions!

Las Manos
Temps des procédures : 0 h 25 (8 h 25 à 8 h 50)
Coûts : Aucun sauf le *tramitador* 1 $ US
Coût total : 1 $ US

Note : À partir de Danlí au Honduras, il est possible de traverser le Nicaragua au complet dans la même journée jusqu'à Peñas Blancas, l'unique poste frontière du Costa Rica avec le Nicaragua. Cela implique que vous devrez affronter les douaniers du Honduras à Las Manos à la sortie, faire face à ceux du Nicaragua à l'entrée, à d'autres de ce même pays plus tard à la sortie du Nicaragua, et finalement d'autres à l'entrée du Costa Rica. Journée mouvementée en perspective! Soyez bien certain de posséder l'énergie nécessaire!

Les postes frontières : atmosphère, procédures et coûts

[El Amatillo – en sortant du Honduras vers le Salvador]

Chose plutôt inusitée : nous avions à bord à notre arrivée à El Amatillo un officier de douanes du poste de Guasaule et un employé affecté à la circulation au poste de frontière à qui nous avions rendu service en les amenant jusqu'ici. Un policier de la Police nationale armé jusqu'aux dents était quant à lui descendu de notre véhicule à quelques kilomètres à peine de la frontière. On se serait cru affectés aux services de transport des employés de l'État ce matin-là. Puisqu'ils savaient que nous nous rendions directement à El Amatillo, ils nous avaient tout simplement demandé très gentiment de les amener à l'autre frontière du pays. On parle ici de représentants du gouvernement et de la police fédérale... Allez hop, tout le monde à bord! Inutile de vous dire que l'on se sent très serviable lors de moments pareils...

Au poste frontière de El Amatillo, il y règne (sous une chaleur écrasante) le désordre « habituel » associé aux postes frontières d'Amérique centrale. Mais cette fois-ci, cette étape fut très facile pour nous puisque l'employé des douanes à qui nous avions rendu service nous a renvoyé l'ascenseur en nous facilitant les procédures pour obtenir les documents nécessaires, le tout sans frais et avec le sourire.

El Amatillo
Temps des procédures : 0 h 10 (11 h à 11 h 10)
Coûts : Aucun sauf pour le pourboire 3 $ US
Coût total : 3 $ US

[Guasaule – en entrant au Honduras à partir du Nicaragua]

Le *tramitador* que nous avions engagé pour sortir du Nicaragua nous avait informé que les procédures avaient été simplifiées au poste d'entrée du Honduras. Nous n'aurions qu'à nous présenter à un guichet unique, un kiosque en acier rouge vif, et régler nos papiers. Mais tout n'a pas été aussi simple qu'il nous l'avait laissé croire. Il y a bien un ordinateur et une inscription *Paso fácil* affichée sur un des murs extérieurs de la cabane installée sur le bord de la route. Mais vous devez, ici comme ailleurs, faire le tour de tous les bureaux pour aller chercher vos précieux sceaux. À un des guichets, on nous demande 100 L de plus pour le permis de la voiture que lors de notre entrée précédente au Honduras. Nous avons fait des pieds et des mains pour ne pas payer ce montant, allant même jusqu'à obtenir une audience avec l'administrateur du poste frontière pour plaider notre cause, mais en vain. Malgré cela, nous avons réalisé que nous arrivions à un dollar près du montant que nous avions payé à El Florido quelques mois plus tôt. Cela s'explique par le fait que nous n'avions payé aucun pot-de-vin ce jour-là, même si un policier en uniforme tapi dans une petite pièce noire nous avait réclamé 20 L pour quelques timbres. Il n'a pas insisté lorsque je lui ai parlé de ma caméra... ma nouvelle alliée pour économiser!

Guasaule
Temps des procédures : 1 h 5 (7 h 40 à 8 h 45)
Coûts : Timbre de transport 10 L par personne, frais pour le véhicule 397,51 L, *tramitador* 1 $ US
Coût total : 418 L (± 31 $ US)

Le réseau routier

Le réseau routier asphalté du Honduras se limite à trois axes principaux : les routes internationales CA-11, CA-4 et CA-13 d'ouest en est qui vont du poste frontière d'El Florido aux villes de la côte des Caraïbes en passant par San Pedro Sula, la route CA-5 qui traverse le pays du nord au sud en passant par Tegucigalpa et la CA-1 qui parcourt d'ouest en est le Honduras dans sa partie la plus étroite au sud entre les villes de El Amatillo et El Espino. La CA-6, quant à elle, permet d'atteindre le poste frontière Las Manos à partir de la capitale et la CA-3, une courte route qui débute à Choluteca et qui finit à Guasaule à la frontière du Nicaragua. Il y a peu de routes dans les départements peu populeux d'Olancho et de Gracias a Dios à l'ouest du pays.

Au Honduras, la nature est belle et le réseau routier est relativement en bonne condition. La signalisation routière est bien faite. On trouve de l'essence sans plomb facilement et de gigantesques et modernes stations d'essence avec dépanneur poussent un peu partout. Un certain nombre de ponts ont été refaits à neuf au cours des récentes années avec l'aide financière du Japon. D'ailleurs, on peut voir sur chacun d'eux un écriteau avec le drapeau japonais qui ne manque pas de nous le rappeler.

NOTE IMPORTANTE : Depuis le passage du terrible ouragan Mitch en 1999, les conditions routières sont difficiles, voire impossibles, à évaluer dans certaines régions; prenez soin de vous renseigner au fur et à mesure que vous approcherez des zones affectées.

Description de certaines routes

[La CA-11 et CA-4 de Copán jusqu'à la CA-5 près de Chamelecón]

Cette route est particulièrement belle. Elle traverse une superbe région montagneuse riche en agriculture et en élevage de bovins et elle vient tout juste de recevoir un revêtement neuf. Après avoir roulé si longtemps sur la piste en montagne pour atteindre Copán au Honduras, quel plaisir de rouler sur une route pavée avec asphalte neuve, fraîchement marquée et avec accotement... merci!

[La CA-5 de Chamelecón au lac Yojoa]

C'est une route pavée en excellente condition avec accotement. Elle est relativement droite et traverse une région somme toute peu intéressante géographiquement parlant. L'embranchement de la route nationale 54 vers Pulhapanzak est très mal indiqué. Cette dernière est en terre battue et en assez bonne condition sur toute sa longueur jusqu'aux chutes Pulhapanzak.

[Du grand lac Yojoa à Las Manos]

Il est possible de vous rendre du lac Yojoa à Danlí en passant par la capitale Tegucigalpa en moins d'une journée. La route CA-5 est belle et le paysage fort joli. La CA-6 est aussi en bon état, si ce n'est d'un certain nombre de trous ici et là dans la chaussée. La nature est riche et verte autour du lac et dans la région.

La végétation se fait de plus en plus rare à mesure que vous descendez vers le sud. La route traverse ensuite les montagnes, des forêts de pins et les hauts plateaux jusqu'à la capitale. Les champs de tabac et les plantations de café apparaissent à mesure que vous approchez de la région de Danlí.

[Guasaule à El Amatillo]

Une des deux façons de traverser le pays pour se rendre au Salvador en partant du Nicaragua est d'emprunter la route internationale CA-3 de Guasaule à Choluteca et de là, la CA-1 jusqu'à la frontière à El Amatillo. Ces routes sont excellentes, sauf pour quelques trous près de Nacaome. L'autre façon pour traverser le Honduras consiste à entrer par l'autre poste frontière, El Espino sur la CA-1, et de filer jusqu'au bout.

Terrains de camping et solutions de rechange

[Les chutes Pulhapanzak]

Le centre récréotouristique de Pulhapanzak constitue un bel exemple de solution de rechange au terrain de camping conventionnel. C'est un beau parc sous les arbres où coule une étroite rivière et une haute chute de 42 m. On y trouve, en plus d'un grand stationnement, un restaurant en plein air avec piste de danse. Il est situé à l'extrémité nord du lac Yojoa et on y accède par la route 54 à partir de la route internationale CA-5. C'est une route de terre, mais elle est en bonne condition. Si vous recherchez le calme et la quiétude, évitez de vous y rendre les fins de semaine, puisque le centre est très fréquenté par les jeunes familles que des dizaines d'autobus ne viennent reprendre qu'à la tombée du jour. Le coût d'entrée est de 5 L par adulte et 3 L par enfant. Pour y passer la nuit, il a fallu ajouter au prix d'entrée un pourboire de 10 L pour le préposé à la guérite et un autre du même montant pour le gardien de nuit pour un total de 30 L (environ 2 $ US). À noter que notre gardien était armé d'un impressionnant fusil et accompagné de quatre chiens de garde à l'air féroce. Autre conseil : assurez-vous que l'employé qui exigera des frais pour passer la nuit ne souffre pas d'amnésie le lendemain matin...

[Los Remos à Pito Solo]

Enfin! Un vrai terrain de camping! Au centre du pays se trouve le lac Yojoa, long de 22 km et entouré de montagnes. À sa pointe sud sur la route CA-5, il y a Los Remos, un motel-camping administré par un Anglais. On y trouve des toilettes et des douches et le coût pour la nuit est de 5 $ US pour un petit véhicule récréatif. Le terrain est sobrement aménagé et propre. Contrairement à Pulhapanzak, il est en plein soleil. Par contre, la vue sur le lac et les montagnes qui l'entourent est époustouflante.

[La propriété des Domingo à Copán]

En entrant au Honduras par El Florido sur la CA-11, vous dépasserez le village de Copán Ruinas jusqu'au garage Texaco voisin du site archéologique. Retournez sur vos pas (200 m environ) et engagez-vous sur la route de terre qui va jusqu'à la rivière Copán. Traversez-la (elle est peu profonde), la première propriété à droite est celle du *señor* Domingo. Un sourire et une demande polie en bonne et due forme et vous voilà chez vous pour 20 L par nuit. Propriété est toutefois un bien grand mot pour décrire l'endroit; on devrait plutôt dire un terrain gazonné clôturé et sécuritaire avec en son centre un *palenque*, une arène circulaire avec gradins où s'entassent les amateurs de combat de coqs les jours de fêtes. La famille Domingo, une très modeste famille hondurienne, vit son petit train-train quotidien dans ce décor. Pas de service, mais vous pouvez demander d'utiliser les éviers extérieurs pour prendre de l'eau ou faire votre lessive.

À Copán, le stationnement du garage Texaco est une autre option, mais il faut vraiment être à bout de ressources...

Le Nicaragua

Le|Nicaragua ▌

Nom :	Nicaragua
Capitale :	Managua
Superficie :	129 494 km^2
Population :	4 717 132 habitants (estimé de juillet 1999) Métis 69 %, Blancs 17 %, Noirs 9 %, Amérindiens 5 %
Religion :	Catholique 95 %, protestante 5 %
Langues :	Espagnol (officiel), et minorités anglaises et amérindiennes sur la côte Atlantique
PNB par habitant :	2 500 $ US (estimé de 1998)
Villes importantes :	León, Masaya, Granada
Carte du pays :	Le pays est divisé en 15 départements et 2 régions autonomes* : Boaco, Carazo, Chinandega, Chontales, Esteli, Granada, Jinotega, León, Madriz, Managua, Masaya, Matagalpa, Nueva Segovia, Rio San Juan, Rivas, *Atlantico Norte, *Atlantico Sur.
Fuseau horaire :	GMT – 06:00 (Central Standard Time)
Poids et mesures :	Système métrique (officiel). On utilise le gallon US pour l'essence, la pinte et la chopine US pour les liquides et la livre pour certains poids.
Unité monétaire :	1 Cordoba or (C) = 100 centavos
Taux de change :	Janvier 2001 : 1 $ US = 12,710 C, 1 $ CA = 8,477 C
Réseau routier :	16 382 km au total 1 818 km pavés 14 564 km non pavés (estimé de 1998)
Frontières :	309 km avec le Costa Rica 922 km avec le Honduras
Côtes :	541 km sur les Caraïbes 352 km sur le Pacifique

Démographie et géographie

Le Nicaragua est bordé au nord par le Honduras et au sud par le Costa Rica. C'est le plus grand pays de l'Amérique centrale et il équivaut à peine à l'État américain de New York. La grande majorité de la population (90 %) vit dans les villes sur l'étroite bande de terres basses parsemée de volcans entre le Pacifique et les deux grands lacs du Nicaragua. La densité de population n'est que de 34,7 habitants au km^2 comparativement à 268 pour le Salvador. Le centre du pays est montagneux alors qu'à l'est, on retrouve les vastes terres basses où coulent de nombreuses rivières à partir des montagnes vers l'océan Atlantique.

Le climat est tropical dans les terres basses et frais en montagne. La côte atlantique et particulièrement le bassin sud de la rivière San Juan, où il tombe plus de 6 m de pluie par année, est très humide et la saison sèche est courte. Du côté du Pacifique, l'air peut devenir très sec en été (novembre à avril). Tout dépendant de l'altitude, la température moyenne annuelle variera entre 15° et 35 °C. À Managua, lorsque le soleil est à son zénith, la température varie de 30° à 36 °C avec des pointes à 38 °C de mars à mai et de 40 °C en janvier et février.

[Les principales régions touristiques]

Il y a au Nicaragua des sites d'intérêt touristique qui sont dignes de mention. Les amateurs de volcans sont servis à souhait : le volcan Coseguïna surplombant le golfe de Fonseca, le San Cristóbal encore fumant, le Cerro Negro un peu plus petit, le fameux Momotombo où on a installé une station géothermique à son pied, le volcan à deux cônes Masaya/Santiago au parc national du volcan Masaya situé à environ 60 km au sud de Managua, les deux volcans Concepción et Madera et un volcan éteint sur l'île Ometepe dans l'immense lac Nicaragua. Les plages de San Juan del Sur et celles des environs (Playa Marsella, Playa del Coco et Playa del Tamarindo) sont des havres fort intéressants pour les baigneurs et surfeurs même si les routes d'accès sont difficiles. Dans la même veine, à environ une heure de route de la capitale, Managua, se trouve la station balnéaire de Montelimar construite par les sandinistes, actuellement très populaire auprès de la clientèle de forfaits-vacances à la plage venant de l'étranger. Les villes coloniales de Managua, León et Granada ne manquent pas non plus de charme.

Le Nicaragua possède une étroite bande de terre au sud du pays on l'on retrouve la rivière San Juan (passage naturel entre le lac Nicaragua et l'Atlantique). Cette bande a été un des deux sites évalués pour la construction du canal qui allait relier les deux océans. Panamá a été retenu parce que, contrairement au Nicaragua, il est moins sujet aux tremblements de terre, aux éruptions volcaniques, aux glissements de terrain et aux occasionnels ouragans.

Les postes frontières : atmosphère, procédures et coûts

Le Nicaragua est le pays où le personnel des postes frontières nous est apparu le moins corrompu. Malgré cela, il nous a semblé qu'ici, comme dans bien d'autres postes frontières en Amérique centrale, tout est aménagé de façon à maintenir le voyageur dans un état d'insécurité afin qu'il soit plus vulnérable aux tentatives d'extorsion d'employés malhonnêtes. Je me demande aussi si ce désordre n'est pas voulu afin de fournir du travail à tous ces gens qui gagnent leur vie à aider les voyageurs à percer les secrets de la bureaucratie de chaque poste frontière.

[Ocotal – en entrant au Nicaragua à partir du Honduras]

L'entrée au Nicaragua par ce poste frontière s'est faite rondement. Dès le départ, nous avons informé notre guide que nous n'allions payer que les frais réels. Nous voulions aussi, avant toute chose, prendre connaissance des tarifs officiels au moyen d'un document ou d'un écriteau. En moins de deux, notre guide nous faisait rencontrer un officier qui nous a montré les différents formulaires officiels de reçus sur lesquels on pouvait lire les montants à payer. Il nous a même indiqué les montants que nous aurons à payer à la sortie du pays, soit 20 C par personne du lundi au vendredi, et le double les samedis et dimanches...

Ocotal
Temps des procédures : 1 h 5 (8 h 50 à 9 h 55)
Coûts : Timbre de passeport 50 C par personne, permis pour le véhicule 140 C, guide 1 $ US
Coût total : 240 C + 1 $ US (± 23 $ US)

[Sapóa – en sortant du Nicaragua vers le Costa Rica]

Nous avons bien tenté de franchir sans aide toutes les étapes de cette frontière pour obtenir les tampons et autorisations nécessaires pour quitter le pays. Nous y étions presque, mais notre patience a atteint son taux de saturation lorsqu'on nous a indiqué de retourner pour une troisième fois à un des comptoirs. Nous avons donc sur-le-champ retenu les services d'un guide pour clore cette étape.

Sapóa
Temps des procédures : 0 h 15 (16 h 45 à 17 h)
Coûts : Timbre de passeport 20 C par personne, taxe de la municipalité 1 $ US par personne*, guide 1 $ US
Coût total : 40 C + 3 $ US (± 7 $ US)
*Payable en dollars US seulement.

Les postes frontières : atmosphère, procédures et coûts

[Sapóa – en entrant au Nicaragua à partir du Costa Rica]

Sapóa
Temps des procédures : 0 h 45 (15 h à 15 h 45)
Coûts : Carte de touriste 7 $ US par personne*, frais pour le véhicule 10 $ US*,
taxe de la municipalité 1 $ US par personne*, guide 1,50 $ US, fumigation 30 C
Coût total : 30 C + 27,50 $ US (± 30 $ US)
*Payables en dollars US seulement.

[Guasaule – en sortant du Nicaragua vers le Honduras]

Fait à remarquer à ce poste frontière, la suc-cursale de la BanCentro est très moderne et informatisée. Tous les étrangers doivent remplir eux-mêmes un bordereau de dépôt et déposer les sommes exigées aux postes de douanes. Cela semble être une façon pour éviter que certains fonctionnaires arrondissent leurs salaires. Au nom du compte, il faut inscrire MEFIN Ingresos DGI et le numéro du compte est le n° 101217043 (il est noté sur une carte sur la table où on prépare le dépôt). L'aimable employé vous remettra alors un reçu informatisé que vous remettrez ensuite à un des officiers des douanes. Tout cela se passe dans un immeuble terne, lugubre et très peu accueillant.

Guasaule
Temps des procédures : 1 h (6 h 35 à 7 h 35)
Coûts : Timbre de sortie 2 $ US par personne*, frais pour photocopies 2 C,
guide 1 $ US
Coût total : 2 C + 5 $ US (± 5,25 $ US)
*Payable en dollars US seulement.

Il est intéressant de noter que vous devez payer certains frais en dollars US seulement, même si vous insistez pour payer en cordoba (C), la devise du Nicaragua.

Le réseau routier

Le réseau routier se limite à deux routes qui traversent le pays du nord-ouest au sud-est et d'une troisième qui va de Managua à Rama du côté des Caraïbes. La route Panaméricaine (CA-1) est généralement en bon état mais d'autres routes moins fréquentées, dont certaines sont décrites ici, sont dans un état lamentable.

NOTE IMPORTANTE : Depuis le passage du terrible ouragan Mitch en 1999, les conditions routières sont difficiles, voire impossibles, à évaluer dans certaines régions; prenez soin de vous renseigner au fur et à mesure que vous approcherez des zones affectées.

Description de certaines routes

[La Panaméricaine CA-1]

La CA-1 traverse le pays du nord au sud de El Espino à Peñas Blancas en passant par les villes de Somoto, Condega, Esteli, Sébaco et Tipitapa, Managua, Jinotepe, Rivas et longe le grand lac Nicaragua. Le revêtement jusqu'à Nandaime à la jonction de la route n° 4 au sud-ouest de Granada est en bon état dans son ensemble même s'il n'est pas neuf. De là et jusqu'à Peñas Blancas, l'unique poste frontière vers le sud, vous roulez sur un revêtement neuf et récemment marqué. La portion de route du poste frontière d'Ocotal (celle qui vient de Danlí au Honduras) dans le département de Nueva Segovia jusqu'à la route Panaméricaine à Yalaguila passe au travers de beaux paysages où la nature est riche et luxuriante. Ce paysage ressemble en tous points à ceux du sud du Honduras. Il y a un barrage de contrôle à 21 km de la frontière, un autre à moins de 6 km plus loin. Ensuite vous traversez la région montagneuse sèche et très aride, puis une longue plaine désertique et finalement la très riche région du lac Nicaragua et ses grands élevages de bétail, ses rizières à perte de vue et ses champs cultivés.

[Chinandega au poste frontière de Guasaule (CA-3)]

Cette route est très mauvaise. Il y a souvent des gens, des charrettes et des animaux sur la route. Elle semble peu fréquentée, si ce n'est les quelques rares camions et surtout les autobus locaux qui déversent leurs lots de passagers aux postes frontières. Dans la dernière moitié de cette route, il y avait même de jeunes enfants d'à peine deux ou trois ans qui tenaient, dans la faible lumière du crépuscule, une corde au travers de la route dans le but de faire arrêter les véhicules afin de quémander quelques sous. Plus loin, un homme et une femme réparaient de gros trous dans la chaussée avec de la terre prise sur le bord du chemin dans le but de recevoir un pourboire des camionneurs. La route passe dans une plaine fascinante dotée d'arbres en forme de parasol et de volcans aux cônes parfaits. Quel dépaysement!

NOTE : Les routes de terres parallèles au Pacifique qui vous amènent aux différentes plages ne sont pas toujours en bon état. Vous devez passer à gué celle qui va à Playa del Coco et l'accès à la plage en véhicule est difficile, puisque beaucoup de terrains sont occupés par de riches propriétaires de Managua.

Terrains de camping et solutions de rechange

Au Nicaragua, vous devrez vous contenter de solutions de rechange afin de camper.

[Playa Marsella (au nord de San Juan del Sur)]

Au sud de Rivas, prendre la route de 18 km qui va vers le Pacifique à partir de La Virgen sur la route Panaméricaine pour vous rendre à San Juan del Sur. À l'entrée de la ville où il y aura probablement un officiel qui vous arrêtera pour collecter une taxe de bienvenue, prenez le chemin de terre à droite et roulez environ sept kilomètres jusqu'à un embranchement qui va jusque sur le bord de la mer. Vous serez à Playa Marsella, un endroit divin avec une magnifique plage en forme de croissant, des récifs, de grosses vagues et des couchers de soleil inoubliables. Demandez au propriétaire d'un des restaurants de la plage la permission de vous installer sur son terrain près d'un *ramada* (abri rectangulaire fait de branches de palmiers pour se protéger du soleil) en échange d'un ou de quelques repas que vous prendrez à son commerce. Vous prendrez soin de négocier le coût de vos repas avant d'être servi pour éviter de vous faire prendre et de payer le gros prix. Cette plage, comme les autres autour, est surtout fréquentée les fins de semaine et les jours de fêtes et est par conséquent très calme la semaine. Allez faire un saut à San Juan del Sur, vous ne le regretterez pas!

[Le parc national Vólcan Masaya]

Il est possible d'utiliser les aménagements du Centre d'interprétation du parc (*Centro de Interpretacíon*) comme l'aire de pique-nique, les barbecues et les toilettes moyennant paiement. On nous a demandé 10 $ US par personne pour y stationner pour la nuit, en plus du 4 $ US par personne pour l'entrée.

Même si le parc national Vólcan Masaya est le fer de lance, l'épine dorsale sur laquelle s'appuie le tourisme au Nicaragua, nous avons trouvé que payer 28 $ US était démesuré pour passer une nuit sur un stationnement.

[Le centre touristique de Xiloá]

À 16 km de la capitale se trouve le Centro Turistico de Xiloá sur la route qui va jusqu'à El Tamagas sur la péninsule qui s'avance dans le grand lac Managua. C'est un grand centre de vacances avec toutes les commodités comme des tables à pique-nique, des aires gazonnées, des restaurants et des bars qui est situé sur le bord d'un ancien cratère devenu lac.

On y fait beaucoup de baignade et de nautisme. L'endroit est accueillant, le lac est encadré de montagnes et une odeur de soufre emplit l'atmosphère. À l'entrée, faites part à l'officier de votre intention de vous installer pour la nuit, il vous demandera quelques cordobas pour le service et vous aidera à vous installer.

[Chinandega – la station-service Texaco de Chinandega]

La nouvelle station-service Texaco de Chinandega ressemble en tous points à celles qui existent aux États-Unis avec son dépanneur Start Mart et sa concession Subway, sauf pour le gardien armé d'une mitraillette... L'endroit est ouvert 24 heures sur 24 et est bien protégé. Le gardien nous a même confié qu'après Dieu le Père, c'est lui qui allait nous protéger! Difficile de trouver meilleur service. Le gérant vous donnera la permission de passer la nuit à la condition de quitter les lieux avant 6 h 30, heure d'arrivée de son superviseur.

Le Costa Rica

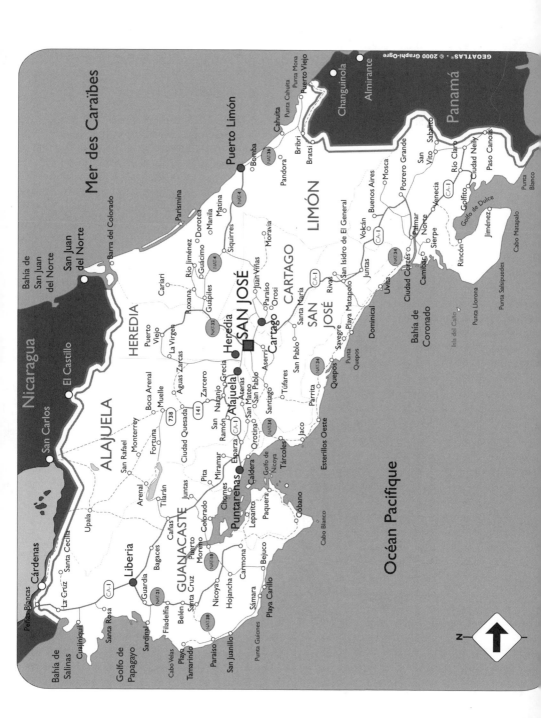

Mer des Caraïbes

Océan Pacifique

Nicaragua

Panamá

Bahía de Salinas

Peñas Blancas
Cárdenas
La Cruz
Santa Cecilia
Santa Rosa
Cuajiniquil
Golfo de Papagayo
Sardinal
Cabo Velas
Playa Tamarindo
Paraíso
San Juanillo
Punta Guiones
Playa Carillo
Sámara
Bejuco
Hojancha
Nicoya
Carmona
Camona
Paquera
Lepanto
Cóbano
Cabo Blanco

Upala
San Rafael
Monterrey
Fortuna
Arenal
Tilarán
Juntas
Cañas
Moreno
Colorado
Bagaces
Belén
Filadelfia
Santa Cruz
Guardia
Liberia

San Carlos
El Castillo

Bahía de San Juan del Norte
San Juan del Norte
Barra del Colorado

NICARAGUA

ALAJUELA
GUANACASTE

Boca Arenal
Muelle
Ciudad Quesada
Aguas Zarcas
Zarcero
Naranjo
Grecia
San Ramón
Atenas
Esparza
Caldera
Miramar
Pita
Chomes
Puntarenas
Golfo de Nicoya

HEREDIA
Puerto Viejo
La Virgen
San Mateo
Orotina
Tárcoles
Santiago
San Pablo

Cariari
Roxana
Río Jiménez
Guácimo
Guápiles
Siquirres
Doroteá
Manila
Matina
Parismina

Puerto Limón
Bomba

NAT-4
NAT-32

SAN JOSÉ
HEREDIA
Alajuela

Cartago
CARTAGO
Juan Viñas
Paraíso
Orosi
Santa María
Aserrí
San Pablo
Túfares
Parrita
Jacó
Esterillos Oeste
Quepos

Moravia

LIMÓN

Pandora
Bribri
Bratsi
Cahuita
Punta Cahuita
Puerto Viejo
Punta Mona

Changuinola
Almirante
PANAMÁ

Buenos Aires
Mosca
Volcán
Juntas
Rivas
San Isidro de El General
Savegre
Punta Quepos
Dominical

Potrero Grande
San Vito
Venecia
Ciudad Nelly
Paso Canoas
Río Claro
Golfito
Jiménez
Rincón
Sabalito
San

SAN JOSÉ

Playa Matapalo
Uvita
Ciudad Cortés
Camibas
Palmar Norte
Sierpe

Bahía de Coronado
Isla del Caño
Punta Llorona
Punta Salsipuedes
Cabo Matapalo
Punta Blanco
Golfo de Dulce

Ojochal
Tufares

738
141
CA-1
NAT-34
NAT-18
NAT-21
NAT-38
CA-1

N

Le|Costa Rica ▮

Nom :	Costa Rica
Capitale :	San Jose
Superficie :	51 100 km² (incluant Isla del Coco)
Population :	3 674 490 habitants (estimé de juillet 1999) Blancs (incluant les Métis) 96 %, Noirs 2 %, Amérindiens 1 %, Chinois 1 %
Religion :	Catholique (95 %)
Langues :	Espagnol (officiel) et anglais autour de Limón
PNB par habitant :	6 700 $ US (estimé de 1998)
Villes importantes :	Puerto Limón, Alajuela.
Carte du pays :	Le pays est divisé en sept provinces : Alajuela, Cartago, Guancaste, Heredia, Limón, Puntarenas, San Jose.
Fuseau horaire :	GMT – 06:00 (Central Standard Time)
Poids et mesures :	Système métrique, mais aussi les mesures anglaises et de vieilles mesures espagnoles.
Unité monétaire :	1 Colon costaricain (C) = 100 centimos
Taux de change :	Janvier 2001 : 1 $ US = 314,280 C, 1 $ CA = 209,632 C
Réseau routier :	35 597 km pavés 29 546 km non pavés (estimé de 1997)
Frontières :	309 km avec le Nicaragua 330 km avec le Panamá
Côtes :	212 km sur les Caraïbes 1 016 km sur le Pacifique

L e Costa Rica sera pour plusieurs voyageurs par la route leur destination la plus au sud en Amérique centrale, un pays où ils passeront l'hiver avant de remonter vers le nord. En effet, le pays est un vrai paradis, surtout pour les amants de la nature.

La diversité des écosystèmes du Costa Rica a toujours su attirer d'innombrables ornithologistes et botanistes amateurs dans ses très nombreux parcs et réserves. Sa nature généreuse, sa faune et sa flore sont sans contredit les attraits majeurs du pays. Les 1 016 km de côtes sur le Pacifique, les nombreuses baies et les 212 km de littoral sur les Caraïbes parsemés de longues plages sous les palmiers ont de quoi satisfaire les plus exigeants amateurs de plein air, de sports nautiques et même de pêche en haute mer. Le pays est aussi réputé pour ses volcans actifs; les plus accessibles et les mieux connus étant l'Arenal, le Poás et l'Irazú.

Et s'il est un pays où vous apprécierez votre véhicule, c'est bien le Costa Rica, puisqu'il n'y a pas ou peu de transport en commun pour vous rendre aux très nombreux sites touristiques.

Démographie et géographie

Le Costa Rica est situé entre la mer des Caraïbes et l'océan Pacifique. Il est bordé par le Nicaragua et le Panamá. Le pays est constitué d'une partie centrale montagneuse avec des basses plaines humides de part et d'autre. L'altitude, comme partout ailleurs en Amérique centrale, détermine le climat. Le climat est tropical et la saison sèche s'étend de décembre à avril alors que la saison des pluies est de mai à novembre. La plaine donnant sur les Caraïbes est particulièrement humide puisqu'il y pleut 300 jours par année. Les *Ticos*, nom sympathique donné aux Costaricains, sont plus de trois millions et les deux tiers vivent dans la vallée centrale (*Mesa Central*) où se trouve San Jose, la capitale. C'est une région de 5 200 km2 à une altitude variant entre 900 à 1 800 m située entre la chaîne de montagnes Cordillera de Talamanca et les volcans. La température moyenne y est de 16 °C.

[Les principales régions touristiques]

Le pays est petit et où que vous alliez, il y aura de quoi vous intéresser. La route Panaméricaine de la frontière du Nicaragua à celle du Panamá ne fait que 534 km et la largeur totale du Costa Rica d'est en ouest n'est que de 270 km. Ainsi, dans la même journée vous pourriez aller vous pencher sur le bord du cratère d'un volcan, faire ensuite une randonnée pédestre dans la forêt tropicale et finir la soirée en sirotant un rhum sur une plage de sable blanc.

Nous avons passé plusieurs semaines à découvrir les richesses naturelles de ce pays et il aurait été facile d'y consacrer encore plus de temps.

Les postes frontières : atmosphère, procédures et coûts

Le Costa Rica est le seul pays d'Amérique centrale, en plus du Belize, qui exige des frais pour l'achat d'une assurance automobile obligatoire. C'est aussi le seul pays à faire payer une taxe pour l'utilisation de ses routes. Par contre, le passage aux postes frontières se fait rondement et proprement.

[Peñas Blancas – en entrant au Costa Rica à partir du Nicaragua]

À Peñas Blancas, un édifice moderne abrite une cafétéria en plus des bureaux des douanes et de l'immigration. Le poste frontière est ouvert de 8 h à 20 h tous les jours depuis le 1er janvier 1998. Même si tout à l'intérieur est ordonné et que les guichets sont identifiés, il peut être utile de demander de l'aide pour franchir toutes les étapes de la procédure.

En peu de temps, vous serez fin prêts à vous engager sur les routes du Costa Rica.

Nous avons été surpris de voir tant de déchets et de malpropreté autour de l'édifice des douanes d'un pays réputé pour son écotourisme. Attendez-vous à deux ou trois barrages sur la route entre Peñas Blancas et Cañas.

Peñas Blancas
Temps des procédures : 0 h 45 (17 h 30 à 18 h 15)
Coûts : Permis pour le véhicule (1 mois) 5 000 C*, timbre de la municipalité 75 C par personne, fumigation 750 C
Coût total : 5 900 C (± 23 $ US)
*Incluant le droit pour l'utilisation de la voie publique pour 90 jours (2 490 C) et l'assurance automobile (2 510 C).

Note : Des permis pour deux et trois mois sont aussi disponibles aux coûts respectifs de 7 500 C et 10 000 C.

[Peñas Blancas – en sortant du Costa Rica vers le Nicaragua]

Les formalités aux guichets du poste frontière se font relativement rapidement. Il en est autrement pour l'inspection du véhicule. C'est hilarant de voir les voyageurs agglutinés à l'inspecteur se déplacer d'un véhicule à l'autre

dans le stationnement dans l'espoir d'être son prochain client. Vous préférerez probablement déléguer un jeune qui s'offrira pour faire ce travail.

Peñas Blancas
Temps des procédures : 0 h 30 (14 h 30 à 15 h)
Coûts : Timbre de la municipalité 75 C par personne
Coût total : 150 C (± 0,60 $ US)

Les postes frontières : atmosphère, procédures et coûts

[Paso Canoas – en sortant du Costa Rica vers le Panamá]

L'édifice, pour une fois, ressemble à l'image qu'on se fait d'un édifice de douanes avec de nombreux guichets, des écriteaux et des espaces de stationnement. Il est situé à gauche (oui, à gauche) en entrant à Paso Canoas.

Ce poste frontière n'est pas trop chaotique, même si on y retrouve pêle-mêle un tas de petits étals et restaurants et le lot habituel de camions-remorques et d'autobus. Il n'y a pas de signalisation pour vous indiquer la sortie du Costa Rica ni l'entrée du Panamá. Il n'y a pas non plus de comité de réception pour encercler votre automobile pour vous offrir de services de guides ou de changeurs de devises. Vous devrez donc vous rendre au bureau de l'immigration du Costa Rica pour obtenir votre timbre de sortie. Si vous vous absentez du pays pour une courte période, vous n'aurez pas à défrayer le coût de l'assurance automobile à votre retour puisque celle-ci sera toujours en vigueur. Assurez-vous de le mentionner à l'employé des douanes costaricaines.

Paso Canoas
Temps des procédures : 0 h 20 (13 h à 13 h 20)
Coût total : Aucun

[Paso Canoas – en entrant au Costa Rica à partir du Panamá]

Les procédures au retour au Costa Rica sont parfois longues, surtout si vous arrivez à l'heure des repas. Récupérez votre document qui vous évitera de payer à nouveau l'assurance automobile. Il vous suffira ensuite de payer les frais du permis pour l'utilisation des routes et vous voilà au Costa Rica. Il ne faut pas oublier de reculer vos montres d'une heure (GMT – 6:00 plutôt que GMT – 5:00 au Panamá).

Paso Canoas
Temps des procédures : 0 h 45 (10 h 30 à 11 h 15)
Coûts : Droit pour l'utilisation de la voie publique 2 500 C
Coût total : 2 500 C (± 10 $ US)

Le réseau routier

Au Costa Rica, vous apprécierez compter sur votre propre véhicule pour vos déplacements, parce qu'il y a une quantité innombrable d'activités et de sites à découvrir.

Par contre, bien que beaucoup des routes aient été construites et plusieurs autres améliorées au cours des dernières années, le Costa Rica conserve encore la réputation d'avoir le pire réseau routier du Mexique et de l'Amérique centrale auprès des voyageurs. Curieusement, c'est le seul pays à exiger une taxe pour l'utilisation de ses routes. C'est aussi le seul pays à utiliser le radar pour contrôler la vitesse, et les policiers le font à merveille...

Après avoir laissé le réseau routier presque sans reproche du Panamá et après avoir roulé sur la Panaméricaine au Nicaragua, vous trouvez le réseau des routes du Costa Rica très misérable, plus précisément inégal. Oubliez totalement l'utilisation de votre régulateur de vitesse automatique, parce que vous ne savez jamais ce que les routes vous réservent. Les routes pavées sont généralement en bonne condition, mais elles peuvent être mauvaises par endroits alors que les routes secondaires sont pour la plupart lamentables.

Pour atteindre les parcs, les réserves écologiques et les plages de ce pays de rêve, il est très souvent nécessaire d'emprunter des routes secondaires et des chemins de terre qui sont loin d'être toujours en bon état. Il est courant de ne progresser qu'à 20-25 km/h sur certains chemins de terre. On comprend mieux la popularité de la location des véhicules à quatre roues motrices auprès de la clientèle touristique qui arrive au pays par avion. Mais attention! Il est habituel de voir sur les contrats de location une clause qui stipule que vous n'êtes pas autorisé à rouler en dehors des routes pavées!

Au Costa Rica, les numéros de route sont indiqués sur de rares bornes kilométriques. Elles sont de couleur jaune et sont parfois éloignées du bord du chemin. La signalisation n'est bien faite que si vous venez de la capitale. C'est à ce point vrai qu'en revenant de Tamarindo sur la péninsule de Nicoya, par exemple, vous ne verrez pas de signalisation. À moins d'avoir une mémoire extraordinaire de tous les virages que vous avez empruntés à l'aller, vous devrez vous arrêter lorsque vous verrez l'arrière d'un panneau de signalisation pour lire l'information et faire vos déductions sur la direction à prendre.

Description de certaines routes

[La Panaméricaine (CA-1)]

Le Panaméricaine CA-1 traverse le pays de la frontière du Nicaragua à celle de Panamá et elle est à deux voies. Aussitôt entré au pays à partir du Nicaragua, vous avez l'impression d'avoir changé radicalement de pays, du moins pendant les quelques premiers kilomètres. L'asphalte est rose (oui, rose!) et passe en courbes agréables sous un couvert végétal. Il faut être vigilant pour éviter les gros trous causés par les camions lourds. La route est ensuite en bon état jusqu'à San Jose.

De San Isidro de El General à Golfito. Le segment de San Isidro de El General à Paso Real à l'embranchement de la route qui va à San Vito, est en assez bonne condition. Plusieurs sections sont soit en réparation, soit sur le point de recevoir un revêtement neuf, alors que d'autres sont pleines de trous. C'est la montagne; la température est plus fraîche de plusieurs degrés et les paysages sont très beaux et verts dans cette région. Vous traverserez des plantations d'ananas. Il y en a à perte de vue des deux côtés de la route. Aussitôt que vous passez l'intersection qui va à San Vito, la route change du tout au tout. Elle serait impeccable si ce n'était de quelques trous dans la chaussée et de plusieurs déviations le long de la rivière Térraba, parce que des portions de la route ont glissé plus bas le long de la rivière. Le paysage est d'une grande beauté.

La route longe la superbe rivière Térraba jusqu'à Palmar Norte, traverse une longue plaine cultivée pour ensuite passer dans une belle région tout en vallons jusqu'à la route pour Golfito.

La section entre San Isidro de El General et San Jose. Cette route traverse la réserve forestière de Los Santos et celle de Rio Macho en passant par le Cerro Muerte (3 491 m), la plus haute montagne du pays. C'est une des routes les plus dramatiques du Costa Rica. Les points de vue sont tout à fait extraordinaires, mais le conducteur n'aura pas le plaisir de jouir autant du spectacle que les passagers, puisqu'il devra fixer les yeux sur la route. Elle n'a qu'une voie dans chaque sens et c'est la seule qui va au sud du pays. Elle accueille tout ce qui roule : les automobiles, les autocars et les lourds fardiers. Elle n'était pas en bon état en 1998 et les équipes qui s'affairaient à faire des réparations étaient très loin d'avoir fini leur travail. Tantôt vous roulez sur un bout d'asphalte, tantôt c'est sur le gravier. La route vous amène très longtemps dans les hauteurs pour vous faire redescendre graduellement vers la capitale par d'innombrables courbes serrées. La température est très fraîche en altitude, au point où nous avons dû remonter les fenêtres en roulant, chose que nous n'avions pas faite souvent en Amérique centrale.

[De Cañas à Tilarán jusqu'à Fortuna en passant par Arenal]

La première route vous amène de la Panaméricaine à Tilarán près du lac Arenal et la deuxième fait le tour du lac jusqu'à Fortuna à quelques kilomètres du volcan actif Arenal. Cette dernière est superbe. Une route de campagne en montagne comme nous les aimons avec de la verdure abondante, des arbres, des fleurs et des points de vue splendides sur le grand lac Arenal. En apercevant le lac pour la première fois, vous remarquerez les nombreuses éoliennes en haut sur la montagne et les véliplanchistes en bas à la pointe nord du lac qui profitent des mêmes vents. L'endroit serait d'ailleurs reconnu par les amateurs de ce sport.

La région autour d'Arenal est tout à fait panoramique jusqu'au volcan du même nom, mais il faut garder les yeux sur la route. Il y a de courtes sections où il faut faire preuve de prudence si votre véhicule ne possède pas une haute garde au sol. Il y a d'excellents points de vue sur le lac et sur le volcan et une belle section en forêt où on peut voir des oiseaux tropicaux et des coatis, cet animal aucunement craintif qui ressemble à un raton laveur avec un museau élancé et une longue queue de singe.

[De Fortuna à Muelle puis à la Panaméricaine]

Du lac Arenal à Muelle, c'est un beau chemin de campagne. Ensuite, la route 738 vous amène tranquillement en montagne. De Ciudad Quesada, la route 141 traverse les montagnes verdoyantes du centre du Costa Rica où il est possible de voir des plantations de café. Elle nous mène jusqu'à Zarcero où vous pourrez voir cette église entièrement en bois entourée d'arbustes taillés en forme d'animaux. C'est à l'approche de Ciudad Quesada que nous avons rencontré

notre premier poste de péage costaricain : 100 C (± 0,40 $ US). Cette route est tout en courbes avec des virages parfois très serrés. Nous avons vu à deux occasions différentes un camion semi-remorque renversé sur le côté du chemin avec sa cargaison.
Toutes ces routes sont de bonne qualité si ce n'est de quelques trous à éviter. Une partie du segment de route de Zarcero à Naranjo s'apprêtait à recevoir un nouveau revêtement d'asphalte.

[De Samara à Playa Tamarindo]

Il faut compter autour de deux heures trente pour faire le trajet. La route est pavée, sauf les quelques derniers kilomètres. Il faut être très attentif à la route pour éviter les trous occasionnels dans la chaussée parce qu'ici, comme dans les autres

pays d'Amérique centrale, il n'y a pas d'indication. Aussi, ayez l'œil ouvert pour les policiers avec leur pistolet-radar. Ils sont généralement installés à l'ombre sous les arbres, surtout les week-ends.

Description de certaines routes

[Tamarindo à Belén (Guanacaste)]

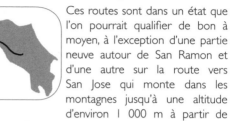

La route nᵒ 155 part de Tamarindo jusqu'à Huacas, puis devient la 38 jusqu'à Belén (Guanacaste), la 21 jusqu'à Libéria et la Panaméricaine (CA-1) jusqu'à l'aéroport international Juan Santa Maria pour finir sur la 111 qui longe la clôture de l'aéroport au sud pour arriver au terrain de camping à San Antonio de Belén près de San José. Un trajet de quatre heures.

Ces routes sont dans un état que l'on pourrait qualifier de bon à moyen, à l'exception d'une partie neuve autour de San Ramon et d'une autre sur la route vers San Jose qui monte dans les montagnes jusqu'à une altitude d'environ 1 000 m à partir de l'aéroport. Elles sont cahoteuses et il faut garder l'œil sur la route pour éviter d'abîmer votre véhicule dans les trous. Il y a un poste de péage sur la CA-1 à environ 25 km avant l'aéroport qui vous coûtera 120 C.

[De Belén (San José) à Cartago]

La CA-1 va jusqu'à San Pedro via le périphérique qui passe au sud, puis la route nᵒ 2 jusqu'à Cartago. Il faut être attentif tout au long de ce parcours parce que dans un premier temps, la signalisation n'est pas très

bonne pour vous amener sur le périphérique, et parce qu'il y a de nombreux carrefours giratoires où il faut s'assurer de poursuivre sa route dans la bonne direction.

[San José à Puerto Limón via Guápiles et Siquirres.]

La ville de San Jose est située à 1 150 m d'altitude et elle est nichée au creux d'une vallée entre deux chaînes de montagnes. Aussitôt sorti de la ville, vous grimpez dans les montagnes sur la route nᵒ 32 pour traverser la cordillère centrale et redescendre jusqu'à Guápiles. En sortant de la forêt, on sent déjà l'air humide de la côte et la température est plus chaude.

De là, la route nᵒ 4 traverse les terres basses jusqu'à Puerto Limón via Siquirres. À une trentaine de kilomètres sur la route nᵒ 32, juste après un long tunnel, il y a un poste de péage (300 C) qui marque aussi l'entrée du parc Braulio Carillo. On ne paie qu'en direction des Caraïbes. Vous êtes en pleine forêt tropicale humide. La route a reçu au cours des dernières années un nouveau revêtement sur presque toute sa longueur jusqu'à Guápiles et elle est en bonne condition jusqu'à Puerto Limón.

[Les routes sur la péninsule de Nicoya]

Le centre et le nord

Les routes principales sur cette partie de la péninsule sont aussi belles et même plus larges que la Panaméricaine. Le paysage est tout en petites montagnes et en vallons. Durant la saison sèche, tout est sec, si ce n'est des palmiers aux longs ramages vert foncé qui contrastent

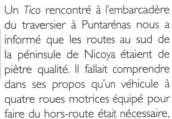

avec le sol couleur de blé. Quelques arbres arborent des fleurs blanches, roses et lilas et quelques lots cultivés complètent le décor. Le printemps arrive tôt ici. À la fin du mois de février, les arbres sont en fleurs. Du traversier à Nicoya il y a environ 35 km et 37 autres jusqu'à Samara sur l'océan Pacifique. La ville de Nicoya située en plein centre de la péninsule du même nom possède tous les services, notamment une épicerie grande surface (Palî) où on peut s'approvisionner avant de rejoindre la côte à Samara où on ne retrouve qu'une épicerie de type dépanneur. Attention! En quittant Belén dans le Guanacaste, il n'y a aucun panneau de signalisation pour vous indiquer de tourner à gauche pour Tamarindo.

Le sud

Un *Tico* rencontré à l'embarcadère du traversier à Puntarénas nous a informé que les routes au sud de la péninsule de Nicoya étaient de piètre qualité. Il fallait comprendre dans ses propos qu'un véhicule à quatre roues motrices équipé pour faire du hors-route était nécessaire, et encore. Il est donc préférable de prendre un autre traversier, le Tempisque – celui à Puerto Nispero au bout de la route 18 – pour vous rendre dans la partie plus au nord de la péninsule. La traversée dans l'eau brune de l'étroite baie coûte 400 C pour le véhicule (conducteur inclus) et 30 C par passager. Seul le conducteur peut rester à bord de son véhicule. Les autres montent et descendent à pied avec les piétons.

[La côte des Caraïbes de Puerto Limón à Punta Cahuita]

Puerto Limón, c'est un immense port de mer où de nombreux porteconteneurs attendent au large leur tour pour prendre leur cargaison. C'est d'ici que partent la plupart des bateaux de bananes costari-caines en direction de l'Amérique du Nord et de l'Europe.

La route n° 36 est parsemée de trous. Il y a des sections en gravier ainsi que d'étroits ponts de fortune. Elle longe le bord de la mer. On peut voir de nombreuses plantations de bananes sur la route n° 4 et à perte de vue de part et d'autre le long de la route n° 36.

[Quepos – San Isidro de El General via Playa Matapolo et Dominical]

De Quepos à Dominical, vous êtes toujours sur la route n° 34, mais c'est maintenant un chemin de terre d'une quarantaine de kilomètres, praticable en automobile à la condition d'avoir un véhicule avec suffisamment de garde au sol et de rouler à très basse vitesse. C'est une route particulièrement éprouvante. Tout vibre à l'intérieur et vous roulez à 25 ou 30 km/h. Il y a plusieurs ponceaux à traverser et ils sont à peine assez larges pour un véhicule. Ils sont pour la plupart construits avec de vieux rails de chemins de fer ou en bois et n'ont pas de garde-fous. Le terrain est relativement plat et il y a partout des plantations de palmiers africains qui fournissent l'huile de palme que l'on retrouve maintenant dans un grand nombre d'aliments préparés.

Arrivé à Matapalo, vous découvrirez une superbe plage de quarante kilomètres de long d'où il est possible d'apercevoir les îlots de Playa Manuel Antonio au nord et Dominical au sud. Par temps très clair, on peut même voir une partie de la péninsule d'Osa. Près de Dominical, deux panneaux de signalisation neufs indiquent les distances pour les villes côtières jusqu'à Cortés. La route monte graduellement au début et ensuite plus sérieusement jusqu'à San Isidro de El General à travers les montagnes en vous offrant de splendides paysages. Elle est pavée et en bonne condition sur toute sa longueur sauf pour quelques rares portions sur gravier. La ville n'offre pas beaucoup d'intérêt, si ce n'est des commerces pour vous approvisionner.

[San Jose]

Il n'est pas facile de s'y retrouver à San Jose, car il y existe de nombreuses rues à sens unique. Toutes les autoroutes autour de la capitale sont à quatre voies.

[San Jose – Quepos via Jacó]

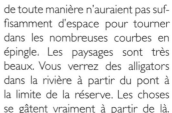

Quelques kilomètres sur la Pan-américaine (CA-1) en direction nord jusqu'à l'embranchement de la route qui va à Atenas puis à Orotina (aucun numéro de route). Il y a un poste de péage juste avant d'atteindre l'aéroport et seulement en direction nord (60 C). La police costaricaine est active dans ce secteur. L'embranchement de la route n° 34 qui va à Jacó et Quepos est à quelques kilomètres après Orotina. La route est en très bonne condition de San Jose jusqu'à la rivière Tarcóles juste avant la réserve biologique Carara. Elle est très sinueuse et abrupte dans la dernière moitié, au point où elle est interdite aux véhicules semi-remorques, qui

de toute manière n'auraient pas suffisamment d'espace pour tourner dans les nombreuses courbes en épingle. Les paysages sont très beaux. Vous verrez des alligators dans la rivière à partir du pont à la limite de la réserve. Les choses se gâtent vraiment à partir de là. La route est un mélange peu agréable de petits bouts d'asphaltes avec de très nombreux trous, de sections de routes de terre pas ou peu entretenues et de sections de terre, celles-là fraîchement nivelées. Il y a même un écriteau qui informe les utilisateurs du mauvais état de la route sur 23 km et qui les avise de l'utiliser à leurs propres risques.

Terrains de camping et solutions de rechange

[Le Belén Trailer Park]

Le Costa Rica ne faisant que 282 km dans sa partie la plus large, il est très facile d'aller d'un bout à l'autre du pays à la découverte de plages à faire rêver, de volcans en activité, de parcs et de réserves en forêt tropicale. Le Belén Trailer Park est avantageusement situé à San Antonio de Belén près de San Jose où le climat est frais et confortable. Il comporte un espace aménagé pour accommoder les plus gros motorisés et ceux nécessitant les services de base. De l'autre côté, il y a une aire gazonnée à l'ombre de manguiers pour les autres véhicules. Tout est propre, il y a l'eau, l'électricité, le raccordement à l'égout sur certains emplacements, des salles de toilettes, des douches à l'eau chaude et même une machine à laver. Un téléphone est aussi disponible pour la clientèle. Le tarif à 10 $ US par jour nous a semblé correct, compte tenu des circonstances. Le centre-ville de Bélen est situé à quelques coins de rue pour vous approvisionner. Il y a deux pizzerias tout près et un comptoir-lunch à l'entrée du terrain où l'on sert le déjeuner à partir de 6 h 30.

Pour vous y rendre, filez en direction sud sur la Panaméricaine (CA-1) jusqu'à l'aéroport international Juan Santa Maria et tournez à droite immédiatement après sur la route 111 qui longe la clôture au sud. Vous trouverez San Antonio de Belén à environ cinq kilomètres plus loin.

Quand vous aurez vu ce à quoi ressemblent les terrains de camping mentionnés dans certains guides de voyage, que vous aurez dormi dans le stationnement d'un résidant rencontré par hasard, ou de façon illicite sur une plage pendant quelques jours, vous serez ravis de vous retrouver au Belén Trailer Park . Ce sera l'occasion de refaire le plein (dans tous les sens du terme) et d'échanger avec d'autres voyageurs pour la suite de votre aventure. Il deviendra votre quartier général d'où vous pourrez préparer vos itinéraires à travers le Costa Rica, comme il le fut pour nous.

[Mirador Los Lagos au lac Arenal]

Le Mirador Los Lagos, comme son nom l'indique, est une propriété avec une vue spectaculaire sur le volcan Arenal et sur le lac. Une dizaine de chambres à louer et un restaurant très bien tenu composent la propriété qui est installée en gradins dans la montagne.

Il n'y a pas d'aire de camping comme telle, à moins d'utiliser une partie de l'espace de stationnement gazonné. Nous avons été d'ailleurs les premiers à suggérer aux pro-

priétaires de nous installer sur leur terrain. Ils ont accepté et nous avons payé 5 $ US par nuit, incluant l'électricité et le droit à l'utilisation de la douche d'une des chambres vacantes. Très accueillant, atmosphère détendue.

Vous trouverez le Mirador Los Lagos sur la route qui fait le tour du lac Arenal à 24 km à l'est de Tilarán et 8 km à l'ouest du village d'Arenal.

Terrains de camping et solutions de rechange

[Junglas y Senderos Los Lagos, au pied du volcan Arenal]

La chance nous a permis de découvrir Junglas y Senderos Los Lagos, un site d'une extrême beauté juste au pied du volcan actif Arenal. Bien plus qu'une aire de camping sauvage sur le bord d'un petit lac naturel, c'est aussi un très vaste domaine où vous retrouvez cabines à louer et piscine avec glissades pour petits et grands. Quelques sentiers vous feront découvrir tantôt le volcan, tantôt une ancienne coulée de lave ou encore la forêt tropicale avec sa faune et sa flore. Il est aussi possible de faire des randonnées à cheval.

Dans la nuit noire la plus totale, vous pourrez entendre le long et terrifiant cri des singes hurleurs. C'est comme un long sifflement qui trouve son écho dans la vallée où vous vous trouverez. Vous entendrez probablement le souffle de la montagne puis un grondement, une fureur incroyable qui vient des entrailles de la terre; ça c'est l'Arenal qui se réveille, comme il le fait si souvent en pleine nuit. L'endroit n'est accessible qu'aux véhicules de faible et moyen gabarit.

[Samara sur la péninsule de Nicoya]

Il y a deux terrains de camping à Samara, dont un situé directement sur la plage. Ils sont aménagés avant tout pour le camping sous la tente, même s'il est possible de s'y installer avec un petit véhicule. Évitez les week-ends, car c'est bondé. On recommande aussi de bien surveiller vos effets personnels.

[... et Playa Carillo]

À quelques minutes au sud de Samara se trouve la superbe plage de Carillo en forme de croissant et sous les palmiers. C'est la plus belle du Costa Rica, selon nous. Il y a un minuscule terrain de camping pour tentes à l'extrémité sud de la plage, mais il n'y a pas moyen d'y accéder avec son véhicule. Des écriteaux en espagnol interdisent non seulement le camping, mais aussi le stationnement sur le bord de la plage. Malgré cela, vous pouvez vous y installer pour passer la journée sans problème. Vous verrez d'ailleurs des résidants s'installer avec leurs tentes et y passer la fin de semaine. Il y a une piste d'atterrissage pour petits appareils et un gardien de sécurité à quelques pas de la route et de la plage. La Playa Carillo est quasi déserte la plupart du temps.

[Orosi au sud de Cartago]

Les villes de Paraiso et d'Orosi sont situées dans ce qu'on appelle ici la plus belle vallée du Costa Rica. La vue d'en haut est époustouflante. Il y a des cultures de toutes sortes, mais surtout de café. Après avoir passé l'étroit pont suspendu de Palomo, vous pourrez vous installer sur le bord de la rivière Reventazón dans le stationnement du centre touristique après avoir demandé la permission au propriétaire au restaurant. Vous vous endormirez avec le bruit de la rivière.

[Playa Tamarindo]

Tamarindo, c'est une très longue plage. C'est aussi un endroit où il y a une concentration d'établissements hôteliers de tous prix, de la cabine à coût modique à l'hôtel à 280 $ US par nuit avec petite piscine personnelle. Il n'y a pas d'endroit comme tel pour s'installer avec son véhicule, si ce n'est un terrain vague avec quelques arbres et accès à la plage utilisé par les gens de l'endroit et les touristes avec leur véhicule de location. Il y a bien deux « terrains de camping » à Tamarindo. Ils ressem-

blent plutôt à des camps de réfugiés tant les tentes sont entassées les unes sur les autres. Décidément, le mot camping dans un grand nombre de guides de voyage désigne vraiment un lot plus ou moins entretenu avec plus ou moins de services destiné à ceux qui voyagent avec un sac à dos et un budget très limité. La plupart des terrains de camping que nous avons vus au Costa Rica ne sont tout simplement pas équipés pour recevoir des véhicules, même de petit format.

[Le Parc national de Cahuita sur la mer des Caraïbes]

Le Parc national de Cahuita est situé sur la route n° 36 sur la côte des Caraïbes à Punta Cahuita à 44 km au sud-est de Puerto Limón. C'est un superbe parc bien aménagé en pleine forêt tropicale humide. Les emplacements de camping sont tous situés sous les arbres sur une étroite bande de sable entre la route et la mer des Caraïbes. Plusieurs sont dotés de tables à pique-nique installées sous des abris.

Prenez garde de ne pas vous enliser dans le sable. La région est sujette aux pluies abondantes. La chaleur et l'humidité sont parfois étouffantes. Un sentier en forêt et sur le bord de la mer vous permet de vous rendre à pied jusqu'à Cahuita. Prix d'entrée au parc : 6 $ US par personne + 2,50 $ US pour le camping.

NOTE : Au Costa Rica, les prix d'entrée dans les parcs et réserves diffèrent selon que vous êtes étranger ou Costaricain (*Tico*). Par exemple, au parc du volcan Irazú, le prix d'entrée est de 200 C pour les *Ticos* et de 1 500 C pour les étrangers.

[Le Parruja Lodge à Golfito]

À sept kilomètres avant d'arriver à Golfito, il y a le Parruja Lodge où, en plus de pouvoir louer une *cabina*, il est possible de s'installer avec un petit véhicule. L'endroit est divin. L'étroite route pour y accéder descend dans un vallon naturel pour ensuite remonter jusqu'au bâtiment principal. Partout c'est la forêt parsemée de grands espaces gazonnés. Il est possible pour un petit véhicule de monter sur un

talus et de s'installer. Les propriétaires de véhicules un peu plus gros comme un motorisé d'environ 23 pieds pourraient assez facilement trouver une place pour s'installer. Il y a une douche et une toilette, le tout pour environ 2 $ US par nuit. Le propriétaire peut aussi servir le souper ou le déjeuner si vous le désirez. Il y a de ces jours où vous faites de belles découvertes comme celle-là!

Le Panamá

Le|Panamá

Nom :   Panamá

Capitale :   Panamá

Superficie :   78 200 km²

Population :   2 778 526 habitants (estimé de juillet 1999)
                                    Métis (Amérindiens et Blancs) 70 %, Amérindiens et autres
                                    14 %, Blancs 10 %, Amérindiens 6 %

Religion :   Catholique 85 %, protestante 15 %

Langues :   Espagnol (officiel), anglais 14 % et langues autochtones
                                    Plusieurs Panaméens sont bilingues.

PNB par habitant :   7 300 $ US (estimé de 1998)

Villes importantes :   San Miguelito (banlieue de Panamá), David, Colón.

Carte du pays :   Le pays est divisé en neuf provinces et deux territoires*
                                    (*comarca*) : Bocas del Toro, Chiriquí, Cocle, Colón, Darién,
                                    Herrera, Los Santos, Panama, *San Blas, Veraguas, et un autre
                                    territoire qui n'avait pas encore de nom au moment de sa
                                    création en 1997.

Fuseau horaire :   GMT – 05:00 (Eastern Standard time)

Poids et mesures :   Système métrique et US

Unité monétaire :   Le Panamá utilise le dollar américain (connu sous le nom de
                                    balboa) comme devise nationale depuis 1904. Le pays émet
                                    ses propres pièces de monnaie, bien que les pièces
                                    américaines soient utilisées sans distinction.

Taux de change :   Janvier 2001 : 1 $ CA = 0,667 US

Réseau routier :   11 100 km
                                     3 730 km pavés incluant 30 km d'autoroutes rapides
                                     7 370 km non pavés (estimé de 1996)

Frontières :   330 km avec le Costa Rica
                                       225 km avec la Colombie

Côtes :   767 km sur l'Atlantique
                                     1 234 km sur le Pacifique

Démographie et géographie

Le Panamá est un pays très montagneux, même si on retrouve un grand nombre de terres basses sur les 1 234 km de côtes sur le Pacifique et sur les 767 km sur l'Atlantique. L'axe général du pays est sud-ouest à nord-est alors que les montagnes sont dans l'axe nord-ouest à sud-est.

Le Panamá est un isthme en forme de S de 80 km à son plus étroit et de 193 km à son plus large. L'intérieur du pays est montagneux et les terres agricoles se trouvent dans les plaines de la côte du Pacifique. Des plaines, des vallons et des terres basses caractérisent la région où a été construit le canal de Panamá. À l'est du canal et dans l'isthme de Darién s'étendent des marais et des forêts. L'archipel de San Blas, 800 îles et îlots, situé au large de la côte du Pacifique, est le territoire des Cunas. Le climat tropical y est chaud, humide et le ciel est souvent nuageux. La saison des pluies est longue (mai à janvier) et la saison sèche va de janvier à mai. Il peut pleuvoir tous les jours du côté des Caraïbes. Les précipitations sont moins importantes près des sommets des montagnes et beaucoup moins fréquentes du côté du Pacifique. La température moyenne la nuit sur les basses terres est de 21 °C et 32 °C le jour. En montagne, on doit s'attendre à des températures de 10 °C à 18 °C.

Les Panaméens pour la plupart vivent dans une des six provinces du côté du Pacifique à l'ouest du canal de Panamá. Bocas del Toro au nord-ouest du pays est la seule communauté rurale d'importance. Des 60 tribus amérindiennes qui habitaient sur l'isthme au moment de la conquête par les Espagnols, seules trois ont survécu : les Cunas de l'archipel de San Blas (50 000), les Guaymies des provinces de l'ouest (80 000) et Chocóes du Darién (10 000).

Le Panamá est situé à un endroit stratégique entre l'Amérique du Nord et du Sud et contrôle le lien navigable entre l'océan Atlantique et Pacifique avec le canal.

[Les principales régions touristiques]

En plus des écluses du canal (Miraflores, Pedro Miguel, Gatún et le Gaillard Cut) et de la ville de Panamá, les régions qui offrent des attraits touristiques sont l'archipel de San Blas dans la mer des Caraïbes, là où vivent les Cunas qui fabriquent de magnifiques *molas* (genre d'appliques pour vêtements ou autres, très colorés, composés de formes géométriques typiques aux Cunas). L'archipel de Las Perlas dans le golfe de Panamá, les plages de Santa Clara et de Coronado au sable volcanique noir, la région de Boquete et celle de El Valle, deux régions reconnues pour leur température fraîche et finalement, pour les plus aventuriers, Bocas del Toro, sont tous des endroits à ne pas manquer au Panamá. Les amateurs de pêche en haute mer et de sensations fortes apprécieront le White Star Lodge, seul *resort* dans la province de Darién dans le golfe de San Miguel sur l'océan Pacifique, un établissement haut de gamme où on ne peut se rendre qu'en avion via La Palma.

Les postes frontières : atmosphère, procédures et coûts

[Paso Canoas – en entrant au Panamá]

L'édifice du poste de douane de Panamá sur la Panaméricaine est à quelques centaines de mètres plus loin que les casse-croûtes et les stands de vendeurs de toutes sortes. Ici, pour la première fois en Amérique centrale, vous pouvez identifier assez facilement l'aire d'entrée pour votre véhicule. Malheureusement, il y a peu d'information pour vous indiquer où vous devez vous présenter en premier. Il faudra le demander. Les procédures se déroulent de la façon suivante : une visite à un premier guichet où on vous remet un bout de papier avec les initiales d'un employé, une autre visite au bureau climatisé de l'Institut de Tourisme de Panamá où on vous préparera votre visa de touriste. Et finalement une dernière visite pour obtenir les documents pour le véhicule au guichet voisin du tout premier comptoir où vous avez reçu votre premier bout de papier. Simple comme bonjour!

Autre chose à noter, la monnaie du pays est le dollar US qu'on appelle ici un balboa (B); tout sera plus simple à calculer qu'au Costa Rica où il vous faut utiliser des milliers de colons juste pour faire votre épicerie... En entrant au Panamá, il faut avancer les montres d'une heure (GMT – 5:00).

Paso Canoas
Temps des procédures : 0 h 35 (13 h 25 à 14 h)
Coûts : Visa de touriste 5 B par personne, permis du véhicule 4 B, fumigation 0 B
Coût total : 14 B (14 $ US)
En sortant, il faut reculer les montres d'une heure (GMT – 6:00).

Paso Canoas (en sortant du Panamá)
Temps des procédures : 0 h 15 (10 h 15 à 10 h 30)
Coûts : Aucun frais

Le réseau routier

Le réseau routier du Panamá se limite à trois routes principales : la route Panaméricaine (CA-1) qui traverse le pays de sa frontière avec le Costa Rica jusque dans la province du Darién, la route n° 3 qui traverse l'isthme de Panamá à Colón et la route n° 2 sur la péninsule de Azuero.

C'est au Panamá que la Panaméricaine est impeccable sur toute sa longueur (sauf bien sûr la partie dans le Darién). Les autres routes sont généralement en très bon état.

Fait à noter : les Panaméens sont les pires conducteurs que nous avons vus de tous les pays que nous avons visités en Amérique centrale. Les Mexicains peuvent paraître de mauvais conducteurs, mais ils sont courtois dans leur façon de conduire, ce qui n'est pas du tout le cas au Panamá. Ils sont agressifs et dangereux au volant, surtout en ville. À deux reprises nous avons failli être impliqués dans un accident alors que nous étions passagers.

Pour ceux qui ne traverseront pas en Amérique du Sud, Panamá représentera pour eux la destination la plus au sud avant d'entreprendre le voyage de retour. Il nous aura fallu 192 jours et 22 137 km pour nous y rendre à partir de la ville de Québec, incluant un léger détour de quelques semaines dans l'Ouest américain.

Description de certaines routes

[La Panaméricaine, de la frontière à David, Santa Clara et Panamá]

Aussitôt entré au Panamá, la route et le paysage vous surprennent. La Panaméricaine, en ciment jusqu'à David, est impeccable et aussi belle que celles que l'on construit au Canada ou aux États-Unis. Nous avons été étonnés par la beauté et l'immensité des plantations d'ananas le long de la route.

De David à Santa Clara, la route comme telle est irréprochable, si ce n'est les quelques petits ralentissements associés aux travaux de construction d'une autoroute aux environs de Penonomé. Le long de ce parcours, il y a peu de villes ou de villages. La nature est presque toujours la même, plane, légèrement vallonnée avec plusieurs ponts qui enjambent de nombreuses rivières.

De Santa Clara à Panamá, cette section de la route Panaméricaine (CA-1) est de première classe. La vitesse maximale annoncée sur les panneaux de signalisation est de 80 km/h et la distance de Santa Clara à Panamá City peut être parcourue en une heure et demie. Il y a un poste de péage à quelques kilomètres à l'entrée de la ville (1 B).

[De David à Boquete]

La route pour se rendre à Boquete est à deux voies sans accotement sur revêtement neuf. Il n'y a pas vraiment de route qui va au-delà de Boquete pour vous amener ailleurs dans le pays. Car même s'il y a plusieurs routes autour de la ville, elles forment toutes des boucles qui vous ramènent tôt ou tard à Boquete. Nous avons eu la chance d'emprunter au hasard l'une des plus belles, celle qui va à Los Naranjos, puis à droite à Los Ladrillos pour revenir par Alto Quiel. Toute une route! C'est bien la première fois que nous voyions un chemin pareil. D'asphalte toute neuve et à peine assez large pour permettre le croisement de deux véhicules, elle serpente dans la forêt parfois très dense, traverse quelques ponts sur de petites rivières, passe à travers des plantations de café, descend abruptement tout au bas de la vallée pour remonter aussitôt dans la montagne et redescendre ensuite vers la ville. Quelle belle découverte!

[Panamá à Colón]

Unique lien routier entre la capitale, Colón et la Zone libre, ce segment est très utilisé et il y a donc beaucoup de circulation. C'est une route quand même en bonnes conditions dans les circonstances. Quant à la *Zona Libre* de Colón, c'est plutôt une ville d'environ huit pâtés de maisons par huit autres de large où l'on retrouve absolument de tout, un paradis pour magasineurs.

Il n'est pas aisé de circuler autour de Panamá pour rejoindre la route pour Colón. Lors de notre passage, nous nous sommes même retrouvés sur le nouveau périphérique du Nord (*Corredor del Norte*) inauguré quelques jours auparavant (notre billet portait le numéro nº 54), mais dans la direction opposée à celle que nous voulions prendre. Nous voulions éviter, cette fois-là, de passer par les écluses de Miraflores et de Pedro Miguel que nous avions déjà visitées à quelques reprises. Finalement, cela nous aura permis d'être témoin du passage d'un paquebot transatlantique, le *Legend of the Seas*, à l'écluse de Pedro Miguel.

[La route nº 2 sur la péninsule d'Azuero]

En quittant la Panaméricaine (CA-1) à Divisa pour emprunter la route nº 2, on ne peut s'empêcher d'admirer les champs de cannes à sucre à perte de vue. La route est en très bonne condition et passe à travers une belle campagne.

Terrains de camping et solutions de rechange

[Le *balneario* La Cascada sur la route de David à Boquete]

Les *balnearios* sont avant tout des endroits champêtres pour se baigner et pique-niquer. Celui-ci est situé à neuf ou dix kilomètres de David vers Boquete sur le bord d'une petite rivière agrémentée d'une cascade. L'endroit est invitant et il est possible de s'installer sur le grand terrain gazonné sur le bord de la petite chute à la condition d'avoir un véhicule pas trop gros puisqu'il y a deux barrières à franchir et qu'il faut faire un virage à 90° après avoir passé la première pour traverser la deuxième. Il y a de beaux arbres et l'endroit est agréable. Il y a aussi un énorme rancho (un immense toit pour se protéger des intempéries) au-dessus d'une piste de danse. Il y a aussi sur place un restaurant en plein air où il est possible de prendre un bon repas à prix raisonnable. Ce genre d'endroit est très populaire dans la région, mais tous n'accueillent pas nécessairement les campeurs. Il faut savoir convaincre les propriétaires. Les barrières à La Cascada n'ouvrent qu'à 9 h le matin au moment où les employés entrent pour leur travail. Inutile de faire des plans pour partir tôt. Coût par jour négocié : 5 B.

[Volcancito]

Le Trailer Park Volcancito est situé sur la même route que La Cascada mais plus au nord, à cinq kilomètres de Boquete. Vous le trouverez avec facilité, il est situé en bordure de la route en montagne non loin du volcan Barú. En 1998, le propriétaire, un Américain, avait déjà fait l'acquisition d'un autre terrain de 35 hectares dans les environs où il s'apprêtait à construire un nouveau *trailer park*. À vous de vérifier. À Volcancito, les températures la nuit peuvent descendre de façon drastique et seraient d'ailleurs les plus froides de toute l'Amérique centrale. Les vents sont parfois violents.

[Chilibre Camping Resort]

Le nom porte à confusion puisque ce n'est pas du tout un camping. C'est plutôt un immense complexe récréatif où en plus d'unités d'habitation en rangées, on retrouve un parc aquatique avec sept piscines dont une à vagues, des jeux de toutes sortes pour les enfants, une discothèque, un restaurant-bar, un casino et bien d'autres choses. La section hôtel et restaurant est ouverte la semaine alors que les éléments récréatifs sont ouverts les fins de semaine et les jours de fêtes. Demandez la permission au propriétaire pour vous installer sur le stationnement pour la nuit. Le Chilibre Camping Resort est situé sur la route parallèle au canal de Panamá qui va jusqu'à Colón.

[Le XS Memories Restaurant Sports Bar & RV Resort à Santa Clara]

Le XS Memories est une véritable petite oasis. Un site bien aménagé avec arbres matures, piscine, restaurant-patio, bar avec télévision à écran géant branchée à Direct TV, un salon de lecture, des salles de bains et douches impeccables. On s'y sent bien et l'accueil est très chaleureux. La propriété est protégée par un haut mur recouvert de verdure sur une bonne partie et de longues haies d'arbres par-devant. Aussi à louer, deux chambres et une maisonnette toute équipée. Les propriétaires (un couple d'Américains) tiennent même un petit zoo à l'arrière de la propriété, très sympathique! Douze emplacements avec tous les services sont disponibles pour accueillir des motorisés et roulottes de toutes les grandeurs pour 4 $ US la nuit.

Cette propriété, en plus d'être très accueillante, a toute une histoire, puisque les deux propriétaires actuels l'ont acheté d'un membre de l'entourage de Manuel Noriega l'ancien dictateur de Panamá. Elle avait été laissée à l'abandon depuis que des chars d'assaut américains avaient tout démoli lors de l'opération américaine *Just Cause* en 1989...

À notre avis, le XS Memories est la meilleure installation du genre de toute l'Amérique centrale. Situé à Santa Clara dans la province de Coclé, il se trouve à quelques centaines de mètres de la route Panaméricaine. Les indications sont très claires pour s'y rendre. Arrivé à Santa Clara, vous tournez à droite pour aller à la plage municipale ou à gauche pour le XS Memories. Soit dit en passant, la plage est superbe, il n'y a pas une seule ordure et elle très bien entretenue. Un panneau installé sur le terrain semble indiquer qu'elle est administrée par l'*Instituto Panameño de Turismo* (IPAT) alors qu'en réalité c'est une propriété privée. On vous demande 1 B par personne pour entrer sur le terrain et vous pouvez louer un abri sur la plage pour la journée pour 5 B.

[Le Balboa Yacht Club]

À voir le secteur où il se trouve, on imaginerait facilement un club sélect où il faut montrer patte blanche avant d'y pénétrer. Ce n'est vraiment pas le cas. L'atmosphère est très détendue, un bel endroit pour flâner et prendre un verre. Mais l'atout de ce club est sa vue imprenable sur le chenal menant sous le pont des Amériques (dans les faits, c'est le tout début du canal de Panamá du côté du Pacifique) et sur la baie de Panamá avec au loin les nombreux navires attendant leur tour pour s'engager dans la voie du canal. On peut présumer qu'avec la permission des propriétaires, on pourrait passer la nuit sur le stationnement sans problème.

Le Retour

Ceux qui ne traverseront pas leur véhicule en Amérique du Sud et pour qui le Panamá sera la destination finale devront s'attendre à quelques papillons dans l'estomac à la vue du pont des Amériques. Même si vous êtes à des milliers de kilomètres de chez vous, il n'en reste pas moins que c'est d'ici que vous prendrez le chemin du retour.

En rentrant aux États-Unis vous réaliserez que le côté aventureux de votre périple vient de se terminer, surtout si vous revenez d'un séjour de plusieurs mois en Amérique latine. Tout maintenant devient prévisible, facile. C'est le retour au monde du tourisme de masse et à la société de consommation à l'américaine.

Votre retour à la vie normale prendra un certain temps. Bien que, comme nous, vous appréciez sans doute le confort et les commodités de votre foyer, plusieurs mois seront sûrement nécessaires pour vous réajuster au train-train quotidien, après avoir été sur la route pendant de longs moments. C'est durant cette période difficile d'acclimatation que les personnes voyageant avec un ou une complice seront heureux de l'avoir à leurs côtés pour partager leurs états d'âme.

À votre retour, vous aurez sans aucun doute un regard différent sur la vie et le sens à lui donner. Vous aurez peut-être, comme nous, le sentiment d'avoir réussi quelque chose, vous vous sentirez citoyen du monde, vous aurez développé un esprit de fraternité avec des voyageurs du monde entier, vous aurez la tête pleine de souvenirs et... inévitablement, d'autres projets de voyages.

Conclusion

■   Assurez-vous d'avoir le véhicule qui vous permettra de réaliser le genre de voyage que vous avez en tête.

■   Demandez à votre mécanicien de confiance ou votre concessionnaire de vérifier votre véhicule d'un bout à l'autre avant votre départ, et partez!

■   Prenez le temps. Ce n'est pas une course et vous ne pourrez pas tout voir durant la période de votre voyage de toute façon.

■   Avant votre départ, mettez tous les vêtements que vous comptez apporter dans un tas sur votre lit, ensuite faites un deuxième tri en ne conservant que la moitié. Vous en aurez encore trop.

En somme, prenez la route, soyez prudent, composez avec le quotidien et amusez-vous!

Pour conclure cet ouvrage, laissons nos voyageurs d'ici et d'ailleurs nous dire ce qu'ils pensent du retour à la vie normale après un long voyage. Ils en profitent aussi pour donner quelques conseils à ceux qui rêvent de partir par la route à la découverte du Mexique et de l'Amérique centrale.

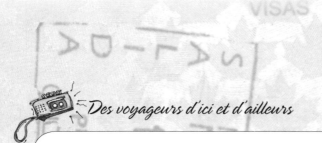
Mary-Jane et Dee

« J'apprécie revenir à ma vie "normale" hors-route. J'ai découvert qu'après trois ou quatre mois de voyage sur la route, je suis prêt à m'asseoir confortablement à la maison ou ailleurs pour un moment. La poubelle à papier hygiénique et les autres petits irritants du tiers-monde ne me manquent pas. Je deviens de plus en plus sensible, du moins pendant un certain temps, aux choses de qualité qui fonctionnent bien.

Quels conseils pourrais-je donner? Sachez où vous voulez aller, de quelle façon vous désirez voyager, quelles sortes d'endroits seraient acceptables pour camper et de combien d'argent par jour vous disposerez. Faites le plus de recherches et de lectures possibles sur les destinations que vous comptez visiter avant de partir. La meilleure information provient des gens qui ont l'expérience du voyage que vous désirez faire. Soyez prêts à tout, y compris à remettre en question à tout moment votre plan initial. »

Sharon et George

« Ça prend beaucoup de temps pour revenir à la vie normale. Je ne me suis pas encore replongée dans quelque chose de satisfaisant pour moi dans ce monde du travail. Nous sommes tous les deux increvables et nous n'avons pas encore trouvé la façon de satisfaire nos désirs. Après un long voyage, quel qu'il soit, et après avoir vécu différemment, on découvre à quel point notre société de consommation est ridicule.

Pour ce qui est des conseils de voyage, suivez votre instinct et, si vous vous amusez, continuez! Vous devez savoir aussi qu'un long voyage de ce genre n'est pas des vacances. En fait, nous avons découvert la nécessité de prendre des vacances durant notre voyage parce que c'est en effet beaucoup de travail que de trouver à tous les jours une place sécuritaire pour passer la nuit, de l'essence, du gaz propane. Vous devez prendre cela un peu comme un jeu. Ce n'est défini-tivement pas des vacances comme aller passer deux semaines à Hawaï. »

Christiane et Doug

« Qu'est-ce qu'une vie normale? Nous sommes encore en voyage, cette fois-ci dans le Sud-Est asiatique, sans véhicule cette fois. C'est ça, pour nous, la vie normale!

Pour tout long voyage, écoutez le slogan de la compagnie Nike qui le dit si bien : Faites-le! (Just do it)! Ne laissez pas les préparatifs vous envahir. Commencez simplement. Si vous n'avez jamais voyagé par la route auparavant, découvrez vos besoins au fur et à mesure et amusez-vous! »

Cindy et Tom

« Prenez le plus de temps possible, allez tranquillement pour en voir le plus possible, sortez des sentiers battus et ne conduisez jamais la nuit. »

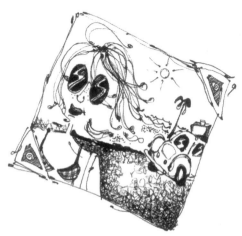

Ce répertoire des terrains de camping au Mexique vous est présenté dans le but de vous donner un aperçu du réseau et des services offerts. Cette information vous est fournie à titre indicatif seulement; il est possible que certains commerces aient fermé boutique ou changé de nom ou que des services ne soient plus disponibles. L'auteur ne pourra être tenu responsable en aucune façon pour toute erreur, inexactitude ou omission qui aurait pu se glisser dans ce répertoire. Par contre, vous êtes invité à lui communiquer toute information qui pourrait en améliorer le contenu.

Les régions vous sont présentées du nord au sud, la ligne imaginaire se trouvant à la latitude de Mexico. Dans le texte, l'expression « tous les services » implique qu'on est en mesure de vous fournir les trois services de base (eau, électricité, égout) sur certains emplacements.

La Baja California

ENTRE TIJUANA ET ENSENADA

Oasis Resort [MEX. 1-D à 8 km au nord de Rosarito]
50 emplacements, sur la plage, tous les services, piscine, barbecue, tennis, restaurant et épicerie sur place.

Baja Seasons RV Beach Resort [MEX. 1-D à 42 km au nord de Ensenada]
133 emplacements, sur la plage, tous les services, câble, piscine.

Baja Ensenada [MEX. 1-D entre Ensenada et Tijuana]
En bordure de mer, tous les services, tennis, piscine.

San Miguel Village [MEX. 1-D à 14 km au nord de Ensenada]
Bord de mer, récifs.

California RV Park [MEX. 1-D entre Ensenada et Tijuana, kilomètre 103]
Près de la mer, tous les services.

Ramona RV Park [MEX. 1-D entre Ensenada et Tijuana, kilomètre 104]
Bord de mer, tous les services.

Estero Beach RV Park [MEX. 1 à 10 km au sud de Ensenada à l'Hôtel Estero Beach Resort]
105 emplacements, tous les services, plage, rampe de mise à l'eau, tennis.

La Jolla Beach Camp [Sur la route BCH. 23, en route vers La Bufadora]
Sans électricité

Ejido Colonel Estaban Cantú [Sur la route BCH. 23, en route vers La Bufadora]
Vue spectaculaire en surplomb de l'océan.

■ TECATE

Tecate KOA in Rancho Ojai [MEX. 2 à 20 km à l'est de Tecate, kilomètre 112]
40 emplacements, tous les services, piscine, barbecue, épicerie.

■ SAN FELIPE

San Felipe Marina Resort RV Park [4,5 km au sud de San Felipe sur la route de l'aéroport]
140 emplacements, près de la marina, tous les services, câble, piscine, accès à l'hôtel.

Mar del Sol RV Park [Au sud de San Felipe]
Dans la baie, tous les services, piscine, restaurant.

Ruben's Trailer Park [Au nord de la ville, au bout de l'avenue Golfo de California]
Sur la plage, tous les services.

El Faro Beach and Trailer Park [À 10 km au sud de la ville]
Sur la baie, tous les services, piscine, bar.

et de nombreux autres autour de San Felipe, dont :
Playa Bonita Trailer Park
La Jolla Trailer Park
El Dorado Ranch
Campo San Felipe Trailer Park
Club de Pesca Trailer Park
Vista del Mar
Playa de Laura Trailer Park

■ SAN QUINTÍN

Posada Don Diego [MEX. 1, kilomètre 276 au nord de San Quintín]
Tous les services, restaurant.

et de nombreux autres autour de San Quintín desservant principalement
les pêcheurs et les plongeurs, dont :
Campo de Lorenzo
Cielito Lindo Trailer Park
Honey's RV Campground

■ CATAVIÑA

Parque Natural Desierto Central de
Baja California Trailer Park [MEX. 1, au kilomètre 173]
Pas d'électricité, restaurant, bar.

■ BAHÍA DE LOS ANGELES

Guillermo's Trailer Park [65 km à partir de la MEX. 1 sur la route pour Bahia de Los Angeles]
Directement sur la mer.

La Baja California Sur

■ GUERRERO NEGRO

Benito Juárez Trailer Park [MEX. 1, au kilomètre 5]
Tous les services.

Malarrimo R.V. Park [MEX. 1, à l'est de la ville]
Tous les services, restaurant.

■ SAN IGNACIO

San Ignacio Transpeninsula Trailer Park [MEX. 1, à la jonction de la route secondaire]
Tous les services.

■ SANTA ROSALÍA

San Lucas RV Park [MEX. I à 15 km au sud de la ville]
Aucun service, restaurant.

Las Palmas [MEX. I à 3 km au sud de la ville]
30 emplacements, tous les services, restaurant.

■ PUNTA CHAVITO

Punta Chavito [MEX. I, kilomètre 126, puis 20 km jusqu'à la pointe]
Quelques services disponibles au centre récréo-touristique à côté.

■ MULEGÉ

The Orchard Huerta Saucedo RV Park [MEX. I à 2 km au sud de Mulegé]
70 emplacements, sur le bord d'une rivière, tous les services, barbecue, rampe de mise à l'eau

Villa Maria Isabel Recreational Park [MEX. I à 2,5 km au sud de Mulegé]
60 emplacements, sur la rivière, tous les services, rampe de mise à l'eau.

et d'autres autour de Mulegé :
Jorge's del Rio Trailer Park
Pancho's RV Park
Oasis Rio Baja RV Park

■ LORETO

Loreto Shores Villas & RV Park [Sur avenue Francisco Madero au sud de la ville]
36 emplacements, sur la plage, tous les services.

Tripui Resort RV Park [MEX. I à 20 km au sud de Loreto, puis route de terre pour Puerto Escondido]
31 emplacements, près de la plage et de la marina, tous les services, câble, piscine,
restaurant et épicerie sur place.

Villas de Loreto [I km au sud de Loreto via Francisco Madero vers l'aéroport]
12 emplacements, sur la plage, tous les services, piscine.

■ CIUDAD CONSTITUCIÓN

Manfred's RV Park [MEX. I à I km au nord de la ville]
80 emplacements, tous les services, restaurant.

■ LA PAZ

Oasis Los Aripez [MEX. I à 15 km au nord de La Paz]
Tous les services, piscine, restaurant, bar.

El Cardón Trailer Park [MEX. I, kilomètre 4]
Tous les services, piscine.

Aquamarina RV Park [MEX. I à 3 km au sud-ouest de La Paz puis 400 m sur la rue Nayarit]
19 emplacements, sur la baie, tous les services, piscine, rampe de mise à l'eau, marina.

Casa Blanca RV Park [MEX. I, kilomètre 4,5 à l'ouest de la ville]
46 emplacements, tous les services, piscine, tennis, épicerie.

La Paz Trailer Park [MEX. 1 à 4 km à l'ouest de la ville]
35 emplacements, tous les services, câble, piscine, rampe de mise à l'eau.

■ LOS BARRILES

Martin Verdugo's Trailer Park [MEX. 1, à 1 km à l'est de la ville]
96 emplacements, sur la Bahia de Palmas, tous les services, piscine, restaurant, bar, plage et rampe de mise à l'eau.

et d'autres autour de Los Barriles :
Playa de Oro
Juanito's Garden RV Park

■ SAN JOSÉ DEL CABO

Brisa del Mar [MEX. 1, kilomètre 30]
90 emplacements, sur la plage, tous les services, piscine, restaurant, bar.

■ CABO SAN LUCAS

Vagabundos del Mar RV Park [MEX. 1, à 3,5 km à l'est de la ville]
68 emplacements, près de la plage, tous les services, câble, piscine, restaurant.

El Arco Trailer Park [MEX. 1, à 5 km au nord-est de la ville]
Tous les services.

Cabo Cielo RV Park [MEX. 1, à 3 km à l'est de la ville]
Tous les services.

San Vicente Trailer Park [MEX. 1, à 3 km à l'est de la ville]
Tous les services.

El Faro Viejo Trailer Park [MEX. 19, à 1,5 km au nord-ouest de la ville]
Tous les services.

■ TODOS SANTOS

San Pedrito RV Park [MEX. 19, kilomètre 60]
Sur la plage, piscine, restaurant.

El Molino Trailer Park [MEX. 19, au sud de la ville]
Tous les services.

La mer de Cortés et la côte du Pacifique

ENTRE PUERTO PEÑASCO ET MAZATLÁN

■ PUERTO PEÑASCO (SONORA)

Playa de Oro Trailer Resort [2 km à l'est de la ville]
200 emplacements, près de la plage, tous les services, rampe de mise à l'eau.

Playa Bonita RV Park
250 emplacements, sur la plage, tous les services, restaurant, magasin sur place.

Playa Miramar Trailer Park
100 emplacements, tous les services, raccord pour télévision par satellite, rampe de mise à l'eau.

Pitahaya Trailer Park [À l'est de la ville]
22 emplacements, sur la plage de l'Hôtel Villa Granada, tous les services.

■ MAGDALENA (SONORA)

Motel Kino RV Park [MEX. 15, sortie Magdalena]
Cour arrière du Motel Kino partiellement emmurée et sur gravier, accès au restaurant et aux toilettes de l'établissement.

■ BAHÍA KINO (SONORA)

Kino Bay Trailer Park [MEX. 16 à 113 km à l'ouest de Hermosillo]
200 emplacements, sur la baie face à la plage, tous les services.

Islandia Marina Trailer Park [Dans le Viejo Kino]
Tous les services, restaurant à proximité.

■ GUAYMAS ET SAN CARLOS (SONORA)

Las Playitas Trailer Park [À 6,5 km du centre-ville de Guaymas]
115 emplacements, sur la baie de Guaymas, tous les services.

Playa de Cortés RV Park [MEX. 15, sortie Col. Miramar, 3 km vers l'ouest]
50 emplacements sur la baie, plage, accès aux services de l'hôtel voisin, piscine, tennis, restaurant-bar.

Tetakawi Hotel & RV Park [MEX. 15, sortie San Carlos, 9 km vers l'ouest]
40 emplacements, tous les services, piscine.

■ ALAMOS (SONORA)

El Caracol Big Rig Park [À 14 km à l'ouest sur la SR. 162/100 (autoroute Navajoa)]
60 emplacements, tous les services, piscine.

et d'autres autour de Alamos :
Real de Los Alamos Trailer Park
Dolisa Trailer Park

■ LOS MOCHIS (SINALOA)

Los Mochis Trailer Park [MEX. 15 à 1,2 km à l'ouest]
100 emplacements, tous les services.

Hotel Colinas del Valle RV Trailer Park [MEX. 15, sortie Carr. Internacional à
2 km au sud de Los Mochis]
55 emplacements, tous les services, piscine, tennis, restaurant à proximité.

Rio Fuerte Trailer Resort [MEX. 15 à 16 km au nord de Los Mochis]
Tous les services, piscine.

■ CULIACÁN (SINALOA)

Los Tres Ríos Trailer Park [MEX. 15 à 2 km au nord de la ville]
40 emplacements, tous les services, piscine, restaurant.

ENTRE MAZATLÁN ET TAPACHULA

■ MAZATLÁN (SINALOA)

Mar Rosa Trailer Park [Au nord de la ville sur Camarón-Sabalo (à côté du Holiday Inn)]
64 emplacements sur la plage ou de l'autre côté de la rue, tous les services, restaurants
et dépanneurs à proximité.

La Posta Trailer Park [Prendre la route vers l'ouest à la Disco Chez Valentino]
170 emplacements, tous les services, plage à proximité (à deux coins de rue), piscine, restaurant.

Trailer Park Playa Escondida [Au nord de la ville sur avenida Sábalo-Cerritos]
200 emplacements, sur la plage, eau et électricité disponibles sur quelques emplacements.

■ SAN BLAS (NAYARIT)

Los Cocos Trailer Park
100 emplacements, à quelques rues de la plage.

Playa Amor R.V. Resort [Au nord de Playa Los Cocos, direction Santa Cruz]
35 emplacements, promontoire gazonné avec palmiers qui surplombe la mer, tous les services.

■ LO DE MARCOS (NAYARIT)

Caracol Bungalows and Trailer Park
10 emplacements, sur le bord de la mer, tous les services, piscine.

Pequeño Paraíso
Directement sur la plage, tous les services sauf pour quelques emplacements sur le sable
sans services.

Et d'autres autour de Lo de Marcos et de Rincón de Guayabitos :
Paraíso del Pescador
Villa Nueva Trailer Park

■ BUCERÍAS (NAYARIT)

Bucerías Trailer Court [MEX. 200 à 11 km au nord de Puerto Vallarta]
45 emplacements, en bordure de la plage, quelques emplacements avec tous les services, piscine.

■ PUERTO VALLARTA (JALISCO)

Puerto Vallarta North KOA [MEX. 200 à 10 km au nord de la ville au kilomètre 149]
Tous les services, câble, piscine, casse-croûte.

Tacho's Trailer Park [MEX. 200 à 6 km au nord de la ville sur la route vers l'aéroport]
90 emplacements, face à la marina, tous les services, piscine.

Puerto Vallarta Trailer Park [Près du centre-ville]

■ CHAMELA (JALISCO)

Villa Polonesia Trailer Park [MEX. 200, kilomètre 72]
Bord de mer, plage, tous les services sur quelques emplacements, restaurant à proximité.

■ BOCA DE IGUANA (JALISCO)

Boca de Iguana Trailer Park [MEX. 200, kilomètre 16, prendre route de terre]
Sur plage ombragée, tous les services sur quelques emplacements.

Tenacatita Trailer Park [MEX. 200, kilomètre 16]
prendre route de terre. Sur plage, tous les services sur quelques emplacements, restaurant à proximité.

■ MELAQUE (JALISCO)

Trailer Park La Playa [Dans le village de Melaque]
Sur la plage, tous les services.

■ MANZANILLO (COLIMA)

Trailer Park El Palmar [MEX. 200 à 4,5 km au nord de Manzanillo]
65 emplacements, tous les services, piscine, épicerie.

La Marmota Trailer Park [MEX. 200, à l'intersection de la route 98]
Tous les services sur quelques emplacements, piscine.

■ IXTAPA-ZIHUATANEJO (GUERRERO)

Playa Linda Trailer Park [Juste au nord d'Ixtapa]
50 emplacements, sur la plage, tous les services, restaurant.

■ ACAPULCO-PIE DE LA CUESTA (GUERRERO)

Playa Suave Trailer Park [À l'ouest dans la baie d'Acapulco dans la zone hôtelière, entrée par la rue Calz. Vasco Nunez de Balboa]
35 emplacements, sous une palmeraie, tous les services.

KOA Acapulco West [MEX. 200 à 16 km au nord d'Acapulco vers Pie de la Cuesta, puis emprunter Barra de Coyuca sur 4 km]
45 emplacements, quelques-uns ombragés, directement sur le Pacifique, tous les services, piscine, bar, casse-croûte.

Acapulco Trailer Park [MEX. 200 à 13 km au nord d'Acapulco à Pie de la Cuesta]
60 emplacements répartis sur le Pacifique ou sur la lagune Coyuca, tous les services, piscine, rampe de mise à l'eau, dépanneur sur place.

Quinta Dora Trailer Park [MEX. 200 à 13 km au nord d'Acapulco à Pie de la Cuest]
30 emplacements, sur la lagune Coyuca, tous les services sur quelques emplacements, restaurant.

et d'autres autour d'Acapulco :
Trailer Park El Coloso
Trailer Park La Roca
Quinta Carla Trailer Park
Casa Blanca Trailer Park
Trailer Park U Kae Kim

■ PUERTO ESCONDIDO (OAXACA)

Trailer Park Las Palmas [Sous les palmiers entre la plage municipale et la rue piétonnière]
15 emplacements sur le sable, directement sur le Pacifique, tentes et petits véhicules seulement, service d'électricité disponible, bloc sanitaire.

Carrizalillo Trailer Park ou
Puerto Escondido Trailer Park [À l'ouest de la ville près de l'aéroport]
100 emplacements, promontoire avec vue sur l'océan et sentier descendant à la plage, tous les services disponibles, piscine, bar.

El Neptuno Trailer Park [Au centre de la ville]
30 emplacements, sur la plage municipale, service d'électricité disponible.

■ BAHÍAS DE HUATULCO (OAXACA)

Chahué Trailer Park [À 3 km de la ville]
100 emplacements, sur la plage, services disponibles sur quelques emplacements, casse-croûte.

■ TEHUANTEPEC (OAXACA)

Santa Teresa Trailer Park [MEX. 190 à 8 km à l'est de la ville, tourner à Hotel Calli et jusqu'au bout du chemin de terre]
15 emplacements, eau et électricité.

■ TAPACHULA (CHIAPAS)

Hotel Casa Loma Real [MEX. 200, kilomètre 244]
Terrain gazonné sans services adjacent à l'hôtel, accès aux services de l'hôtel (toilettes, douches, piscine, restaurant).

Le Nord du Mexique
Terrains de camping au nord de Mexico à l'exception de ceux de la Baja California, de la Baja California Sur, de la mer de Cortés et de la côte du Pacifique

■ CHIHUAHUA (CHIHUAHUA)

KOA Chihuahua City West [MEX. 16 à 14,5 km à l'ouest de Chihuahua]
(en construction 2001)
Tous les services, piscine, restaurant.

■ CREEL (CHIHUAHUA)

KOA Kampground [MEX. 16, sur Adolfo Lopez-Mateos, près de Cusárare]
65 emplacements, tous les services, casse-croûte.

■ MONTERREY (NUEVO LEÓN)

Motel Trailer Park Nueva Castilla [MEX. 85 à 15 km au nord de Monterrey, direction Nuevo Laredo]
12 emplacements, tous les services, piscine, restaurant.

Monterrey KOA [MEX. 85 à 35 km au sud de Monterrey]
Adjacent à un hôtel, tous les services, piscine, casse-croûte.

■ CIUDAD VICTORIA (TAMAULIPAS)

Victoria Trailer Park Resort [MEX. 101 à 1 km à l'est de l'intersection avec la MEX. 85]
150 emplacements, tous les services, épicerie sur place.

■ MATEHUALA (SAN LUIS POTOSÍ)

Motel Trailer Park Las Palmas [Par le nord sur la MEX. 57 à l'intersection de la route pour Matehuala]
32 emplacements, tous les services, piscine.

■ ZACATECAS (ZACATECAS)

Hotel Hacienda del Bosque RV Park [À 4 km au nord-est de Zacatecas sur la route Guadalajara à l'intersection de la MEX. 54]
35 emplacements, adjacent à l'hôtel du même nom, tous les services, bar.

Trailer Park Morelos [MEX. 54 à 15 minutes au nord-ouest de Zacatecas à l'intersection avec la MEX. 49]
20 emplacements, derrière le Pemex, électricité disponible.

■ SAN MIGUEL DE ALLENDE (GUANAJUATO)

Lago Dorado Trailer Park [MEX. 49 à 4 km au sud vers Villa de Los Frailes, puis 2 km vers l'ouest]
60 emplacements, eau et électricité, piscine.

Trailer Park La Siesta [MEX. 49 à 2 km au sud de la ville]
68 emplacements sur terrain gazonné, accès aux services du motel adjacent.

San Ramón Motel & Trailer Park [MEX. 51 à 3 km au nord de la ville]
6 emplacements sous les arbres, eau et électricité disponibles, véhicules de petit et moyen gabarit seulement.

■ CASITAS (VERACRUZ)

Casitas del Tajín [MEX. 180, près de la jonction avec la MEX. 129]
5 emplacements, sur le golfe du Mexique, eau et électricité disponibles.

■ QUERÉTARO (QUERÉTARO)

Azteca Trailer Park
[MEX. 57 à 15 km au nord de l'intersection de la MEX. 45 et de la MEX. 45-D]
30 emplacements adjacents au motel, tous les services, piscine.

■ GUADALAJARA (JALISCO)

Hacienda Trailer Park [MEX. 15 à 9 km au nord-ouest de la ville]
100 emplacements, tous les services, câble, piscine.

San José Del Tajo [MEX. 15/80 à 15 km au sud de la ville]
200 emplacements, tous les services, câble, piscine, tennis.

■ CHAPALA (JALISCO)

Pal Trailer Park [Sur la JAL. 94 (l'autoroute Chapala-Ajijic) à 1 km du lac Chapala]
100 emplacements, tous les services, câble, piscine.

■ TEPOTZOTLÁN (MEXICO)

Pepe's Trailer Park [À 43 km au nord de Mexico City, 2 km au nord-ouest de la MEX. 57 à la sortie Tepotzotlán, puis 1 km à l'ouest sur l'avenue Eva Sámano]
55 emplacements, près des restaurants et magasins du centre-ville, tous les services.

■ PÁTZCUARO (MICHOACÁN)

El Pozo Trailer Park [MEX. 14 à 1,5 km au nord-est de la ville]
20 emplacements, tous les services.

Le Sud du Mexique

■ CHOLULA (PUEBLA)

Trailer Park Las Americas [MEX. 190 à 10 km au sud-ouest de Puebla sur l'autoroute Cholula-Puebla]
12 emplacements, tous les services, piscine.

■ NEPANTLA (PUEBLA)

Nepantla KOA (en construction 2001) [MEX. 115 à 17 km au nord de Cuautla]
Tous les services, piscine, casse-croûte.

■ CUERNAVACA (MORELIA)

Cuernavaca Trailer Park Diamante [MEX. 95-D, sortie Calle Diana]
150 emplacements, tous les services, piscine, tennis, épicerie.

et d'autres autour de Cuernavaca :
El Paraíso San Pablo
Monasterio Benedito

■ OAXACA (OAXACA)

Oaxaca Trailer Park [MEX. 190 à 2,4 km à l'est de la ville, puis 1 km vers le nord (au coin des rues Pinos et Violetas)]
94 emplacements, tous les services.

■ SAN CRISTÓBAL DE LAS CASAS (CHIAPAS)

Bonampak Trailer Park [MEX. 190 à l'entrée nord de la ville à l'arrière de l'Hôtel Bonampak (Best Western)]
20 emplacements sur gazon, tous les services, piscine, restaurant, bar.

Camping Rancho San Nicolás [Au bout de la rue Francisco León à 1 km à l'est du centre-ville]
Aire ouverte gazonnée sous des arbres, électricité disponible, bloc sanitaire, véhicules de petit et moyen gabarit seulement.

■ AGUA AZUL (CHIAPAS)

Camping Agua Azul [Sur le site des Cascadas Azul, aucun service, casse-croûte.]

■ PALENQUE (CHIAPAS)

Trailer Park Mayabel [MEX. 199 à 1,5 km à l'est des ruines de Palenque]
20 emplacements sur gravier, tous les services.

Trailer Park María del Mar [À 5 km des ruines de Palenque]
Électricité et eau disponibles, piscine, restaurant.

La péninsule du Yucatán

Il devient de plus en plus difficile de dénicher un terrain de camping en bordure de mer autour de Cancún pour s'installer avec son véhicule récréatif. Au cours des dernières années, de nombreux complexes hôteliers ont été construits sur presque tous les terrains donnant sur la mer des Caraïbes.

Il y a quand même des terrains de camping pouvant accueillir les véhicules récréatifs pour les voyageurs qui veulent découvrir les autres facettes de la péninsule du Yucatán.

■ CAMPECHE (CAMPECHE)

Trailer Park Campeche [5 km au sud de la ville]
25 emplacements, tous les services.

■ MERIDA (YUCATÁN)

Trailer Park Rainbow [MEX. 261, au kilomètre 8 vers Progreso]
Quelques services disponibles.

Oasis Campground [MEX. 180 à 3 km de Merida]
Tous les services.

■ CHICHEN ITZA (YUCATÁN)

Pirámide Inn Trailer Park [À 2 km des ruines]
Terrain en face de l'hôtel du même nom, aucun service, piscine.

Stardust Campground [MEX. 180 à 2 km avant les ruines]
Électricité, piscine, restaurant.

■ UXMAL (YUCATÁN)

Restaurante Rancho Uxmal [MEX. 261 à 3,5 km au nord de Uxmal]
Sur le terrain du restaurant, pas de services, piscine, restaurant.

Camground Sache [MEX. 261 à 15 km au sud de Uxmal]
Électricité disponible.

Notes

Notes

Notes

Découvrez nos autres publications!

Histoire de Voir… Québec

Un survol spectaculaire de la région de Québec
Disponible en 6 versions (français, anglais, espagnol,
allemand, japonais et italien)
Plus de 120 000 copies vendues!
52 pages, format magazine
ISBN 2-921703-00-9

10,95 $

Histoire de Voir… Le Québec amérindien et inuit

Un voyage haut en couleur à la rencontre des premières nations!
Offert en version française et anglaise
60 pages, reliure allemande cousue
ISBN 2-921703-06-8

(14,95 $) 9,95 $

La Minganie vue par 20 grands reporters

Un portrait des plus flamboyants de la Minganie!
120 pages, reliure allemande cousue
ISBN 2-921703-08-4

(29,95$) 19,95 $

La Fresque des Québécois

Découvrez tous les secrets de cette œuvre
monumentale au cœur du Vieux-Québec!
Offert en version française et anglaise
52 pages
ISBN 2-551-19274-9

9,95 $

Nouveauté!

Voyager … pour découvrir la vie

Un récit de voyage à la rencontre de la vie à son état pur!
328 pages
ISBN 2-921703-37-8

Nouveauté!
25,95 $

Pour commander un ou plusieurs exemplaires de nos différentes publications

Chèque ou mandat-poste ci-joint

VISA
No carte :_____   Exp. : _____
Signature :_____

| Nom de la publication | Quantité | Votre prix (T.P.S. et frais de port inclus) |

Nom de la publication   Quantité   Votre prix (T.P.S. et frais de port inclus)

Histoire de voir... Québec   _____ X 16.00$ =_____
Focus Québec   _____ X 16.00$ =_____
Vamos a ver Québec   _____ X 16.00$ =_____
Im Blinkpunkt Québec   _____ X.16.00$ =_____
Hakken Shiyo Québec   _____ X 16.00$ =_____
Percorrendo Québec   _____ X 16.00$ =_____
Histoire de voir... Le Québec amérindien et inuit _____ X 15.00$ =_____
The Native Peoples of Québec   _____ X 15.00$ =_____
La Minganie vue par 20 grands reporters   _____ X 26.00$ =_____
La Fresque des Québécois   _____ X 15.00$ =_____
The Mural of Quebecers   _____ X 15.00$ =_____
Voyager... pour découvrir la vie (nouveauté) _____ X 32.00$ =_____
Mexique et Amérique centrale (nouveauté)   _____ X 36.00$ =_____

Total à payer :_____

Notes : Prix unitaires donnés sous réserve de modification. Contactez-nous afin de connaître nos rabais sur quantité!

Vos coordonnées
NOM _____
ENTREPRISE _____
ADRESSE_____
VILLE _____ PROVINCE _____
CODE POSTAL _____
TÉLÉPHONE (   ) _____
TÉLÉCOPIEUR (   ) _____

QUATRE FAÇONS DE COMMANDER

Par la poste
Éditions Sylvain Harvey
1096, Saint-Vallier Est
Québec (Québec)   G1K 3R6

Par téléphone
Région de Québec : (418) 692-1336
Sans frais : 1 800 476-2068

Par télécopieur
(418) 692-1335

Par courriel   sharvey@mediom.qc.ca